Lisa Fischer

Eden hinter den Wäldern

Samuel von Brukenthal: Politiker, Sammler, Freimaurer in Hermannstadt/Sibiu

Lisa Fischer

Eden hinter den Wäldern

Samuel von Brukenthal:
Politiker, Sammler, Freimaurer
in Hermannstadt/Sibiu

Böhlau Verlag Wien Köln Weimar

Photographien: Peter Schweiger

Umschlaggestaltung: Anselm Roth

Bibliografische Information der Deutschen Bibliothek:
Die Deutsche Bibliothek verzeichnet diese Publikation in der Deutschen Nationalbibliografie; detaillierte bibliografische Daten sind im Internet über http://dnb.ddb.de abrufbar.

ISBN 978-3-205-77634-5

http://www.boehlau.at
http://www.boehlau.de
und hora Verlag Ges.m.b.H. Sibiu/Hermannstadt (Rumänien)
http://www.hora-verlag.ro

Printed in Europa – Aföldi Nyomda Rt., Debrecen, Ungarn

INHALT

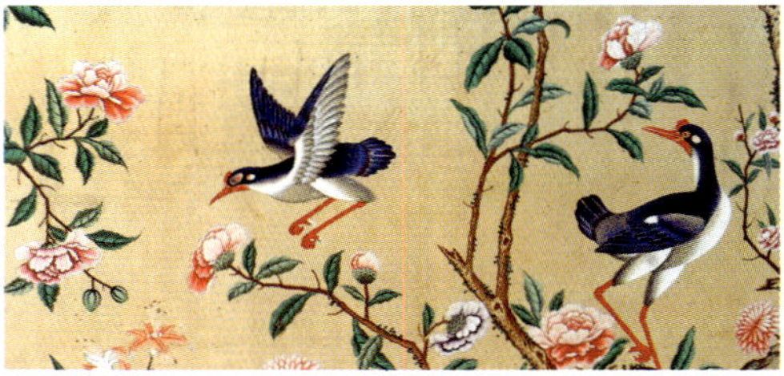

Der Dank geht an die Österreichische Forschungsgemeinschaft, die Investkredit, das Bundeskanzleramt Kunst, die Österreichisch-Rumänische Gesellschaft, die Stadt Wien MA 7, die OMV, die Stiftung der masonischen Forschung in Köln und das Deutsche Generalkonsulat Hermannstadt für die finanzielle Unterstützung. An Mag. Hannah Rieger und Mag. Isabella Lindner für die tatkräftigen Initiativen, an Mag. Lukas Vosicky für das animierende Engagement, an Dr. Emil Brix für das wohlwollende Begleiten der Forschung, an Dr. Constantin Ittu, Dr. Gudrun-Liane Ittu, Dr. Wolfram Theilemann, Dr. Monica Vlaicu, Dr. Rüdiger Wolf, Dr. Hans Kummerer, Dr. Hans-Hermann Höhmann, Dr. Jan Snoek, Günter Kodek, Mag. Marion Luger für die Hilfe bei den wissenschaftlichen Recherchen in Deutschland, Österreich und Rumänien, an Cornelia Feyer für den permanenten fachlichen Dialog in Sibiu, an Kilian Dörr für die punktuellen Assistenzen, an Mirela Mărginean für die emotionale Präsenz und an Peter Schweiger für die meisterhafte Kooperation. Er ergeht zudem an all jene, die in Deutschland, Österreich und Siebenbürgen den gedanklichen Austausch gefördert haben. Der Dank geht schließlich an Liviana Dan für die Idee.

Lisa Fischer, Januar 2007

Prolog

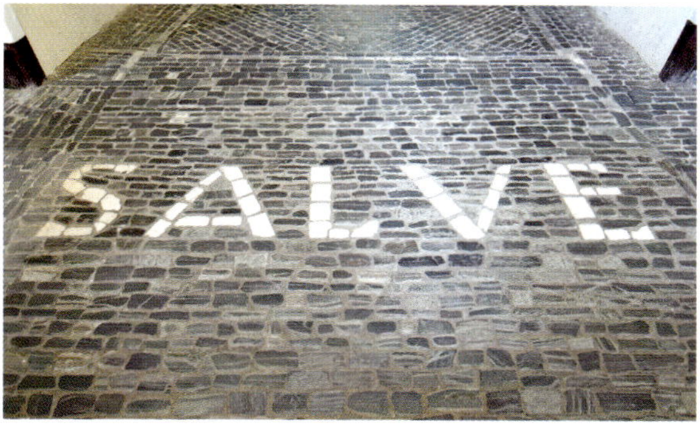

Pflaster im Eingangsbereich der Brukenthalschule

Das Eden hinter den Wäldern liegt nicht nur in Transsilvanien. Als Ort eines positiv gedachten Entwurfes ist es überall dort zu finden, wo das Gespräch mit dem Vielschichtigen beginnt und zu neuen Einsichten führt. Es realisiert sich an den Grenzlinien zwischen der individuellen Glückseligkeit und jenen der Welt.

Sibiu ist 2007 Kulturhauptstadt Europas. Im 18. Jahrhundert hieß es Hermannstadt und war Europa, denn dieses ist ein Projekt der Bewegung. Wenn der Ausschnitt Spiegel des Gesamten ist, dann erblickte auch in Sibiu die Aufklärung das Licht der Welt. Mit den Parolen von Freiheit und Gleichheit fand in Siebenbürgen ein Einigungsprozess statt, der über Ideengeschichten nationale, religiöse und ständische Schranken zu überwinden trachtete. Parallel zu dynastischen formten sich demokratische Prinzipien.

Als 1776 die Todesstrafe in den Habsburger Landen abgeschafft wurde, formulierte man jenseits des Atlantiks die Unabhängigkeitserklärung der Vereinigten Staaten. Zeitliche und räumliche Distanzen reduzierten sich im 18. Jahrhundert durch gemeinsame Visionen. Die Versuchsstationen der Aufklärung übten sich in

Experimentierfeldern, beschleunigten einen politischen und sozialen Transformationsprozess und explodierten in Revolutionen.

In der Abweichung von der Tyrannei des Geburtsadels erfolgte die Angleichung an die Norm des Leistungsprinzips. Zwischen Peripherien und Zentren wanderten Ideen im Eiltempo eines regen Briefverkehrs und verbanden die Ränder mit den Metropolen. In diesen Prozess war auch die östlichste Provinz der Habsburgermonarchie, Siebenbürgen, eingebunden. Der Dialog mit der Welt bewegte sich zwischen Normierungs- und Selbstständigkeitstendenzen, zwischen neuen Fragen und alten Irrtümern. Zwischen Vernetzung und Kommunikation entstand die Aktion. Das Individuum begann sich mittels Geschichten zu finden und nationale Geschichte zu erfinden. In den Enzyklopädien wurde nicht nur Wissen gespeichert, sondern auch die Erzählung. Sie formte Bewusstsein und Identitäten, Europa erhielt eine Gestalt, ein neues Weltbild war in Ausbildung.

Als wichtige Agentur der Aufklärung fungierte ein seit 1717 entstandenes System, das die Werte von Freiheit und Gleichheit im Zusammenschluss von Brüdern über nationale, konfessionelle oder ständische Grenzen zu transportieren suchte. Die „Königliche Kunst" der Freimaurerei war nicht nur Mode, sondern auch Modell, um zur allgemeinen Glückseligkeit beizutragen. Humanitäres und volksbildnerisches Engagement bildeten den Spiegel eines Wertekanons, der auf maßvolles, ehrliches und fleißiges Leben baute und Fundamentalismus und Intoleranz ablehnte. Als eifrige Lichtträger suchten die Proponenten Weisheit durch Rationalität und Wissen zu erlangen und Schönheit nicht nur als ästhetische Kategorie, sondern als Harmonie zwischen den Gegensätzen in die Welt zu bringen.

Die Freimaurerei war kein homogener Orden und wegen ihrer Geheimniskrämerei, interner Richtungskämpfe und externer Verleumdungskampagnen in der Öffentlichkeit nicht unumstritten. Sie wurde sowohl von der katholischen Kirche als auch von Regenten immer wieder verboten. Ihre überzeugten Mitglieder agierten diskret und trachteten ihre Tugenden nicht nur theoretisch zu formulieren, sondern auch praktisch zum Wohle der Allgemeinheit anzuwenden. Häuser, Gärten oder Bibliotheken bildeten jene metaphorischen

Architekturen einer besseren Welt, an denen sich die Theorie in der Praxis beweisen sollte. Kunst und Erkenntnis formten einen Teil des großen Welttheaters, das sich im Kleinen inszenierte.

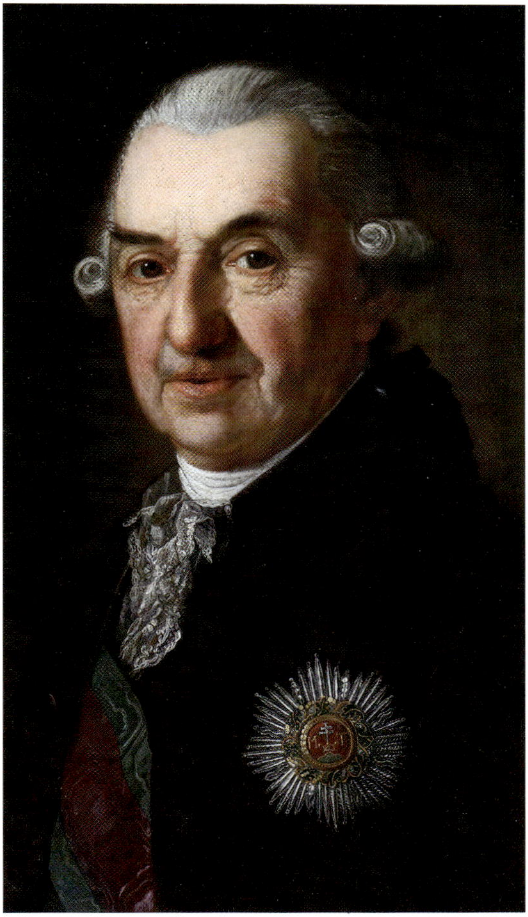

Samuel Carl von Brukenthal

Samuel von Brukenthal (1721–1803) war einer jener Repräsentanten, an dem sich die neue Zeit, ihre Visionen, aber auch ihre Ambivalenzen zeigten. Als sozialer Aufsteiger kam er aus der siebenbürgischen Provinz und studierte im deutschen Halle an der Saale. Als kosmopolitischer Arbeitsmigrant vollzog er seinen beruflichen Aufstieg über Wien, die Metropole des Habsburgerreiches. Nicht mehr Adel durch Geburt, sondern Adel durch Leistung war die neue Erfolgsdevise. In der Region, in Hermannstadt, realisierte er als patriotisch siebenbürgisch-sächsisch denkender Gouverneur von Siebenbürgen (1777–1787) zusammen mit einer lokalen, intellektuellen, multiethnischen und multireligiösen Gruppe die Ideen Europas.

Brukenthal war ebenso wie die Mehrheit seiner Kooperationspartner Freimaurer. Als transnationale Vereinigung konnten die Mitglieder wirkungsvoll Ideen austauschen. Sie widmeten sich der Wissenschaft und Kunst und bekämpften den Aberglauben. In der Dialektik von Aufbruch und Tradition, von Rationalität und

Mystizismus, von Vernunft und Leidenschaft übte man die Richtlinien zur allgemeinen Glückseligkeit. Da diese Frauen zwar betraf, aber nicht in das Gleichheitspostulat einschloss, produzierten die brüderlichen Mitglieder von Anfang an jedoch nicht nur Licht, sondern auch Schatten.

Brukenthal war durch persönliche Leistung im katholisch dominierten Habsburgerreich, das Karrieren konfessionell band, der oberste protestantische Landespolitiker Siebenbürgens geworden. Eine einzigartige Leistung! Als barocker Liebhaber sammelte er Bücher und Bilder, Münzen und Mineralien und hütete die Schätze des Wissens und der Schönheit in seinem Hermannstädter Palais.

In seinem Sommersitz Freck/Avrig, dem siebenbürgischen „Klein Schönbrunn", experimentierte er nicht nur barockes Landleben, sondern schuf ein ökologisches Mustergut. Hier hinterließ er mit zahlreichen Naturdenkmälern den einzigen Barockpark des heutigen Rumänien. Als er 1802 sein Testament formulierte, vermachte er sein Lebenswerk der Öffentlichkeit, womit diese das erste und größte Museum Südosteuropas erhielt. In Wien hinterließ Jahre später Albert von Sachsen-Teschen seine Sammlung ebenfalls der Bevölkerung und begründete damit die weltberühmte Albertina. Auch er war nicht nur Mitglied, sondern aktiver Protektor der königlichen Kunst.

Museen sind Orientierungspunkte, sie beinhalten ein materielles, aber auch ein immaterielles kulturelles Erbe. Das Modell Brukenthal ist, einer kosmopolitischen Idee folgend, eine Drehscheibe zur Welt. In ihr bewegen sich Bücherweisheit und Kunstschönheit im Lichte einer unvollendeten Aufklärung zum Wohle der Allgemeinheit weiter. Freiheit, Gleichheit und Solidarität sind daher jene Visionen des 18. Jahrhunderts, die sich im dritten Jahrtausend in einer geschlechterdemokratischen Praxis vollziehen dürfen. Aus den Ideenwerkstätten der Vergangenheit folgen Wirklichkeiten für die Gegenwart, und sie verhandeln Neues für die Zukunft, denn Denken ist eine Kategorie der Tat.

Zwischen Peripherie und Zentrum Siebenbürgen im Wandel

„Anders rauschen die Brunnen,
Anders rinnt hier die Zeit".[1]
Siebenbürgische Elegie

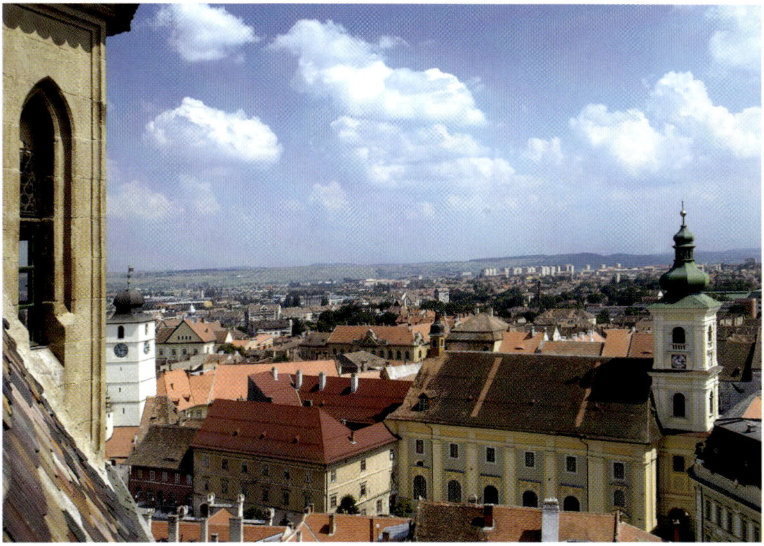

Blick vom Turm der evangelischen Kirche auf die Stadt

Transsilvanien ist nicht nur das mythologisch besetzte Gebiet von Fledermäusen und der dort angeblich wohnenden Phantasiegestalt des Grafen Dracula; es ist jene Region, die auch als Siebenbürgen bezeichnet wird. Schon im 12. Jahrhundert siedelte der ungarische König Géza II. (1141-1163) im Karpatenbogen westeuropäische Bevölkerungsgruppen an.

Sie bildeten keine kulturelle Einheit, sondern waren Personengruppen aus dem Elsass, dem Rheinland, der Pfalz, Luxemburg und Flandern. Sie wurden schließlich unter dem damals für Angehörige des Heiligen Römischen Reiches Deutscher Nation unter sächsischer Dynastie benutzten Begriff „Sachsen" zusammengefasst.

Géza hatte sie hierher geholt, um mit ihrer Hilfe das Gebiet zu kolonialisieren und gegen die immer wieder aus dem südrussisch-balkanischen Raum einfallenden Reitervölker, Bulgaren oder auch Byzantiner zu schützen. Zu diesem Zweck errichteten sie in ihrer Funktion als Wehrbauern, später auch in der Verteidigung gegen die Türken, befestigte Anlagen, die so genannten Kirchenburgen.

Im Mittelalter bildeten sich in der Region des Karpatenbogens zahlreiche Dörfer und eine Anzahl von Städten. Bald schon erhielten die als Gesamtheit verstandenen Siebenbürger Sachsen – obwohl gegenüber der rumänischen und ungarischen Bevölkerung eine Minderheit – Sonderrechte wie eine eigene Selbstverwaltung und Eigentum an Grund und Boden. Zwischen 1541 und 1691 wurde Siebenbürgen ein dem Osmanischen Reich zwar tributpflichtiges, aber weitestgehend autonomes Fürstentum mit hoher politischer Eigenständigkeit.

Durch die Konvertierung zum Protestantismus hoben sich die Siebenbürger Sachsen ab dem 16. Jahrhundert nicht nur sprachlich (sie verständigten sich in einem fränkischen Dialekt, dem Siebenbürgisch-Sächsischen), sondern auch religiös von den anderen Volkgruppen ab. Zusammen mit der ungarischen und szeklerischen[2] Bevölkerung bildeten sie jedoch eine eigene politische Union.

Drei Nationen – die ungarische, szeklerische und siebenbürgisch-sächsische – und vier Religionen – die katholische, lutherische, calvinistische und unitarische – schufen die Grundlage eines komplexen Gemeinwesens, das sich vor allem durch den Ruf religiöser Toleranz auszeichnete.[3] Neben den politischen und religiösen Formen von Gemeinsamkeit existierten jedoch große soziale Unterschiede. Die Hierarchien verstärkten sich dadurch, dass es in verschiedenen Städten nur den „Sachsen" gestattet war, Grund und Boden zu erwerben und sie sich dadurch sowohl vom sozial höher gestellten ungarischen Adel als auch von der in ihrem Status niedrigeren rumänischen – meist leibeigenen – Bevölkerung abhoben.

Zahlreichen Wirren und Kriegen ausgesetzt, war die Region oft

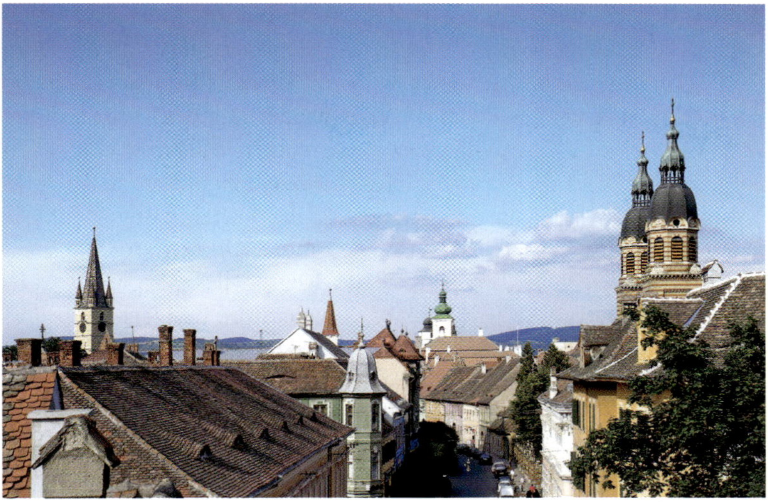

Multireligiöses Sibiu - vier verschiedene Kirchen von Hermannstadt

verwüstet und die Bevölkerung durch Seuchen schwer in Mitleidenschaft gezogen worden. Ende des 17. Jahrhunderts wurde sie als östlichste Provinz dem Habsburgerreich eingegliedert und sollte nun mittels Militärgrenze ein verstärktes Bollwerk gegen das Osmanische Reich bilden.

In dieser neuen politischen Konstellation wurde das relativ autonome und mit Sonderrechten versehene Siebenbürger Agrarland im 18. Jahrhundert verstärkt an das absolutistisch regierte Habsburgerreich angebunden. Damit standen einander nicht nur Zentralismus und Regionalismus gegenüber, sondern auch ein streng katholisches Österreich, ein multireligiöses Siebenbürgen und ein konsequent (alt-)lutheranisches Sachsenland.

Für diese Region, die politisch und ideengeschichtlich durch die Aufklärung dem Morgenland entzogen und an das Abendland angebunden worden war, folgte unter der Regierung Maria Theresias und ihres Sohnes und Nachfolgers Joseph II. eine Modernisierungsphase und ein damit einhergehender sozialer Wandel. Sowohl die Habsburger Erblande als auch die östlichste Provinz Siebenbürgen wurden in dieser Zeit in einen gewaltigen Strukturwandel und in ein ihn begleitendes Reformprogramm eingebunden.

1766 zählte Transsilvanien knapp 1,5 Millionen Einwohner und Einwohnerinnen. Davon waren 52 Prozent rumänisch und hauptsächlich orthodox oder griechisch-katholisch, 41 Prozent magyarisch und damit römisch-katholisch beziehungsweise unitarisch und reformiert und 6,5 Prozent deutsch und damit protestantisch. Ein halbes Prozent der Bevölkerung verteilte sich auf Personen aus Bulgarien oder Griechenland beziehungsweise gehörten dem Judentum oder der Volksgruppe der Roma an.[4] Die religiöse und ethnische Zugehörigkeit überschnitt sich noch weitgehend mit der sozialen. Die herrschende Oligarchie bestand aus dem ungarischen und szeklerischen Adel sowie aus dem siebenbürgisch-sächsischen Patriziat. Die rumänische oder walachische Bevölkerung wurde, obwohl in der Überzahl, lediglich toleriert und bestand größtenteils aus unfreien Bauern und Bäuerinnen. Ständisch voneinander getrennt, bildeten die einzelnen Ethnien durch soziale Grenzlinien eigene Gruppen, die in diesem kleinen Vielvölkerstaat mehr ein gesellschaftliches Nebeneinander als ein Miteinander bedingten.

Als Samuel von Brukenthal von Maria Theresia 1777 zum Gouverneur des zum Großfürstentum erhobenen Landes bestimmt wurde, erhielt Siebenbürgen in ihm den ersten siebenbürgisch-sächsischen Politiker. Dies erfüllte seine Landsleute mit Stolz und bedeutete für ihn eine besondere Verpflichtung gegenüber dem sächsischen Volk. Als regionaler Vertreter der Zentralregierung wurde er in der Folge sowohl zu ihrem verlängerten Arm, behauptete sich aber ebenso als traditionsgebundener, überzeugter Patriot gegenüber allen übrigen Volksgruppen wie als wichtiger Förderer und Bewahrer der siebenbürgisch-sächsischen Sonderrechte. Gleichzeitig beteiligte er sich, vorwärts gewandt, daran, Transsilvanien maßgeblich an die europäische Aufklärung anzuschließen.[5] Damit wurde der östliche Teil der Habsburger Monarchie rapide an Mittel- und Westeuropa angebunden, wirtschaftlich und sozial aber in einen neuen und sich beschleunigenden Prozess des Strukturwandels einbezogen.

Samuel von Brukenthal
Zur Biographie eines Sammlers

„Fidem genusque servabo.
Meinen Glauben und mein Volk will ich behüten.“[6]
Brukenthals Motto

Samuel Brukenthal wurde 1721 als Sohn des Königsrichters[7] Michael Brekner in Leschkirch/Nocrich, einem kleinen Ort in der Nähe von Hermannstadt in Siebenbürgen geboren. Die Familie Brekner entsprang nicht nur einer Dynastie von Königsrichtern, sondern vor allem einer von Landwirten. Michael Brekner (1676–1736),[8] Brukenthals Vater, hatte sich im Kuruzenkrieg verdient gemacht. Bei diesen Kämpfen handelte es sich um die letzte Phase der seit 1604 andauernden antihabsburgischen Aufstände in Ungarn (1604–1711), die unter Fürst Franz II. von Rákóczi auch Siebenbürgen erreicht hatten und mit einer Niederschlagung durch die Zentralgewalt endeten. Nach Innerungarn verschleppt und in Gefangenschaft geraten, stellte Michael Brekner mit seiner Parteinahme heroisch die Treue zum habsburgischen Kaiserhaus unter Beweis.[9]

Brukenthals Mutter, Susanna von Heydendorff (1685–1734)[10] war die zweite Ehefrau seines Vaters und entstammte dem siebenbürgisch-sächsischen kleinen Neuadel.[11] Bereits 1696 war die Familie Heydendorff nobilitiert worden.[12] Die Heirat mit dem Königsrichter bedeutete in einer streng ständisch orientierten und aufgebauten Gesellschaft keine ebenbürtige Verbindung für Susanna. Dies wird unter anderem in einem Kommentar ihres Neffen deutlich: „Ein großer Gubernal Rath gab seine Tochter einem kleinen Löschkircher und dazu verwitweten mit unerzognen Kindern versehenen Schreiber, einen Notarius. Da muß doch Mangel an Männern gewesen sein!“[13]

Susanna und ihre vornehmere Familie waren in der Folge wesentliche Triebfedern für Michael Brekner, den Briefadel anzustreben.[14] Seine Kaisertreue während der antihabsburgischen Aufstände war dafür eine gute Voraussetzung. So wurde er tatsächlich 1724 von Karl VI. in den erblichen Adelsstand erhoben. Dies bedeutete für den Geehrten ein neues Sozialprestige und für das Herrscherhaus einen durch Dankbarkeit eng verbundenen Untertanen. Tatsächlich sollte auch die Loyalität des Sohnes und neuen Mitglieds des Beamtenadels, Samuel von Brukenthal, zur Habsburgermonarchie eine wichtige Rolle spielen. Er war seiner Regentin Maria Theresia, der Tochter Karls VI., ein treuer und fleißiger Diener.

Das Wappen Michael Brekners an der Kanzel von Leschkirch/Nocrich

Ab 1724 nannte sich die Familie „von Brukenthal".[15] Das Wappen zeigt in Anlehnung an den Namen eine aus drei Bogen bestehende steinerne Brücke über einem Fluss. Darüber leuchten drei goldene Sterne auf blauem Grund. Aus einer Krone wächst ein Siebenbürger Sachse in Tracht mit einem Dreizack in der Rechten hervor. Das Wappen der Brukenthals wurde sogar in der Kirche des Geburtsortes Samuels in imposanter Größe und an zentraler Stelle, der Kanzel, angebracht. In diesem Wappen mag die spätere Vermittlungs- beziehungsweise Brückenfunktion des Erben Samuel bereits bedeutungsvoll angelegt gewesen sein.[16]

Durch die Nobilitierung war der Vater der Mutter sozial ebenbürtiger geworden. Michael Brekner hatte aus erster Ehe mit der Pfarrerstochter Anna Maria Conrad eine Tochter, Maria Elisabeth (1704–1784). Da seine Gemahlin jedoch bald nach der Geburt gestorben war, wurde Susanna von Heydendorff 1705 nicht nur seine

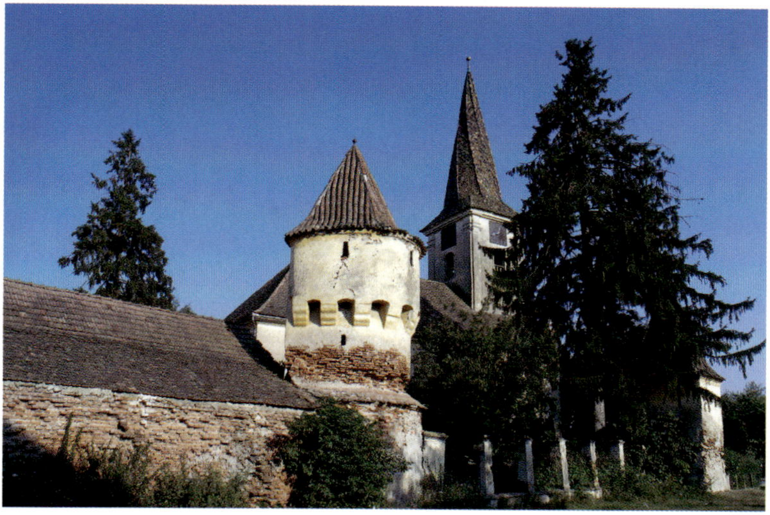

Kirchenburg von Leschkirch

zweite Frau, sondern kaum zwanzigjährig auch die Stiefmutter des Babys. Es folgten weitere Kinder: 1706 Susanna (gest. 1707), 1708 Maria (gest. 1775), 1710 Rebecca (gest. 1739), 1713 Anna Catharina (gest. 1763), 1716 Michael (gest. 1773) und am 26. Juli 1721 Carl Samuel als Jüngster. Die Mutter gab ihm den Namen ihres Vaters, eines geachteten Gubernialrats.[17] So übernahm der Sohn nicht nur auf symbolischer Ebene ein Erbe aus mütterlicher Linie, sondern wuchs auch – von Vater und Bruder abgesehen – in einem von den Schwestern und der gebildeten Mutter geprägten Haus auf. Weiblicher Einfluss, mag er durch ideelle oder finanzielle Mittel bedingt gewesen sein, wurde für den Lebensweg und die Karriere Brukenthals in der Folge ein entscheidendes biographisches Moment.

Leschkirch liegt etwa dreißig Kilometer nordöstlich von Hermannstadt. Der kleine, damals nahezu ausschließlich sächsische Ort war in erster Linie durch Landwirtschaft geprägt. Auch dieses Element sollte in Samuels späterem Leben, auf seinem Mustergut, dem Sommersitz in Freck, eine Rolle in Bezug auf seine ökologischen Experimente spielen. Das Geburtshaus steht direkt gegenüber der alten

Wehranlage und der heutigen evangelischen Kirche. Schon für das Kind war der Glauben unverrückbar in das Leben integriert. Die Jugendjahre verliefen fest eingebunden in die protestantische Sozial- und Glaubensgemeinschaft und wurden durch den täglichen Blick auf den Kirchturm geprägt.

Die Sozialisation des kleinen Samuel fand im Wechselspiel von protestantischer Ethik und Naturverbundenheit, väterlichem Aufstieg und mütterlichem Adel statt, wurde jedoch durch den frühen Tod beider Elternteile unterbrochen. Die Mutter starb 1734, im Alter von neunundvierzig Jahren, der Vater zwei Jahre später mit sechzig Jahren.[18]

Samuel war demnach mit fünfzehn Jahren Vollwaise geworden. Seine erste Schulbildung erhielt er in Klausenburg/Cluj und Hermannstadt. Georg Soterius, Pfarrer in Stolzenburg/Slimnic und späterer Rektor, hatte eine Schwester Samuels geheiratet. Er soll in seiner Funktion als Gymnasiallehrer in Hermannstadt strenge Aufsicht über seinen jungen Schwager gehalten haben, der in der Erziehung nicht „verweichlicht, sondern für die späteren Kämpfe des Lebens abgehärtet“[19] werden sollte.

Soterius unterrichtete ihn auch in „aufklärender Philosophie, übrigen Wissenschaften und Geschichte und bildete ihn zum vorzüglich jungen Menschen“.[20] Anschließend ging Samuel nach Neumarkt am Mieresch/Marosvásárhely/Târgu Mureş, um Ungarisch zu lernen und Rechtsstudien zu betreiben.[21] Latein, Ungarisch, Deutsch und der siebenbürgisch-sächsische Dialekt waren die Grundlage seiner Sprachenvielfalt, zu der sich später noch Französisch gesellen sollte.

Seine erste Arbeit nach Beendigung der Schule leistete Brukenthal als Kanzlist im Gubernium von Hermannstadt. Da ihm sein Bruder dank der Heirat mit der wohlhabenden Pfarrerstochter Agnetha Brenner das elterliche Erbteil ausbezahlen konnte, verfügte Samuel plötzlich über unerwartete finanzielle Mittel.[22]

In dieser Situation tat er einen weitreichenden Schritt: Er investierte nicht in Eigentum, sondern in sich selbst: Er beschloss, ein Studium anzuvisieren! In Siebenbürgen gab es jedoch zu diesem Zeitpunkt keine Universitäten – diese befanden sich in deutschen,

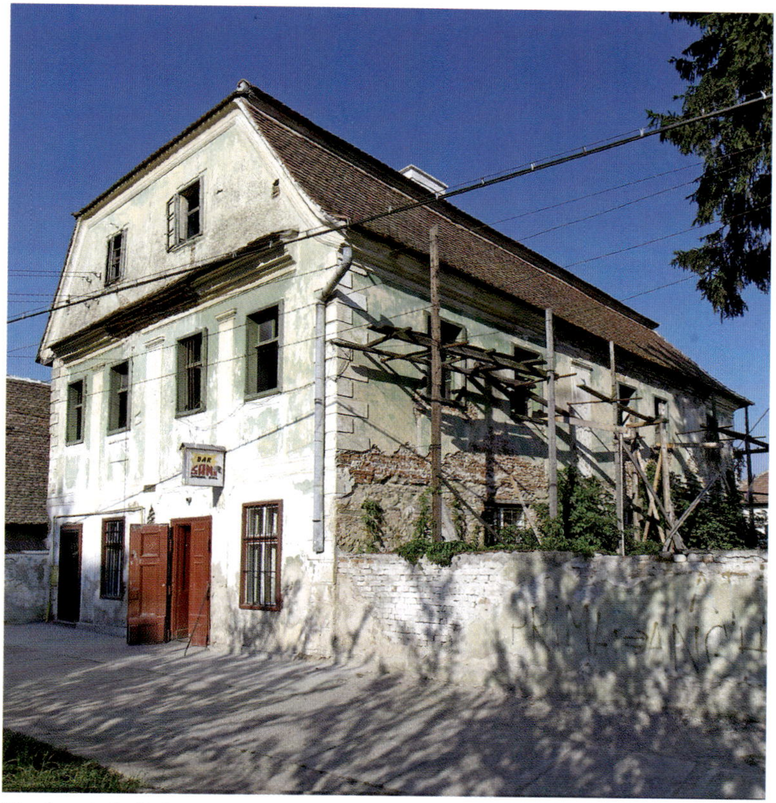

Brukenthals Geburtshaus verfällt

österreichischen und ungarischen Städten. Sein Weg an die Universität von Halle an der Saale führte ihn 1743 jedoch zuerst über Wien.

Die Königliche Kunst
Freimaurerische Kreise und Prägungen

„Unsere Wissenschaft sey Wahrheit,
unsere Kunst getreue Nachfolge der Natur,
und gemeinnützige lautere Liebe sey unser Element.“[23]
Freimaurerische Richtlinie

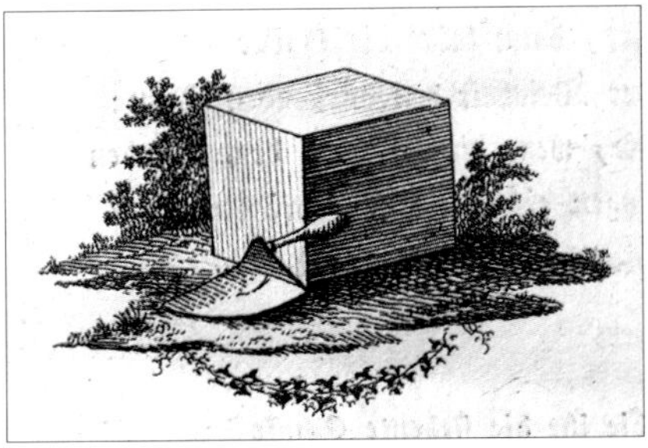

Maurerkelle zur Arbeit am Stein

Am 2. März 1743 wurde Samuel von Brukenthal in Wien in die Freimaurerloge „Aux Trois Canons“ aufgenommen.[24] Dieser Schritt muss gut vorbereitet gewesen sein, denn normalerweise wurde ein Kandidat nur nach Empfehlung und eingehender Prüfung in den Bund der „Königlichen Kunst“ aufgenommen. Als Fürsprecher musste der erst 22 Jahre alte Kanzlist aus der Provinz daher höchst einflussreiche Gönner gehabt haben – über die jedoch bislang keine Quellen gefunden wurden. Es wird sich zeigen, dass mit diesem Beitritt auch die spätere Karriere Brukenthals wesentlich mitgeprägt wurde.

Die Loge „Aux Trois Canons“ war am 17. September 1742 in Wien gegründet worden. Ihre Entstehungsgeschichte verlief ganz im Trend der Zeit. Seit sich in London im Jahre 1717 vier alte Baulogen zu einer Großloge zusammengeschlossen hatten, breitete sich die Idee der Freimaurerei mit den aufklärerischen Grundlagen von Freiheit, Toleranz und Humanität schnell über Europa und in die Neue Welt aus. 1737 wurde in Hamburg[25] die erste deutsche Loge gegründet, bereits 1742 die erste österreichische in Wien. Friedrich II. von Preußen wurde schon 1738 als Kronprinz in Rheinsberg zum Logenbruder. Die 1740 in Berlin gegründete Loge „Aux Trois Globes“ – „Zu den drei Weltkugeln“ stand unter seiner Patronanz, was dem Bund in Deutschland insgesamt zu einem Aufschwung verhalf. Berlin gab das Licht an Breslau weiter, wo noch im gleichen Jahr eine Loge eröffnet wurde. Von dort wurde die Idee der Freimaurerei durch Graf Albrecht Joseph von Hoditz nach Wien gebracht.

Die zeitliche Nähe der Wiener Logengründung zu jener in Berlin zeigt die Schnelligkeit, mit der sich die Freimaurerei über Personen und in der Folge über Länder verbreitete. Ihre Mitglieder wurden bald wichtige Träger eines überregionalen Wertesystems und internationalen Netzwerkes. Auch Franz Stephan von Lothringen, der Gemahl Maria Theresias, war schon 1731 für den Bund gewonnen worden.[26]

Bereits zwei Tage nach der Gründung der Wiener Loge, am 19. September 1742, trat ihr der siebenbürgisch-ungarische Adlige Gabriel Graf Bethlen, der spätere Leiter der Siebenbürgischen Hofkanzlei in Wien, bei. Ein halbes Jahr später, nur fünf Tage nach der Aufnahme Brukenthals am 7. März 1743[27], wurde die Loge auf Geheiß Maria Theresias mit Staatsgewalt aufgelöst. Man darf in diesem Zusammenhang nicht vergessen, dass sowohl der Logengründer Joseph von Hoditz als auch der Initiator der Wiener Gründung, der Fürstbischof von Breslau[28], Reichsgraf von Schaffgotsch, Verehrer und Freunde des Preußenkönigs Friedrich II., des politischen Gegners Maria Theresias, waren.

Die Regentin befand sich zu dieser Zeit mitten in den Erbfolgekriegen. Sie war als einzige Erbin der Habsburger Lande mittels der Pragmatischen Sanktion als Frau mit dreiundzwanzig Jahren zur Nachfolgerin ihres Vaters Karls VI. ernannt worden. Ganz Europa, allen voran Friedrich II. von Preußen, versuchte, der österreichischen Herrscherin ihr Territorium streitig zu machen. Sie mag daher mit ihrem Schritt zur Auflösung der Loge möglicher Kriegsspionage vorzubeugen versucht haben.[29]

Dennoch war Maria Theresia in der Folge durch zahlreiche Berater von einem dichten Freimaurer-Netzwerk umgeben. So war ihr Leibarzt Gerard van Swieten treibende Kraft für die Reform des Gesundheitswesens, Tobias von Gebler und Johann Melchior von Birkenstock reformierten das Schulwesen. Joseph von Sonnenfels zeichnete

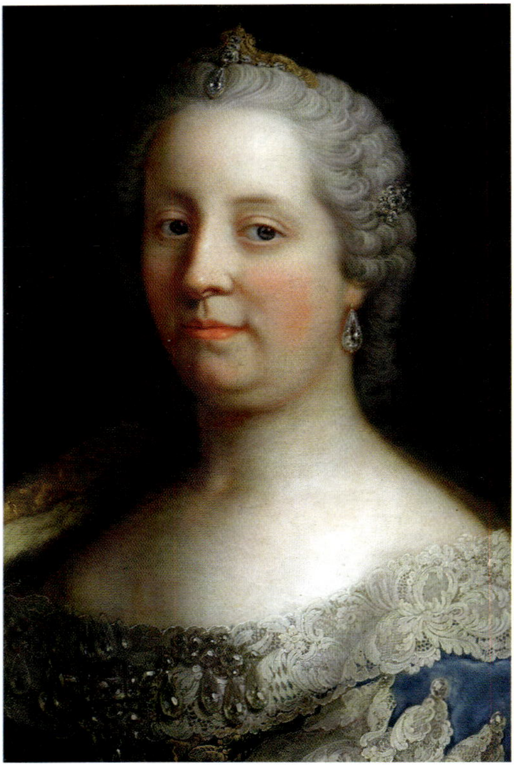

Martin Meytens: Maria Theresia

sich durch die Abschaffung der Folter aus, und Ignaz von Born, wesentlicher Denker der österreichischen Aufklärung, begründete durch die Katalogisierung von Teilen des Naturalienkabinetts das Naturhistorische Museum.[30]

Wichtigster Fürsprecher und Protektor der Freimaurerei sowie aktiver Bruder war Maria Theresias Schwiegersohn, Albert von Sachsen-Teschen, der Gründer der größten Kupferstichsammlung Europas, der Albertina.[31] Er hatte die Lieblingstochter der Regentin, Marie Christine, geheiratet und war Maria Theresia sehr ans Herz gewachsen. Durch das große Vertrauensverhältnis, das er zu ihr besaß, übte er diskret, aber gezielt einen wesentlichen und schützenden Einfluss auf die Maurerei aus. Seiner Initiative war es zu verdanken, dass Maria Theresia sogar ein Waisenhaus in Prag, dessen Gründung auf die dortige Loge zurückzuführen war, finanziell unterstützte.[32]

Auch Marie Christine förderte die „Königliche Kunst",[33] indem sie im Schloss Schönbrunn während freimaurerischer Versammlungen Türwache hielt.[34] Schließlich war Maria Anna, eine weitere Tochter der Herrscherin, aktive Förderin des Ordens, der ihr aus Dankbarkeit sogar den Namen einer Loge in Klagenfurt widmete. Nicht zuletzt durch ihren Mann, Franz Stephan von Lothringen, bestand auch ihr intimster Kreis aus Mitgliedern der „Königlichen Kunst."

In den vierzig Jahren der Regentschaft Maria Theresias war die

Freimaurerei zwar durch eine Verfügung untersagt, zugleich aber grundsätzlich geduldet worden. Es war dies bis zu ihrem endgültigen Verbot im Jahre 1795 die Entwicklungs- und Blütezeit der „Königlichen Kunst" im 18. Jahrhundert in Österreich. Ihre theoretischen Gedanken bildeten sich praktisch im breit gefächerten Reformprogramm der Herrscherin ab und fanden bis in die entlegenen Teile der Habsburgerlande Verbreitung.

Masonische Werte und Tugenden

„Arbeit ist des Menschen Pflicht,
wer nicht säet erndtet nicht".[35]
Freimaurerische Tugend

Die Freimaurerei versteht sich als Orden mit bestimmten Werthaltungen. Die Versatzstücke seines Tugendkanons entstammen der Mythologie der Antike, dem Christentum, der Gnosis und aus ägyptischen Mysterienkulten. Inhaltlich wesentlich war vor allem der Einfluss der mittelalterlichen Handwerkerzünfte und ihrer Bauhütten. Den Orden bildete ein Zusammenschluss von Männern, deren Aufnahme streng geprüft wurde und die sich in der Folge zu Verschwiegenheit verpflichteten.

Die Mitgliedschaft glich einem Erkenntnisweg, der in drei wesentlichen Stufen vom „Lehrling" über den „Gesellen" zum „Meister" führte. Die Mitglieder bezeichneten sich als „Brüder". Sie zahlten nicht nur eine Aufnahmegebühr, sondern waren auch zu regelmäßigen finanziellen Beiträgen verpflichtet. Eine Zugehörigkeit musste man sich finanziell leisten können. Man traf sich in so genannten Logen, bei denen mittels Ritual ein Erfahrungshorizont zur Verinnerlichung der Tugenden von Gleichheit, sozialem Engagement und gesellschaftlichem Wohlverhalten geschaffen wurde. Wichtige Mittler zum Verständnis des Systems waren Symbole. Die individuelle Persönlichkeitsentwicklung verstand man als „Arbeit am rauen Stein". Dieser bildete durch permanente Veredelung einen Mosaikstein im metaphorischen „Tempel der Humanität" und erfüllte daher auch einen wichtigen gesellschaftlichen Auftrag. Vom geistigen „Arbeiten am Stein" führte der Weg direkt zur praktischen Umsetzung und damit zur gesellschaftlichen Anwendung eines humanitären und humanistischen Anliegens.

Die Brüder verpflichteten sich beim Eintritt in eine Loge zu Gerechtigkeit, Tugendhaftigkeit, Redlichkeit und Nützlichkeit.[36] Er-

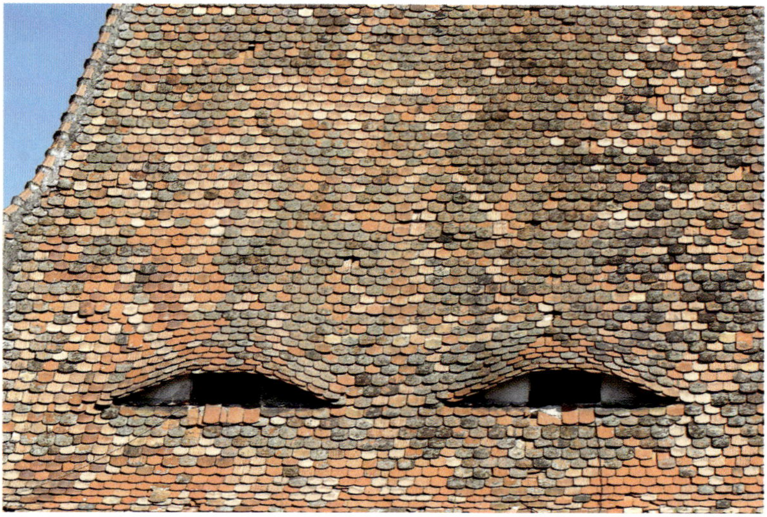

Dachluken der Altstadt – die Augen, die alles sehen

kennen und Selbsterkennen führte zur Vervollkommnung von Gedanken und Taten. Der durch Wissenschaften aufgeklärte Verstand sollte Tugend, Klugheit und Gottesfurcht ermöglichen,[37] wobei Gerechtigkeit und Freiheit zentrale Säulen waren.

Das Prinzip der Freiheit umfasste jedoch nicht nur ein gesellschaftspolitisches Postulat, sondern wurde vor allem moralisch interpretiert. Freiheit galt als vernunftorientiertes und tugendhaftes Handeln, das den Gesetzen gehorchte und die maurerischen Pflichten erfüllte. Die Unterordnung beruhte jedoch auf einem freien Willensakt, bei dem sich Liebe und Tugend umarmen mussten, um ungezwungen ausgeübt werden zu können.[38]

Gleichzeitig beruhte das Verständnis von Freiheit auf der Unabhängigkeit von der Sklaverei der Sinne. „Die Kultur unseres unsterblichen Geistes ist unsere erste Beschäftigung. Wir betrachten den Körper als ein Gefängniß der Seele; sie sucht sich dessen Aufenthalt erträglich zu machen, indem sie ihm die nöthigen Nahrungsmittel darreicht und ihm zuweilen Vergnügungen erlaubt",[39] heißt es in einer Schrift des Ordens.

Die Leidenschaften waren in Verruf geraten; sie galten als Inbegriff des Chaos und waren daher nur in kontrollierbarem Rahmen geduldet. Ekstase wurde zur Gefahr; die Sinne wurden nur in regulierter Form angesprochen. Sie spielten etwa bei Feiern und Festtafeln eine wesentliche Rolle. Auch im Theater, in der Musik, ja in den Künsten im Allgemeinen öffnete man sich den Eindrücken und verwirklichte den maurerischen Wunsch nach Veredelung. Die Schönheit war schließlich neben der Weisheit und der Stärke eine der drei Säulen, auf denen der metaphorisch gedachte „Tempel der Humanität" basierte. Die sinnliche Schönheit sollte mit der Schönheit des Geistes zu einem ausgewogenen Ganzen verbunden werden.[40]

Die Brüder suchten äußere und innere Welten in Harmonie miteinander zu bringen und zu halten. Schönheit war nicht nur eine ästhetische Kategorie, sondern die gelungene Balance zwischen Verstand und Herz, bei der gegenseitige Toleranz und Liebe eine Grundvoraussetzung waren. Der Freundschaftsbund verstand sich als Mittel, um zur Weltweisheit zu gelangen. Man verfolgte demnach hohe ethische Ansprüche, denen zufolge die ganze Welt als eine „Republik" angesehen wurde.[41]

Die Instrumente, um diese Tugenden zu erreichen, lagen in einer ausgesuchten vieldeutigen Bildsymbolik und einem langsamen Fortschreiten auf dem Weg der Selbsterkenntnis. Mittels Allegorien suchte man nach den maurerischen Mysterien und damit nach dem letzten Geheimnis.

Dieses war Außenstehenden nicht zugänglich – nur demjenigen, der es erlebte. Diese „Gesellschaft der mystischen Philosophen"[42] wurde gerade deswegen immer wieder falsch verstanden, wegen ihrer religiösen Toleranz von der katholischen Kirche verfolgt und von staatlicher Seite immer wieder per Gesetz verboten. Dennoch sahen sich die Brüder nicht nur als getreue Diener, sondern auch als wertvolle Stützen des Staates: „Vernünftige und tugendhafte Bürger sind allzeit feste Säulen worauf das Wohl der Republic sicher gegründet werden kan".[43]

Die Freimaurerei zeigte keine in sich geschlossene Einheit. Während die Einen in den von Rauch verhangenen alchimistischen

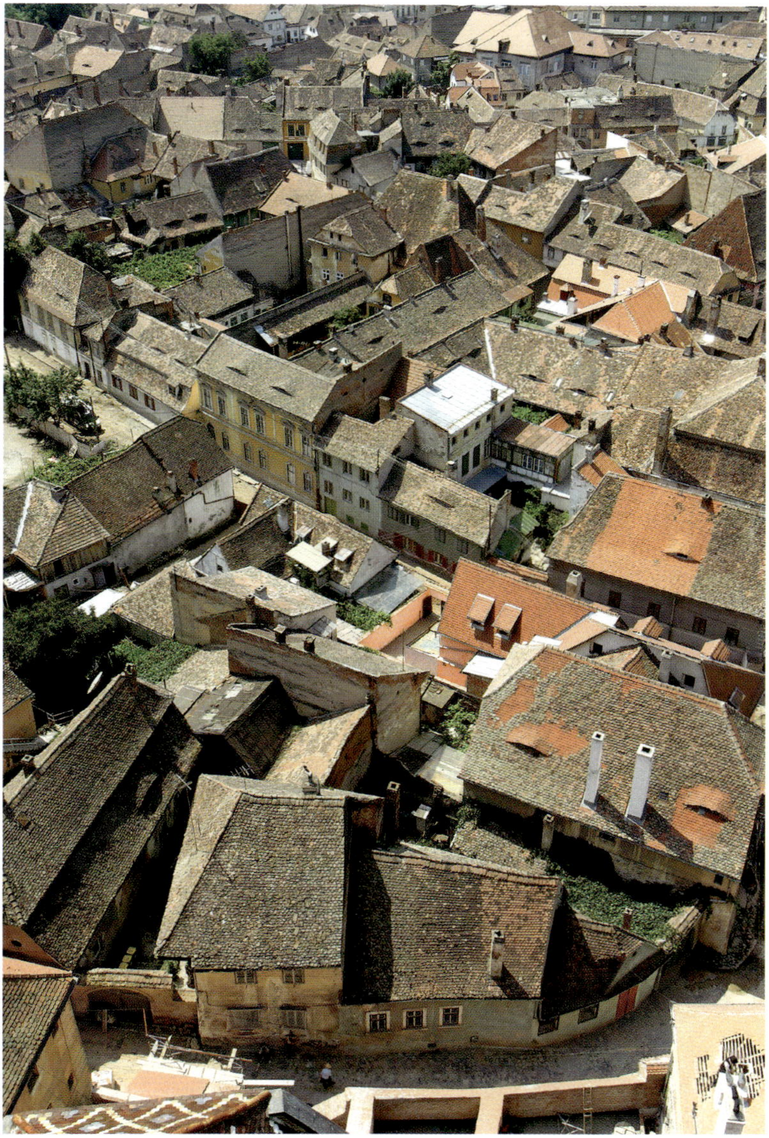

Dächerfluchten von Hermannstadt

Experimentierwerkstätten der Goldmacherei durchaus den Stein der Weisen suchten, begaben sich andere auf den Weg, um mit Hilfe der rationalen Vernunft die Welt zu erklären und die Geister des Aberglaubens zu vertreiben. Innere Zersplitterung des Ordens, Fehlverhalten einzelner Mitglieder und Verleumdungskampagnen machten ihn zu einer nicht unumstrittenen Bewegung. Innerhalb dieser Geheimgesellschaften existierten zahlreiche Gruppierungen wie die traditionsbezogenen Rosenkreuzer, die betont fortschrittsfreudigen Illuminaten, die spirituellen Asiatischen Brüder und die mysterienbezogenen Afrikanischen Bauherrn.

So standen in diesen Agenturen der Aufklärung alchimistischer Mystizismus und rationale Wissenschaftsfreude sowie tempelritterliche Herrschaftsgelüste mit elitären Auserwähltheitsansprüchen und das Gleichheitspostulat dicht beieinander. Frauen waren trotz dem theoretischen Egalitätsprinzip – von einigen wenigen Ausnahmen wie jener des „Mops-Ordens" abgesehen – von einer Mitgliedschaft im Männerbund ausgeschlossen.

Im Konstitutionsbuch, dem formalistischen Grundlagenwerk der Freimaurerei, wurde ihnen der Zutritt mit der Begründung verwehrt, sie wären „nicht frei", sondern stünden unter der Herrschaft von Eltern, Verwandten oder Ehemännern. Begründungen für den Ausschluss des „weiblichen Geschlechts" leitete man zudem aus der Historie und selbst aus der Bibel ab, indem man behauptete, dass Neugier und Sündenfall im Paradies von Eva – und somit von einer Frau – verursacht worden wären.[44]

Generell war man davon überzeugt, dass der Beitritt von Frauen zu Zerrüttungen führen und die Männer von ihrer Arbeit am Bau des „Tempels der Tugend" abhalten würde. In einem Gedicht an die „geliebten Schwestern" wurde dies auch unumwunden zugegeben: „So würd' es auch uns Maurern gehen, / Wenn Schwestern bey uns sässen; / Wir würden nach der Schwester sehn, / Und unsrer Pflicht vergessen."[45]

So gesehen hatte das Licht der Aufklärung noch bei weitem nicht die letzten Winkel dunkler Vorurteile erreicht. Die Vernunft machte dort Halt, wo es um die Gleichwertigkeit von Männern

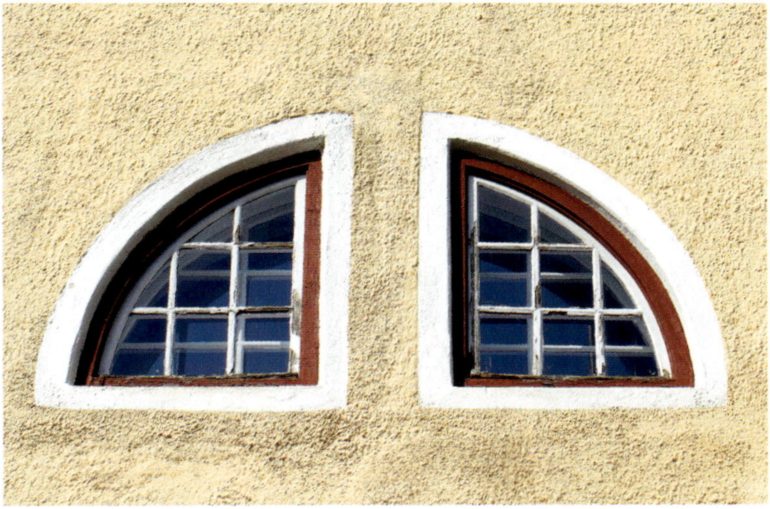

Friedrich Teutsch-Haus. Zentralarchiv der Evangelischen Kirche A.B.

und Frauen ging. Die Dialektik der Aufklärung war allgegenwärtig. Die Einsichtigen wussten über die Fragilität der angestrebten Balance. So reimte ein Bruder: „Ich glaube, daß mein Herz, trotz seiner Schwaechen / Der Tugend nur zum Sitz bestimmet ist; / Allein ich weiß, daß Tugend und Verbrechen / Unmerklich oft in Eins zusammenfließt."[46]

Obwohl Maria Theresia die erste Wiener Loge „Aux Trois Canons" 1743 schließen ließ, war sie in ihrer Politik durch ihren freimaurerischen Beraterstab maßgeblich von dessen aufklärerischen Haltung beeinflusst, was wesentlich zum Reformkurs des Aufgeklärten Absolutismus im Habsburgerreich beitrug.

Zusammen mit ihrer katholischen Herrscherin arbeiteten maurerische Brüder in zentralen politischen Positionen an wirtschaftlichen, politischen, wissenschaftlichen und bildungspolitischen Programmen, die Weichen für die Zukunft des Vielvölkerstaates stellten. Wesentliche Merkmale waren eine internationale Vernetzung und ein reger Austausch der Ideen in den Logen. Sie fungierten gleichsam als Denk- und Handlungsmodelle.

Die Wiener Loge „Aux Trois Canons“ hatte während ihres nur sechsmonatigen Bestehens eine wichtige Rolle in der Pionierzeit der österreichischen Freimaurerei gespielt. Nicht nur, weil sie als erste Bauhütte in Wien arbeitete, sondern weil sie für ihre Mitglieder – so auch für Brukenthal – offensichtlich für die Zukunft prägend wurde.[47] Die Brüder waren je zu einem Drittel Diplomaten, Beamte und Vertreter des Militärs.[48] Sie bekleideten höchst einflussreiche Ämter, kamen aus den verschiedensten Ländern Europas und gehörten unterschiedlichen Glaubensrichtungen an.

Als Mitglied verpflichtete man sich nicht nur zu religiöser und politischer Toleranz und zu sozialem Engagement, sondern vor allem zu gegenseitiger Hilfeleistung. Im geheimen Kreis fanden in der Loge Begegnungen statt, die Personen auch über räumliche Entfernungen hinweg miteinander vernetzten und wechselseitige Unterstützung förderten.

Die Aufhebung der Loge war für die Beteiligten nicht nur ein gesellschaftlicher Skandal, sie war für einige unter ihnen sogar mit Arrest und Geldstrafen verbunden. Da manchen von ihnen für einen gewissen Zeitraum auch der Zutritt zum Hof verboten wurde, waren die Betroffenen vor allem dem Klatsch und Tratsch preisgegeben. Nach der Aufhebung der Loge arbeiteten die Brüder jedoch inoffiziell weiter oder traten anderen Logen bei.

Für Brukenthal war damit ein vielleicht in Wien anvisiertes Studium unmöglich geworden. Er vermied Skandal und Gespött, indem er nach Halle an der Saale reiste, um in dieser bekannten norddeutschen Universitätsstadt seine Ausbildung zu beginnen.

Im gleichen Jahr, am 11. Mai 1743, immatrikulierte er an der dortigen Universität.[49] Er inskribierte Jura und hörte Vorlesungen aus Politikwissenschaft, Geschichte, Philosophie und Theologie. Er besuchte auch Vorträge seines Landsmannes Martin Schmeißel[50], der im Studienjahr 1743/44 zum Prorektor der Universität avancierte und als progressiver Geist galt. Schmeißel hatte einen *Gelehrtenanzeiger* herausgegeben und eine große numismatische Sammlung angelegt, die Brukenthal vielleicht beeindruckte und seine spätere Kollektion beeinflusste. Vor allem Christian Wolff, der kritische

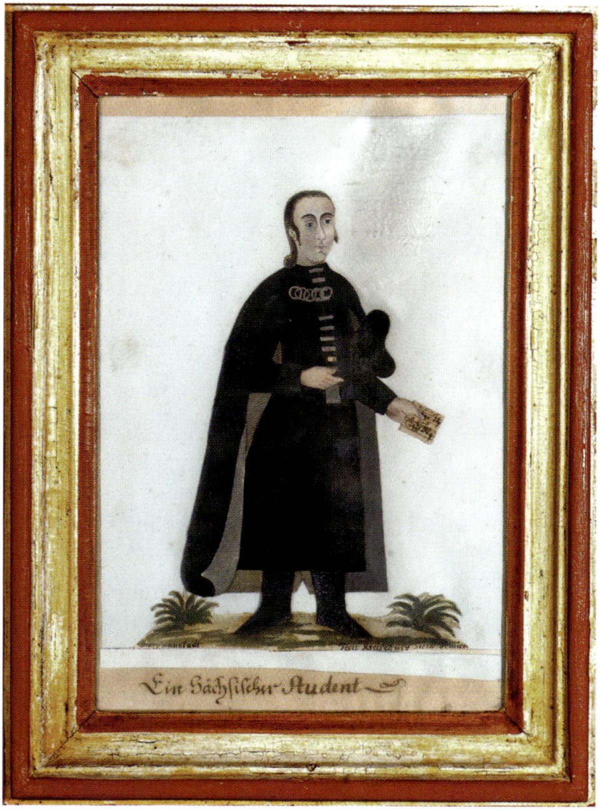

Sächsischer Student im 18. Jahrhundert

Geist und Modephilosoph der deutschen Aufklärung, lehrte in diesen Jahren in Halle.[51]

Die Rezeption der Freimaurerei in Wien dürfte den jungen Samuel von Brukenthal nachhaltig beeinflusst haben. Sein Vetter Heydendorff kommentierte die Konsequenz für den aufstrebenden Mann so: „Nun war der Brukenthal in großen Geschäften."[52] Es war klar, dass er in einschlägigen Kreisen von nun an kein Unbekannter mehr war, denn die Auflösung der Loge war auch in Norddeutschland durchaus mit Aufmerksamkeit wahrgenommen worden.[53]

Von Halle aus knüpfte Brukenthal, ohne Zeit zu verlieren, erneut

Beziehungen zu den Freimaurern. Seine kurze Präsenz in der Wiener Loge wird ihm kaum Gelegenheit geboten haben, zum Meister befördert zu werden. Da er jedoch noch im Winter des Jahres 1743 in Halle zum „Meister vom Stuhl" gewählt wurde, muss er in dieser kurzen Zeit in diese Position avanciert sein. Möglicherweise erfolgte seine Beförderung über die Loge „Minerva" in Leipzig.[54]

Sein Beschluss, eine eigene Loge zu gründen, führte ihn zur Berliner Loge „Zu den drei Weltkugeln", deren Großmeister Friedrich II. war. Noch 1743 erhielt Brukenthal von Berlin aus die Erlaubnis, in Halle eine neue Loge namens „Aux Trois Clefs d'Or" – „Zu den drei goldenen Schlüsseln" zu gründen.

Die feierliche Eröffnung fand am 14. Dezember statt.[55] Die Loge verbot in ihren Satzungen Atheismus und Freigeisterei und stand somit auf streng konfessionellem Boden. Auch Brukenthal vertrat diese Ansicht, wenn er schrieb: „Gott und seinen Gesetzen getreu, beherrschet er sich selbst; er hält Ordnung in seinen Begierden, bezwingt seine Leidenschaften und stärkt durch Festigkeit in der Tugend die Herrschaft des Geistes über die Sinne und wird Gott ähnlich, das Ebenbild seines Gottes."[56]

Diese Worte spiegeln gleichsam die Prinzipien von Brukenthals Loge wie auch seiner Lebenshaltung wider. Brukenthals theistische Auffassung schloss zudem einen von vielen Brüdern geteilten asketischen Zugang mit hohem Arbeitsethos ein. Darin deutete sich bereits die Richtung an, die Brukenthal sein ganzes Leben lang verfolgen sollte. Das Denkgebäude des überzeugten Protestanten basierte auf einem tiefen Glauben. Dieser bot die Grundlage, mit der Brukenthal die geistigen Strömungen der rationalen Aspekte der Aufklärung amalgamisierte.

Grundsätzlich proklamierte die Freimaurerei religiöse Toleranz. Zugleich ging sie jedoch von der Existenz eines höchsten Wesens, des „Großen Baumeisters aller Welten", aus. In der Präambel des Protokollbuchs von Brukenthals Loge wurden die theistischen Grundsätze nicht nur beschrieben, sondern sogar deutlich hervorgehoben. Gott, das eigene Ich und der Nächste waren die Basis, von der aus die Brüder agieren sollten. Dies beinhaltete die Pflicht zur

Arbeit an der eigenen Vervollkommnung und die Pflicht zur Liebe des Nächsten, um ein würdiges Abbild Gottes zu werden.

Diesem transzendenten Wesen galt es, einen Tempel zu errichten, in welchem man mit Andacht, Ehrfurcht, Liebe, Lob, Dank und Demut den ihm schuldigen Dienst zu leisten hatte.[57] Die Natur als Werk Gottes diente dem Menschen als Quelle der Annehmlichkeiten und des Nutzens. Die Leidenschaften aber mussten im Namen der Vernunft gefesselt werden.[58] Daneben galt das Gleichheitspostulat, demzufolge Armut und Reichtum keine Rolle spielen durften.

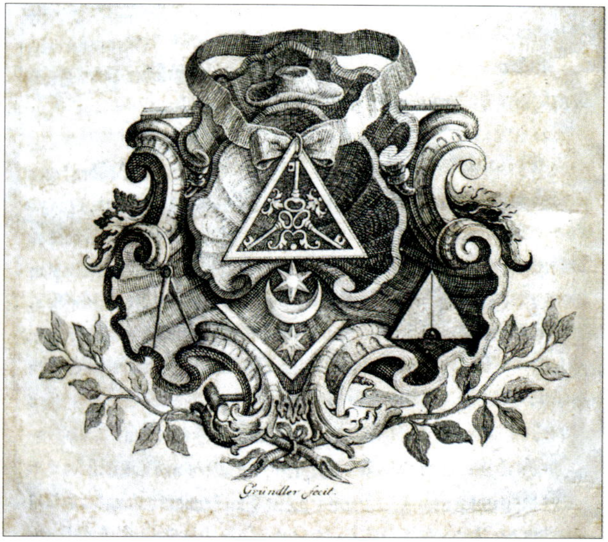

Illustration der Loge „Zu den drei goldenen Schlüsseln"

Brukenthals Loge entfaltete unter seiner Leitung eine rege Tätigkeit und wuchs schnell. Bald bestand sie aus über vierzig Mitgliedern, die meist adeligen und bürgerlichen Studentenkreisen angehörten und sich vier- bis fünfmal im Monat trafen.[59] Für Studenten boten derartige Versammlungsmöglichkeiten eine gute Gelegenheit zum gedanklichen Austausch und gemeinschaftlichen Feiern.

Der öffentliche Raum in Form von Lokalen war zu dieser Zeit

noch unzureichend ausgebildet. Die Loge bildete daher einen gesellschaftlichen Sozialraum. Zusätzlich zum geselligen Teil wurde in den Logen ein moralisch-ethisches System formuliert und eingeübt: „Nur in dem Zusammenschluß der Thätigkeit, und des Bestrebens nach Tugend und Wohltun besteht die Vollkommenheit, so wie das Wesen und die Wirkung der Freymaurerey."[60]

Brukenthals Amtszeit als „Meister vom Stuhl" dauerte nur bis 1744. Seine Bauhütte strahlte jedoch schnell in die Umgebung aus. Sie trug nicht nur zur Verpflanzung der Freimaurerei nach Bremen bei, sondern bewirkte auch die Gründung einer Deputationsloge in Jena.[61]

Unter der Leitung Brukenthals wurde der „Johannistag", das alljährliche Hauptfest des Ordens, im Jahre 1744 eindrucksvoll zelebriert. Die eher nüchterne Ausrichtung eines protestantischen Gottesdienstes erfuhr im freimaurerischen Ritual eine mystische Ausschmückung. Es integrierte zudem pompösere Elemente des Feierns und bezeugte bei der anschließenden Festtafel auch kulinarischen Charakter. Das Johannisfest des Jahres 1744 wurde sogar in einer eigenen Publikation festgehalten. Darin hieß es: „Festsitzung mit Eröffnung durch den ‚sehr ehrwürdigen Meister', einstündige Festrede des Bruder Redners, Festmahl im ‚Kronprinzen' mit Musikbegleitung, gemeinsame Spende für die öffentliche Armenkasse (30 Thaler)".[62]

In einer ausführlichen Rede wurde der Auftrag der Freimaurer deutlich formuliert: Sie sollten ihre Gedanken über alles erheben, was noch nach Irdischem, Sinnlichem und niederer Erde schmeckte. Zugleich sollten sie den Körper pflegen, um ihn für diese Aufgabe zu stärken.[63] Die gemeinsame Arbeit diente der Ehre Gottes, der Wohlfahrt der Menschen und der eigenen Gemütsruhe. Diese wiederum war die Grundlage für einen gesunden Körper. Philanthropie und Bruderliebe waren jene Säulen, die die Tragfähigkeit der Tempelmauern herstellen sollten.

Die Arbeit an sich und das tugendhafte Wirken in der Gesellschaft wurden dabei durchaus als Vorbild für die Politik und ihre Vertreter verstanden.[64] Der Tod stellte in diesem Gedankengebäude keine Bedrohung, sondern lediglich eine Schwelle dar, über die die derart Eingeweihten vom weltlichen Tempel in den himmlischen hinüber schritten. „Ächte Brüder werden allezeit ihren erhabenen Bau aufführen, und wenn er aufgeführet ist, in demselben die edelsten Verrichtungen vornehmen."[65]

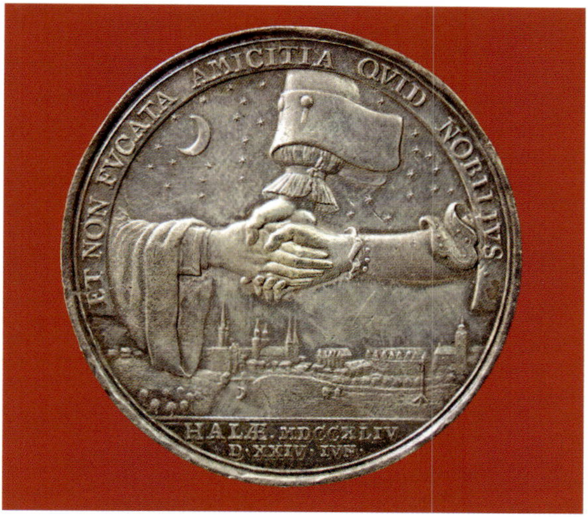

Kehrseite der Gedenkmünze, Lehr- Nähr-Wehrstand

Das Johannisfest dauerte bis tief in die Nacht. Zur Erinnerung an diese Feier wurde eine Gedenkmünze in Gold und Silber geprägt. Auf der Rückseite, der „Mondseite", zeigt diese Medaille die Stadtansicht von Halle mit drei verschlungenen Händen darüber. Diese stehen symbolhaft für die drei Stände: den Wehr-, den Lehr- und den Nährstand, die sich miteinander verbinden sollten.[66] Auf der Vorderseite, der „Sonnenseite", befindet sich das Bildnis des Stuhlmeisters Samuel von Brukenthal selbst. Um seinen Hals hängt ein Winkelmaß, das Symbol des Meisters. Die rechte Hand hält ein Senkblei, zu seinen Füßen sieht man Hammer, Winkelmaß und Zirkel. Auf einem quadratischen Stein zu Brukenthals Linken wurden gut lesbar seine Initialen „C. S. v. Br." angebracht.[67]

Er selbst steht an eine Weltkugel gelehnt – eine Anspielung auf die Mutterloge in Berlin. Zu seiner Rechten befinden sich zwei unvollendete Säulen, eine dritte liegt zerbrochen am Boden. Dies sollte auf die Neuerrichtung des Salomonischen Tempels verweisen, an der die Vereinigung arbeitete.

Den Inhalt des freimaurerischen Selbstverständnisses umschrieben die Worte: „Studio sapientia silentio et non fucata amicitia quid nobilius" – „Studium, Weisheit, Stillschweigen und ungeschminkte Freundschaft, was gibt es Edleres?"[68]

Diese Gedenkmünze vom 24. Juni 1744 ist das erste offizielle Porträt, die erste selbstbewusste Darstellung eines jungen Studenten und späteren Gouverneurs. Mit ihr formulierte Brukenthal aber auch eine Programmatik, die in seinem gesamten weiteren Lebensweg deutlich sichtbar werden sollte. Ein Exemplar dieser Medaille befindet sich im Brukenthal-Museum in Hermannstadt. Als numismatische Rarität ist sie aber auch im Kunsthistorischen Museum in Wien zu entdecken.

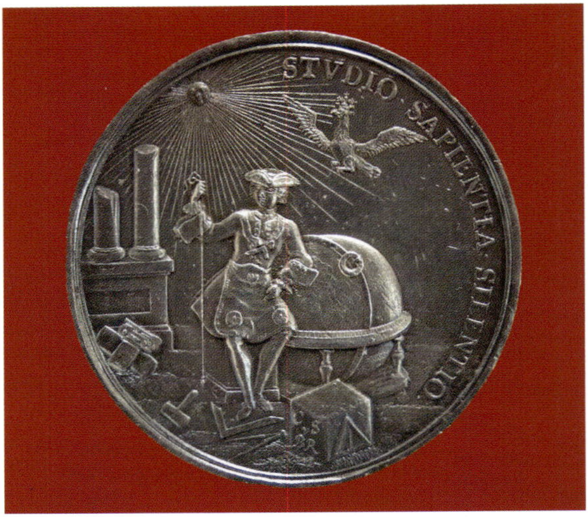

Bildnis des Stuhlmeisters Samuel von Brukenthal

Mit großer Wahrscheinlichkeit hatte Brukenthal selbst ein Stück an das Münzkabinett in Wien weitergegeben. Graf Karl von Zinzendorf, der dem Leiter des kaiserlichen Münzkabinetts Abbé Neumann im Jahre 1797 einen Besuch abstattete, fand es nämlich der Mühe wert, die Besichtigung der Silbermedaille sowie die Zugehörigkeit Brukenthals zu den Freimaurern in seinem Tagebuch zu erwähnen.[69]

Der Abbé war für den Baron in Bezug auf dessen Bücher- und Münzsammlungen ein wichtiger Kooperationspartner – und außerdem ein Wiener Logenbruder. Karl von Zinzendorf wiederum sollte als hoher Beamter der Zentralregierung mit dem siebenbürgischen Gouverneur in engem und wertschätzendem Kontakt gestanden und 1782 in einem Schreiben sehr bemüht gewesen sein, mit Siebenbürgen „eine unverletzliche Harmonie von gemeinschaftlichem Interesse zu stiften".[70]

Symbolisch sollte das spätere Leben Samuel von Brukenthals, des Barons und Gouverneurs von Siebenbürgen, die angewandte Praxis der Grundsätze der soeben beschriebenen Gedenkmünze sein. Seine Sammlungen in der Residenz von Hermannstadt und das Mustergut seines Landssitzes in Freck bildeten jene realen Räume des metaphorisch gedachten „Tempels der Humanität", in denen er zusammen mit Gleichgesinnten seine Arbeiten für das Wohl der Allgemeinheit verrichtete. Als Student nahm er als „Meister vom Stuhl" einer Loge bereits eine Führungsfunktion ein. Als Staatsmann sollte er seine Leitungsposition in Bezug auf Siebenbürgen ausbauen und – entsprechend dem „Wehrstand" – seine Untertanen zu schützen suchen. Als Bücher- und Kunstsammler sollte er im Sinne des „Lehrstandes" die allgemeine Volksbildung fördern und in seinen landwirtschaftlichen Mustergütern durch Experimente den „Nährstand", das heißt die ländliche Bevölkerung, unterstützen. Die produktive Verbindung dieser drei Stände sollte ein zentrales Anliegen des Barons und seiner Kultur- und Wirtschaftspolitik werden.

Bereits als Student und in seiner Funktion als „Meister vom Stuhl" einer Loge legte Brukenthal besonderen Wert auf das Feiern. Das Festmahl mit Musikbegleitung – in seinem Stadtpalais fanden später immer wieder Bankette und musikalische Soireen statt – war demnach Vorform und Übungsfeld der barocken Repräsentationskultur, die er später in Wien kennen lernte. Diese sollte, nach Hermannstadt importiert, in seinem Palais als Weiterführung sowohl der barocken als auch der freimaurerischen Traditionselemente zu einer regelmäßigen Institution werden.

Die Zugehörigkeit zur Freimaurerei in seinen jungen Jahren erscheint sowohl real als auch ideell prägend für das weitere Wirken. Im studentischen Logenleben konnte er gehobene Umgangsformen, Sprachkenntnisse und geistige Auseinandersetzung schulen – wobei der karitative Aspekt nicht fehlen durfte. In weiterer Folge kann die Zugehörigkeit zur „Königlichen Kunst" geradezu als eine Vorbedingung seiner steilen Karriere gewertet werden.

„Als erste Erscheinungsform des modernen bürgerlichen Sozietätswesens brachte sie [die Freimaurerei] auf individueller Interessensgrundlage Menschen ähnlicher, aufklärerischer Weltanschauung zusammen und bot einen Rahmen, in dem über die bestehenden ständischen Schranken hinweg persönliche Kontakte und Beziehungen geknüpft werden konnten, die für eine erfolgreiche Karriere, gerade bei bürgerlicher und kleinadeliger Herkunft, sich als entscheidend erweisen konnten."[71] Eben dies traf auf Brukenthal zu: Er war ein klassischer sozialer Aufsteiger, für dessen Laufbahn derartige Seilschaften – abgesehen von seinen intellektuellen Kompetenzen, die eine Voraussetzung dafür waren – eine wesentliche Rolle spielten.[72]

Kluge Heiratspolitik
Aufstieg mittels Frauen

„O Schönheit / O Zierde von unserer Jugend
Empfahet nun endlich die Preise der Tugend
Geht liebet und scherzet und lezet euch nun".[73]
Vermählungslied von 1745

Brukenthal musste sein Studium in Jena beenden. Halle war durch den Ausbruch des Zweiten Schlesischen Krieges 1744 für die Siebenbürger Sachsen, die Maria Theresias Untertanen waren, nun unter der neuen preußischen Oberhoheit feindlicher Boden geworden. Als Brukenthal in seine Heimatstadt in Siebenbürgen zurückkehrte, war er nicht nur gebildet, sondern auch „eine Schönheit eines Mannes, (...) aber außer sich mit keinen andern Mitteln".[74] In reiferen Jahren galt er noch immer als „unstreitig das schönste Mannsbild unter den Großen Siebenbürgens".[75] Er war hoch gewachsen, trug sein kastanienbraunes Haar offen und ohne Perücke, hatte dunkle Augen, starke Augenbrauen, eine große Habichtsnase und eine vorstehende Unterlippe, die durch die ständige Neigung zum Lachen das Ernsthafte seiner Züge milderte.

In Leschkirch, seinem Geburtsort, hatte Samuel von Brukenthal als ausgebildeter Jurist keine beruflichen Aufstiegsmöglichkeiten, da sein älterer Bruder Michael hier bereits in die Fußstapfen des Vaters getreten war. Der Jüngere musste sich anderweitig umsehen. Für eine erfolgreiche Laufbahn als Beamter in Hermannstadt, dem damaligen politischen Zentrum Siebenbürgens, fehlte ihm jedoch das Stadtrecht, das nur über einen eigenen Haushalt zu erwerben war. Er besaß demnach weder eine Aufenthaltsgenehmigung noch eine Arbeitsbewilligung. In erster Linie mangelte es dem ambitionierten und gebildeten Heimkehrer jedoch an Geld.

Es galt daher, eine gute Heiratspolitik zu führen. „In alter Zeit war die Eheschließung eine Sache reiflicher Überlegung und nicht ein Ergebnis aufflammender Leidenschaft. Sie war gleichsam eine öffentliche Angelegenheit, daran auch die Gemeinschaft, in der man lebte, ein Interesse hatte. (...) Der Bund wurde zwischen zwei Familienkreisen geschlossen."[76]

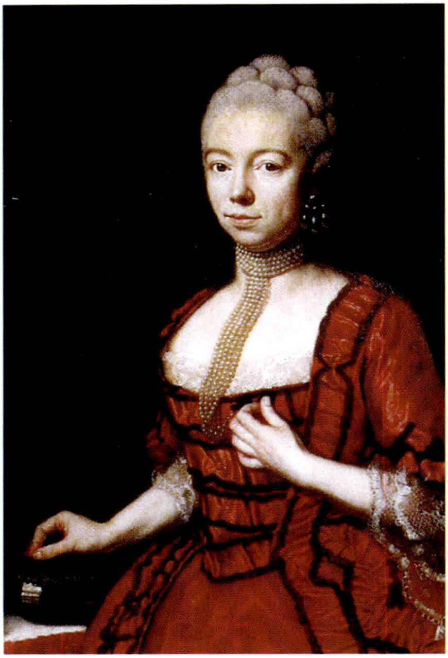

Sophia Katharina von Klocknern

Hermannstadt war klein und überschaubar, die Machtzentren und Netzwerke über Familien streng geregelt. Die Familien Klocknern und Baussnern galten als die einflussreichsten. In beiden Familien gab es eine potenzielle Heiratskandidatin.

„Damals waren zwei reiche sächsische Frauenzimmer in Hermannstadt, beide von erster sächsischer Geburt."[77] Die eine war die Tochter des verstorbenen Simon von Baussnern: „Schön, reich, nach der feineren Welt gebildet, aber leichtsinnig, wie solches ihr nachmaliger Lebenswandel bewies."[78] Diese abschätzige Bemerkung galt ihrem Religionsbekenntnis: Sie war zum Katholizismus konvertiert, was für die sächsisch überzeugten Lutheraner einem Verrat gleichkam und dementsprechend negativ bewertet wurde. Die andere war die Tochter des amtierenden Bürgermeisters; ihr Name war Sophia Katharina von Klocknern (1725-1782). Auf sie fiel Brukenthals Wahl.[79]

Sophia Katharina galt als „selten klug".[80] Insgesamt war sie, wie es hieß, von „vielem Verstand, Schönheit und ansehnlichem Reichtum".[81] Sie hatte eine gute Erziehung genossen, denn schon ihr Vater hatte – was für siebenbürgische Verhältnisse durchaus nicht selbstverständlich war – in Italien seinen geistigen Horizont erweitert.[82] Zur Lektüre bürgerlicher Töchter gehörten damals Voltaire und Rousseau ebenso wie deutsche Dichter. Sophia Katharinas Kunstverständnis wurde durch eine Bildersammlung geschult. „Es ging durch dies Haus ein Zug altadeliger, durchgebildeter, gediegener Vornehmheit, der es über andere hinaushob."[83]

Durch die Wahl Sophia Katharinas hatte sich der junge Heimkehrer Samuel von Brukenthal nicht nur für eine kluge, sondern vor allem für eine reiche Frau entschieden. Gleichzeitig machte er sich damit die Familie Baussnern zur Feindin, da diese mit der Wahl einer der Ihren gerechnet hatte. Dies sollte sich am Beginn seiner beruflichen Laufbahn negativ bemerkbar machen.

Die Hochzeit wurde 1745 prunkvoll begangen und mit Gedichten gefeiert. Hätte der Bräutigam die Wahl rund zwanzig Jahre später getroffen und den Festakt nach Wien verlegt, so wäre ihm, wie allen Brautpaaren des Jahres 1764, von Maria Theresia anlässlich der Vermählung ihres Sohnes Joseph II. nicht nur die Hochzeit bezahlt worden, sondern er hätte auch eine Morgengabe von 100 Talern erhalten.[84] So aber wurden die Ausgaben vom begüterten Schwiegervater Daniel von Klocknern bestritten. Zusätzlich verhalf dieser dem Schwiegersohn zum Hermannstädter Bürgerrecht, indem er ihm großzügig ein ganzes Haus – das so genannte „eiserne Eck" am Hauptplatz – schenkte.[85]

Im Laufe der Zeit sollte Brukenthal die Stadtgüter durch Kauf von Ländereien zu einem ansehnlichen Besitztum erweitern.[86] Im Jahr 1749 kam die einzige Tochter Sophia zur Welt, die jedoch noch im Kindesalter starb.[87] Das Paar blieb in der Folge aber ohne Nachkommen.

Brukenthal wurde durch die Mitgift seiner Frau nicht nur zu einem wohlhabenden Mann. Als frischgebackenem Hermannstädter Bürger, der nun eine Aufenthalts- und Arbeitsgenehmigung besaß, war ihm auch eine berufliche und politische Laufbahn möglich. Im Haus des Schwiegervaters, des Hermannstädter Bürgermeisters, gingen die Großen des Landes ein und aus. Der aufstrebende Ehemann konnte daher sowohl auf einfache Art Bekanntschaften schließen als

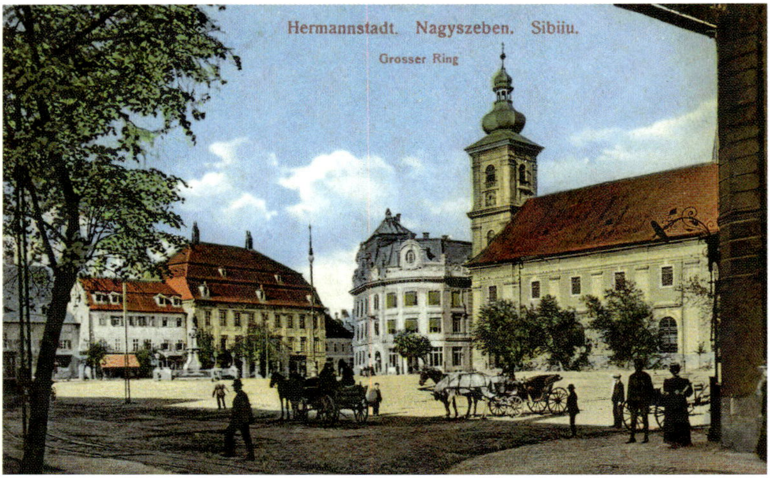

Vielsprachige Postkarte des Stadtplatzes um 1900

auch intellektuelle Anregungen erhalten.

Dieses symbolische Kapital war von unschätzbarem Wert. Für den Hochschulabsolventen kann diese Heirat durchaus als „gute Partie" angesehen werden, die – aus ökonomischen Gründen – eine wesentliche Voraussetzung seiner späteren politischen Karriere werden sollte. Schon Samuel von Brukenthals Vater hatte durch die Heirat mit einer Tochter des Kleinadels seinen sozialen Aufstieg begünstigt; der Bruder konnte ihm erst durch die Verbindung mit einer vermögenden Pfarrerstochter sein Erbteil ausbezahlen und damit das Studium ermöglichen.

Mit der eigenen Vermählung folgte auch er der Familientradition, über das geistige und finanzielle Kapital der Ehefrauen einflussreiche Positionen und große Finanzkraft zu erwerben. Nicht zuletzt sollte Maria Theresia durch ihre Protektion Brukenthals Karriere zu einem Höhepunkt führen. Insofern ist Brukenthals Biographie nicht nur stark von Frauen beeinflusst worden – sein erfolgreicher Werdegang wäre ohne sie gar nicht denkbar gewesen.

Eine berufliche Erfolgsgeschichte
Karriere über Wien

„Wenn die Dienste nur an die Tauglichsten
vergeben werden sollten,
so würde das Dienen ein Vergnügen
und schon an sich eine Belohnung sein.“[88]
Samuel von Brukenthal 1783

Vorerst begann der junge Ehemann seinen Berufseinstieg bescheiden als Beamter des Magistrats – als einfacher Gerichtssekretär im Notariat. In dieser Funktion arbeitete er immer wieder im Archiv, da sowohl das Hermannstädter als auch das Siebenbürgische Nationsarchiv dem Notariat unterstellt war. Durch die Einblicke in verschiedene historische Akten wurde sein Interesse an Geschichte gefördert. Die Karriere ging jedoch nur schleppend voran. Brukenthals Vetter Heydendorff spricht sogar von eindeutiger Behinderung von Seiten der Familie Baussnern.[89]

In dieser festgefahrenen Situation tat Brukenthal einen entscheidenden Schritt: Zusammen mit einer politischen Deputation verließ er die engen Kreise Hermannstadts und begab sich im Jahre 1753, im Alter von zweiunddreißig Jahren, in das Netzwerk Wiens. „Die frei Maurerei und die damit verknüpften Bekanntschaften machten ihm Hoffnung dazu“,[90] berichtet sein Vetter Heydendorff. Brukenthal sprach unter anderem in der Siebenbürgischen Hofkanzlei vor, deren einflussreichster Hofrat, Graf Bethlen, ein Bruder der Loge „Aux Trois Canons“ gewesen war. Brukenthal betrieb während dieses Aufenthaltes in Wien ein offensichtlich erfolgreiches Lobbying in Freimaurerkreisen.[91]

Die Krönung seiner Reise war eine Audienz bei Maria Theresia. Diese Begegnung, von wechselseitiger Sympathie und Wertschätzung geprägt, war die Grundlage seiner darauf folgenden steilen Karriere.

Maria Theresia, geboren im Jahr 1717, war nur um vier Jahre älter als Brukenthal. Beide verband zudem ein gemeinsames Prinzip:

Der Glaube! So wie Maria Theresia standhafte Katholikin war, basierte Brukenthals Überzeugung auf dem lutherischen Protestantismus. Die authentische Haltung in Glaubensdingen beider Personen mag diesen Gegensatz auf einer tieferen Ebene als Gemeinsamkeit dargestellt haben. Dennoch waren protestantische Karrieren kaum denkbar, Konvertierungen an der Tagesordnung.

Renitente Anhänger und Anhängerinnen der lutherischen Konfession Innerösterreichs wurden von der Herrscherin ab 1752 sogar in mehreren Wellen nach Siebenbürgen deportiert und in der Nähe von Hermannstadt, in Neppendorf/Turnişor und Großpold/Apoldu de Sus, angesiedelt. Diese so genannten Landler waren dort kaum willkommen, viele von ihnen starben. Erst das Toleranzpatent Kaiser Josephs II. gewährte 1781 allgemeine Religionsfreiheit und setzte der Verfolgung ein offizielles Ende.[92] Maria Theresia fasste trotz den konfessionellen Differenzen Vertrauen zu dem klugen, schönen Mann und entwickelte sich zu seiner wesentlichen Protektorin.

Bereits ein Jahr nach der ersten Audienz, im Jahre 1754, wurde er von ihr zum Gubernialsekretär ernannt.[93] 1760 folgte die Ernennung zum „Gubernialrath“ und schließlich zum Provinzkanzler mit Sitz in Wien. Brukenthal wurde 1765 zum „Sankt-Stephans-Ordensritter“ geschlagen und von 1777 bis 1787 zum ersten siebenbürgisch-sächsischen Gouverneur von Siebenbürgen.[94]

Diese Ernennung war insofern eine der größten und eine außerordentliche Auszeichnung, da Brukenthal seine protestantische Konfession standhaft beibehielt. Während berufliche Karrieren in der Habsburger Monarchie unter Maria Theresia weitgehend an den katholischen Glauben gebunden waren, war vor allem die Ernennung zum Statthalter der Herrscherin eine Auszeichnung, die noch nie zuvor gewährt worden war – und auch keinem anderen gewährt werden sollte.

Maria Theresia brachte Samuel von Brukenthal besondere Hochachtung entgegen, was aus einem ihrer Handbillets von 1774 deutlich wird: „Uebrigens bin versichert, daß er Meine Erwartung durch seine Einsicht und Diensteifer bestens zu erfüllen trachten werde, wogegen er Meines Vertrauens beständiger Gnade vergewisset sein

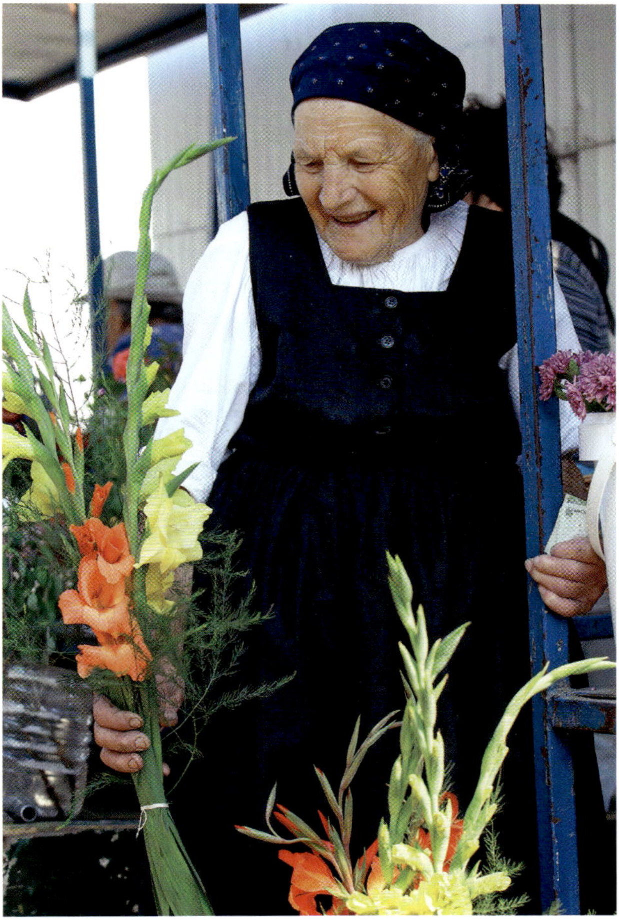

Katharina Beer – Landlerin aus Neppendorf am Markt

kann.“[95] Die Ernennung zum höchsten politischen Würdenträger Transsilvaniens beruhte nicht nur auf der Kompetenz des getreuen Staatsdieners, sondern vor allem auf der Protektion der Herrscherin, die in allen gegen ihn laufenden Intrigen und Anfeindungen fest an seiner Seite stand, auf ihn baute und ihn zum Höhepunkt seiner Karriere beförderte.

Die Übertragung des Gubernatorenamtes verband Maria Theresia mit einem Schreiben, das ihre persönliche Wertschätzung offenbarte: „Ich aber werde doch die erste sein, den neuen Gubernator zu begrüßen und ihm meine Erkenntlichkeit zu zeigen und ihm zu danken vor die vielen Plagen, die er meinetwegen übernommen hat. Gott gebe ihm Kräfte, Gesundheit und Stärke zu Führung seines Amts. Ich werde gewiß eifrig zu Gott für ihn beten."[96]

Zur beruflichen Karriere kam der symbolische Aufstieg über Besitz. Bereits Ende der 1750er Jahre hatte Brukenthal mit dem Geld seiner Gemahlin Sophia Katharina in Freck, seiner späteren Sommerresidenz, Hof- und Feldgründe gekauft.[97] Sein Interesse war es, das Gut zu wirtschaftlicher Rentabilität zu führen.[98] Durch den plötzlichen Tod ihres Vaters im Jahre 1754 verfügte Sophia Katharina zudem noch über ein beachtliches Erbe, das Brukenthal 1759 durch den Kauf eines großen Gutes im Distrikt Fogarasch/Făgăraş in Landbesitz investierte.[99]

Als Gouverneur von Siebenbürgen hatte Brukenthal immer wieder Dienstreisen nach Wien zu unternehmen. Wenn die Baronin ihren Mann nicht begleitete, führte sie in den Zeiten seiner Abwesenheit die Oberaufsicht über die einzelnen Wirtschaftsbetriebe. Auch von Wien aus behielt sie die Kontrolle. Unter den vornehmen Frauen Hermannstadts ragte sie, so wird berichtet, besonders hervor.[100]

Sophia Katharina Brukenthal war nicht nur klug, sondern auch äußerst schlagfertig. Sie konnte sich einer „Selbstständigkeit erfreuen wie wenige andere sächsische Frauen ihrer Zeit."[101] Da es Brukenthal unangenehm war, Bargeld mit sich zu führen, übernahm sie in seiner Begleitung auch die Kassa und die Bezahlung von Rechnungen. Zudem weisen Eintragungen in ihrem Haushaltsbuch darauf hin, dass sie für die Kunstsammlung ihres Mannes eigenständig Bilder bestellt und die Preise dafür selbst verhandelt hat.

Die Baronin wurde außerdem immer wieder als Informationsvermittlerin in politisch vertraulichen Belangen herangezogen. Um kein Aufsehen zu erregen, wurde sie als Adressatin diskreter Botschaften angeschrieben, sah diese ein und leitete sie in der Folge weiter. Es kann angenommen werden, dass sie in alle aktuellen politischen

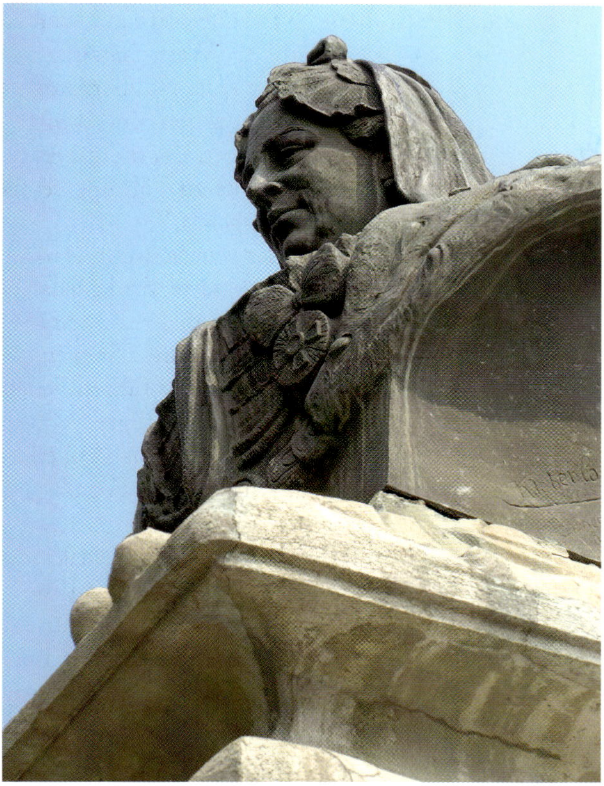

Maria Theresia im Hermannstädter Cartierul Terezian

Fragen und delikaten Angelegenheiten ihres Mannes eingeweiht war.[102]

Die Achse Hermannstadt–Wien wurde durch Brukenthals Arbeitsfeld immer intensiver. In der Metropole erhielt er Zutritt zu Hofkreisen und Einblick in das barocke *savoir vivre* der Kaiserstadt, dem er sich im Zuge seines beruflichen Aufstiegs auf der repräsentativen Ebene anpasste. Als er 1777 als erster Siebenbürger Sachse zum Gouverneur von Siebenbürgen ernannt wurde, war dies der Höhepunkt seiner beruflichen Laufbahn.

Aufklärung und Logenarbeit in Siebenbürgen

„Was ist die Maurerey?
Ein Band, um Menschen zu umschliessen,
Die, sonst durch Sprach, Altar, Parthey
Getrennt, sich nun als Brüder küssen,
Das ist die Maurerey."[103]
Lied der Hermannstädter Loge 1789

Im Jahr 1774 wurde Brukenthal zum interimistischen Leiter beziehungsweise Präses des Guberniums[104] ernannt. Nicht nur die eigenen Landsleute, sondern auch die Ungarn setzten große Hoffnungen in ihn,[105] denn sein Amtsvorgänger, Graf Auersperg, hatte keinen guten Ruf hinterlassen. Als der Baron 1777 seinen offiziellen Einzug als Gouverneur hielt, wurde sein Amtsantritt feierlich begangen. Neben zahlreichen Würdenträgern begrüßten ihn sämtliche Freimaurer mit einem brüderlichen Gedicht:

„Auch hier –
Wo Glaub' und Sprach' und Sitte
Die Völker trennen,
Versuchten weisere, edlere Menschen
Der Einigkeit ein Heiligthum zu bauen,
Und Duldung, Freundschaft und die reinste Tugend
Verbreiten sie und üben sie.
O neig Dein menschenfreundlich's Herz,
Das Tugend ehrt und sie beschützt,
Zu ihnen, schütze, liebe sie."[106]

Dies zeigt, dass Brukenthal nach wie vor als einer der Ihren betrachtet wurde, obwohl er keiner lokalen Freimaurerloge angehörte und eine Mitgliedschaft in einer internationalen Loge bislang nicht nachweisbar ist.

Das Gubernium, dem Brukenthal nun als oberster Repräsentant vorstand, setzte sich aus elf Mitgliedern zusammen, von denen vier Freimaurer waren. Formal bestand es aus neun Kommissionen, die bestimmte Aufgaben wie Bücherzensur oder Allodial-,[107] Militär- und Steuerangelegenheiten zu verwalten hatten.

In einer dieser Kommissionen setzte der neue Provinzherrscher seinen Neffen Michael Soterius (1742–1794) als Schriftführer ein, in einer anderen einen zweiten Neffen, Michael von Brukenthal (1746–1813).[108] Dieser stieg in der Folge zum Königsrichter auf.[109] Beide Herren waren nicht nur verwandtschaftlich an den Gouverneur gebunden, sondern gehörten auch der Hermannstädter Loge „St. Andreas zu den drei Seeblättern" an, die 1767 gegründet worden war.[110] Soterius, der ein Geschichtswerk über Siebenbürgen edierte, war nicht nur enger Vertrauter Brukenthals sondern später auch bei seinem Nachfolger Graf Georg Bánffy. Michael Soterius war zudem maßgeblich an der Ausgestaltung des Brukenthal-Museums beteiligt.[111]

Die Bruderschaft erfüllte demnach durch Brukenthals Personalpolitik nicht nur ihren Seilschaftscharakter, sondern auch ihren bildungspolitischen Auftrag. Offensichtlich versuchte Brukenthal sowohl in seinem privaten Kreis als auch in seinem Arbeitsumfeld das die Brüder vereinigende Band der Freundschaft zu stärken und zu nützen, um verlässliche Mitarbeiter zu rekrutieren. Zudem konnte er durch seinen Einfluss immer wieder berufsfördernde Maßnahmen setzen und soziale Hilfestellungen leisten. Michael von Heydendorff, dem er diesbezüglich beigestanden war, betrachtete ihn sogar als „zweiten Vater".[112]

In Siebenbürgen ist ein Logenleben der Freimaurer zwischen 1749 und 1790 nachweisbar.[113] Dies entspricht fast dem gesamten Zeitraum freimaurerischer Aktivität in der Habsburgermonarchie des 18. Jahrhunderts. In diesen vierzig Jahren sind den Logen – den Filiallogen inklusive – knapp 350 Brüder beigetreten, was angesichts der peripheren Lage Transsilvaniens und seiner Bevölkerungsstruktur eine besondere Bedeutung erhält. In Hermannstadt wurde die erste Loge, „St. Andreas zu den drei Seeblättern", 1767 von Simon Friedrich Edler von Baussnern gegründet.[114] Baussnern war in Dresden in die ersten vier Grade, also in die Würde des „Schottischen Meisters", aufgenommen worden. Johann Georg Eckardt, Thomas Filtsch, Johannes Hammer und Johann Christian Schmidt erhielten die ersten vier Grade in Jena, Lukas von Hermannsfeld und Michael Gottlieb Neustädter in Erlangen und Johann Michael Linzing in Tübingen.[115]

Neustädter war als Arzt bedeutender „Seuchenhygieniker"; er zählt zu den Pionieren der Kuhpockenimpfung.[116] Alle neun Männer waren um 1740 in Hermannstadt oder Umgebung geboren, hatten während ihres Studienaufenthaltes im Ausland – das heißt in einer deutschen Stadt – Kontakt zur Freimaurerei aufgenommen und die masonischen Ideen zurück nach Hermannstadt gebracht. Bei der Logengründung 1767 waren sie um die 27 Jahre alt und standen am Beginn ihrer beruflichen Laufbahn.

In einem der Hermannstädter Ritualbücher heißt es zum Arbeitsauftrag der Maurer: „Herkunft und Vorzüge des Glückes sind nie Beweggründe, das Bürgerrecht bei uns zu gewinnen. Wir bauen nicht auf so schwache Säulen; ein aufrichtiger Trieb, bei uns aufgenommen zu werden, und eine edle Seele sind die einzigen Vorzüge, die wir schätzen. Der Hirtenstab und Bauernkittel haben bei uns gleichen Werth mit dem königlichen Schmuck und Purpurmantel. Wir setzen in unserer Loge alle Titel, Würden und ererbte Namen zurück, an deren Stelle nehmen wir den reizenden Bruder-Namen an, welchen unser weiser Baumeister allen Menschen beilegte, weil sie alle der gegenseitigen Hilfe, Stärke, Liebe und Vertrauens bedürfen. Gleichheit schürzt unser starkes und unzertrennliches Freundschaftsband und hilft dem Hochmuthe entfliehen, der die Mauern niederreißt, welche eine zärtliche Liebe und Freundschaft erbaut haben."[117]

Diese Einführung in die demokratisch gedachten Grundlagen der Maurerei stand auch in jenem Ritualbuch, mit dem Wolfgang Amadeus Mozart am 14. Dezember 1784 in Wien in die „Loge zur Wohltätigkeit" aufgenommen wurde.[118] Peripherien und Zentren wurden über die masonische Kunst ideengeschichtlich miteinander verbunden und zu einer übernationalen Idee zusammengeschlossen.

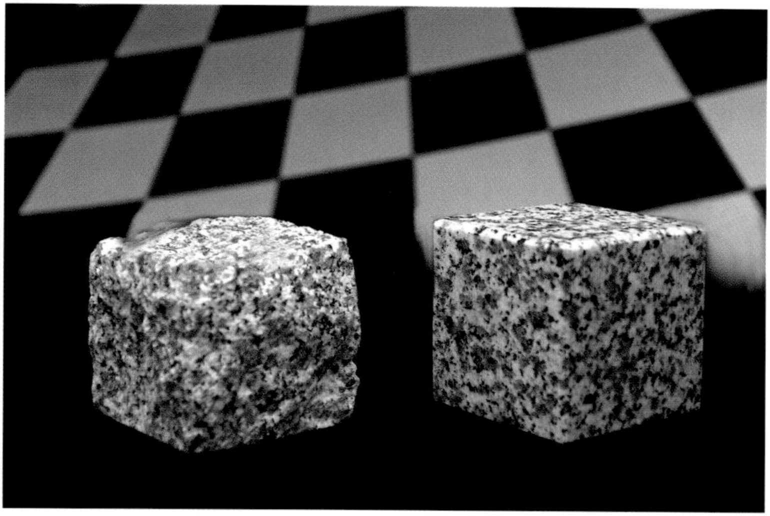

Arbeiten am rauen Stein

Die Mitglieder des Freimaurerordens verstanden sich nicht nur als Brüder; sie waren gleichzeitig – zumindest in der Theorie – Träger eines demokratisch gedachten Prinzips von Freiheit und Gleichheit. Für Siebenbürgen, das durch Multi-Ethnizität geprägt war, die weitgehend mit der religiösen Vielfalt parallel ging, sollte dies besondere Bedeutung erhalten. Die Logen besaßen in der Habsburger Monarchie eine wichtige Funktion: sie waren Werkstätten des aufgeklärten Absolutismus.[119]

Nach neunjähriger Arbeit im Stillen, in denen keine personellen Neuaufnahmen stattfanden, wurde die Loge „St. Andreas zu den drei Seeblättern" 1776 mit einem neuen Konstitutionspatent versehen und öffnete sich für interessierte Mitglieder. Dies fiel – vielleicht nicht zufällig – mit dem Amtsantritt Brukenthals als Gouverneur zusammen.

Die Loge avancierte in der Folge zu einer der größten der Habsburgermonarchie im 18. Jahrhundert. Ihr gehörte die Mehrheit der siebenbürgischen Prominenz und der intellektuellen Elite an. Die Mitglieder intensivierten nicht nur die Kommunikation innerhalb der Region, sondern wurden Teil eines internationalen Netzwerks. Die Brüder pflegten Kontakte und persönliche Verbindungen nach Bukarest/Bucureşti, Jassy/Iaşi und in die verschiedensten Länder, unter anderem in die Bukowina nach Philippen/Filipeni.[120] Auch mit den Logen von Prag, Pest und Hildesheim[121] sowie mit der Eliteloge „Zur wahren Eintracht" in Wien gab es regelmäßigen Austausch.[122]

Während die räumlichen Entfernungen hindernisreich waren und ihre Überwindung viel Zeit kostete, lagen die inhaltlichen nahe beieinander. Mit Hilfe eines regen Briefverkehrs wanderten die Ideen durch Europa und über den Atlantik, erreichten Zentren wie Peripherien und inspirierten die Neugierig-Unersättlichen. Durch die Konstitutionen erfolgte ein interner Normierungsprozess; das streng hierarchisch geregelte und ritualisierte Leben in den Logen bewirkte eine Ausrichtung auf ähnliche – wenn auch nicht immer gleiche Ziele.

Die Liste der Brüder liest sich wie ein kosmopolitisch und multiethnisch geprägtes *Who-is-Who* von Hermannstadt: Philipp Collignon aus Belgien, Pächter des Gasthofes „Zum römischen Kaiser", Alexander Murusi, Fürst Maurocordato aus Konstantinopel, Daniel Gräfer, Stuhlrichter in Hermannstadt, Johann Aurelius Müller, Direktor des evangelischen Gymnasiums und späterer Superintendent der evangelischen Kirche in Siebenbürgen, Johann Filtsch, Reformpädagoge und Stadtpfarrer von Hermannstadt, der Verleger und Buchdrucker Martin Hochmeister, Josef Theseo, Baumeister aus Turin, Theaterdirektor Christoph Ludwig Seipp, der Arzt Martin Lang, Pionier bei der Bekämpfung von Tierseuchen, Franz Joseph Müller, der Entdecker des Tellurs, Samuel von Hahnemann, Begründer der Homöopathie, Johannes Christian Freiherr von Rall aus Südtirol, General-Feldwachtmeister und höchster Offizier in Siebenbürgen sowie Graf Georg Bánffy, Nachfolger Samuel von Brukenthals als Gouverneur von Siebenbürgen.[123] Durch den hohen militärischen Rang von Rall und Bánffy war der Bund somit auch auf politischer Ebene regional abgesichert.

In den dreiunddreißig Jahren ihrer Tätigkeit wurden 259 Personen in die Hermannstädter Loge aufgenommen. Dazu zählten unter anderem 110 Staatsbeamte, 86 Offiziere, 20 Lehrer und Geistliche – katholische wie protestantische – sowie 15 Ärzte.[124] Darunter befanden sich acht nachweisbare Bruderpaare und drei Vater-Sohn-Mitgliedschaften.[125]

Nicht ausgewiesene Verschwägerungen spielten bei den direkten verwandtschaftlichen Beziehungen zusätzlich eine Rolle. Diese nahen Verhältnisse erleichterten die Diskretion und die brüderliche Pflicht zur Verschwiegenheit, förderten jedoch auch die Vetternwirtschaft. In einem derart überschaubaren sozialen Gefüge, wie es in Hermannstadt zu finden war, konnte man zwar von Diskretion ausgehen, die Mitgliedschaft im Orden muss jedoch ein offenes Geheimnis gewesen sein.

Die Loge fungierte zudem auch als wichtiges soziales Integrationsforum für zugezogene Personen. Sie bot Menschen aus der Fremde eine thematische und durch Bruderliebe definierte Heimat. In der Loge „St. Andreas zu den drei Seeblättern" bestand mit einem Verhältnis von 144 einheimischen zu 116 auswärtigen Brüdern eine relativ große Ausgewogenheit, was ihre sozial-integrative Rolle noch unterstreicht.[126]

Der im Orden hochgehaltene Toleranzgedanke ermöglichte es den Mitgliedern, die sich aus Deutschen, Rumänen, Ungarn, Griechen, Italienern und Belgiern rekrutierten, zumindest vorübergehend Differenzen in ihrer multi-ethnischen und multi-religiösen Zusammensetzung zu überwinden. Die Hermannstädter Loge unterstützte zudem regelmäßig bedürftige Frauen, Waisen und Arme ohne Rücksicht auf Konfession oder Nationalität.[127]

Einem humanistischen Ideal folgend, arbeiteten die Brüder einerseits an sich selbst und versuchten andererseits, mittels Bildung und Wissenschaft die Lebens- und Arbeitsbedingungen der Bevölkerung zu verbessern. Daher waren sie sachlich auf ein gemeinsames Ziel ausgerichtet, das sie oft mit großem Enthusiasmus verfolgten. Als regionaler *think tank* zeitigten sie eine nachhaltige Wirkungsgeschichte, indem sie für wesentliche wissenschafts- und bildungspolitische Impulse Richtung weisend wurden.

Zu Beginn ihrer Tätigkeit arbeiteten die Brüder nach dem System

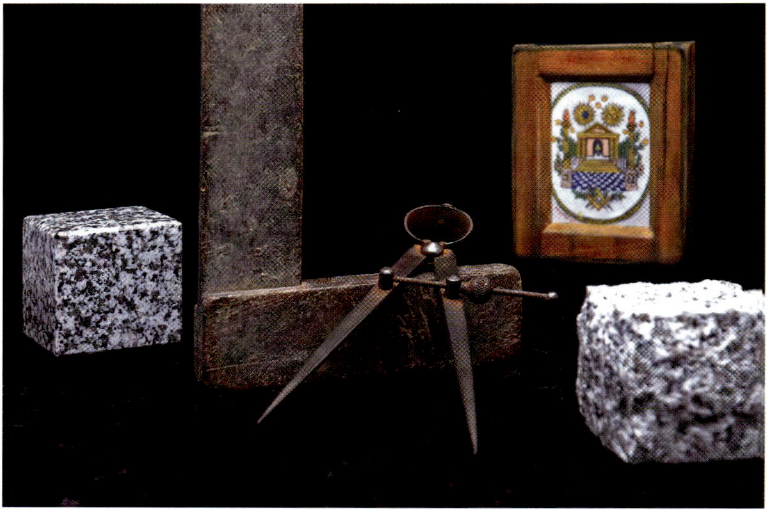

Masonische Symbole

der „Strikten Observanz", einer speziellen Richtung der Freimaurerei, deren Großmeister seit 1772 Herzog Ferdinand von Braunschweig-Lüneburg-Wolfenbüttel war. Die Mitglieder verstanden sich als berechtigte Nachfahren der Tempelritter und führten ein komplexes hierarchisches Aufstiegssystem mit zahlreichen Hochgraden ein. Der VI. Grad brachte dem Logenbruder die Ordenstracht – eine weiße Tunika mit weißem Mantel und rotem Kreuz – und stattete ihn mit Helm und Harnisch aus.[128]

In diesem Grad erhielt er auch die Ritterwürde. Diese war mit speziellen lateinischen Namen verbunden. Simon Friedrich von Baussnern nannte sich „*Eques a tigride*" – „Ritter vom Tiger", Demetrius Marko „*Eques a tribus candelis*" – „Ritter von den drei Kerzen" und Alexander Murusi „*Eques a corvo coronato*" – „Ritter vom gekrönten Raben".[129]

Durch die Person und die Aktivitäten Alexander Murusis, des Fürsten von Maurocordato, wird die Expansion der Hermannstädter Loge verständlich. Einerseits war Murusi wesentlicher Aktivist bei der Akquirierung neuer Logenbrüder, andererseits zeigte sich an ihm die Problematik der Hochgrade der „Strikten Observanz“ durch die damit verbundene Bestechlichkeit: Nachdem Murusi 1782 wegen ständiger Spielschulden aus der Hermannstädter Loge ausgeschlossen worden war, wandte er sich nach Pest, dem heutigen Budapest, und anschließend nach Wien, wo er, da er sich in permanenten Geldnöten befand, Meistergrade gegen gutes Geld verkaufte.[130]

Die Weltmacht der alten Templer wirkte auf manche Männer zusammen mit den geheimnisumwitterten Hochgraden oft so anziehend, dass sie leichtfertig dazu bereit waren, sich betrügen und die ethischen Ziele des Ordens in den Hintergrund treten zu lassen. Diese wurden folgendermaßen beschrieben. „Alles nicht zu egoistischen Zwecken, sondern um den Idealen des Ordens zu dienen, den Bedrängten im Unglücke Trost zu gewähren, den Armen Hilfe zu leisten, die Wissenschaft zu fördern, edlere Geselligkeit zu pflegen und an dem Baue des Tempels der Humanität zu arbeiten“.[131]

Die „Strikte Observanz“, das Freimaurersystem, nach dem die Hermannstädter Loge in ihren Anfängen arbeitete, besaß einen mittelalterlich-mystischen Aufbau mit strengen hierarchischen Regeln und absolutem Gehorsam gegenüber der Ordensleitung. Die Tätigkeit der Loge war durch Ambivalenzen geprägt: Einerseits existierte ein auf Unterordnung und Disziplin aufgebautes antidemokratisches Prinzip, andererseits herrschte aber auch das Gleichheitspostulat. Ein hoch ritualisiertes und mystisches Logenleben stand neben dem Postulat der Vernunft, das einzelne Logenbrüder zu klarer wissenschaftlicher und naturwissenschaftlicher Beschäftigung führte. 1875 wurde dieses Paradoxon deutlich formuliert:

„Neben wunderlichen und eitlen Phantastereien treffen wir die praktische Bewährung einer edlen, auf das Menschenwohl gerichteten Vereinsthätigkeit, neben träumerischen Idolen lebensvolle, berechtigte Ideale, neben hohlem Formelwesen die gesundeste Erfassung der Bedürfnisse des realen Lebens. Was man auch immer über die Schattenzüge und Irrungen dieser Brudergemeinschaft sagen mag, nimmermehr wird sich läugnen lassen, daß auch sie eine ideale Verbindung war, durchweht vom Geiste der Bruderliebe, erfüllt von den Ideen der Humanität und der Achtung der verschiedenen religiösen und politischen Ueberzeugungen. Gerade für Siebenbürgen, dem an nationalen und religiösen Gegensätzen so reichen Lande (sic!) war es von großer Bedeutung, daß die Söhne der verschiedenen Nationen, Männer der verschiedensten religiösen Bekenntnisse, hervorragende katholische Priester (Abbé Eder) mit evangelischen, reformirten, unitarischen Glaubensgenossen und Bekennern der griechischen Kirche, frei von aller dogmatischen Intoleranz, Hand in Hand in einer idealen Föderation gleichen humanitären Interessen dienten, gleichen, auf Bruderliebe und Menschenwohl gerichteten Zielen zustrebten und auf diese Weise versöhnend und ausgleichend zu wirken versuchten."[132]

Das Grundprinzip des maurerischen Freiheits- und Gleichheitsbegriffes hatte eine antagonistische Schwester: die Unterordnung unter die Hierarchie und die Grade der „Strikten Observanz". Verstöße wurden streng bestraft und mit Geldbußen belegt.

Das Prinzip von Vernunft und Rationalität wurde von weit hergeleiteten historischen spirituellen Geheimnissen und viel sagenden Symbolen begleitet. Zwischen Herz und Verstand übte ein demokratisches Prinzip erst zaghaft Umsetzungsformen jenseits ständischer und religiöser Zwänge, die alle Bevölkerungsgruppen prägten und trennten. So war zum Beispiel auch das Zuchthaus in Hermannstadt bezüglich seiner Insassen und Insassinnen streng unterteilt. „Arbeit, Wasser, Brot und Schläge" war die Warnung, die man in Reimform, von einem Kranz umwunden, über der Gefängnistüre lesen konnte. Dahinter herrschte strengste Segregation. Deutsche, Siebenbürger Sachsen und Rumänen wurden ebenso voneinander getrennt wie Männer von Frauen. Ebenso separierte man die höheren von den niedrigeren Ständen. An letzter Stelle standen Roma.[133]

In den Logen versuchte man, jenseits dieser ethnischen und ständischen Zugehörigkeiten gemeinsam an einer Vision von Gleichheit und Toleranz zu arbeiten. Dass man den Gleichheitsbegriff nicht wirklich sozial definierte und weder auf das einfache Volk noch auf Frauen übertrug, ist eine wesentliche Schattenseite des Ordens, der die herrschende Gesellschaftsordnung zwar verbessern, aber nicht grundsätzlich ändern wollte. In den Orden wurden nur freie Per-

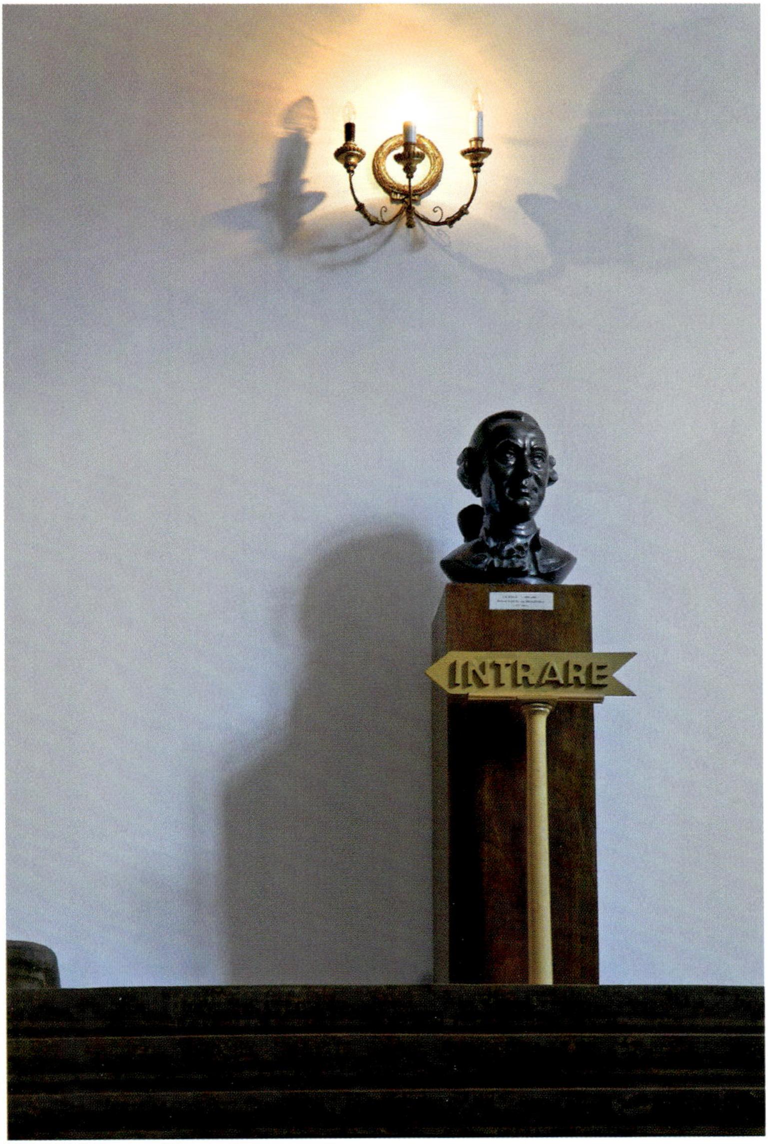

Brukenthal-Büste im Stiegenaufgang des Museums

sonen aufgenommen, Leibeigene und Hörige waren ausgeschlossen. Das betraf in Siebenbürgen die größte Bevölkerungsgruppe: jene der rumänischen Bauern und Bäuerinnen. Dieses Ungleichheitsprinzip wurde nicht wirklich angetastet.

So war auch Samuel von Brukenthal – obwohl eifriger Lichtträger der Aufklärung – ein enthusiastischer Verfechter der Sonderrechte der siebenbürgisch-sächsischen Minderheit und ein Feind der Konzivilität[134], das heißt der Aufhebung der rechtlichen Unterschiede zwischen den einzelnen Ethnien. Unter Maria Theresia war es ihm gelungen, die Umsetzung dieses Projektes, das die Herrscherin auch in Siebenbürgen gewährleistet wissen wollte, zu Gunsten seiner geliebten sächsischen Bevölkerung und ihrer Sonderrechte zu verzögern.

In einem ausführlichen Bericht an Maria Theresia nahm von Brukenthal dazu 1776 in bester wissenschaftlicher Manier Stellung. Einem die Fakten herleitenden historischen Überblick als Begründung zur Beweisführung folgte die Ablehnung der Konzivilität. Seine diesbezügliche Haltung war stringent argumentiert, vermischte sich jedoch mit Vorurteilen, die seltsam reaktionär anmuten.

So schrieb er, an eine mögliche Vermischung der sächsischen mit der rumänischen Bevölkerung denkend: „Völkerschaften pflegen sich ihre Laster und Gebrechen weit eher mitzutheilen als ihre Tugenden; der bürgerliche und sittliche Charakter also, würde bei solcher Vereinigung auch in dieser Hinsicht schwerlich gewinnen, vielmehr durch die ungleich größere Massa der ersteren merklich verlieren. Er würde in Siebenbürgen unläugbar herabsinken, wo auch die gemeinste Cultur, wenn gleich nicht völlig zurück, doch sehr selten ist, und wo Ordnung bei wenigen wohnt, und daher zugleich mit der Privat-Sicherheit von einer drückenden Menge ungesitteter, sehr oft unterbrochen werden kann."[135]

Dies zeigt einen ausgeprägten siebenbürgisch-sächsischen Patriotismus – also jenes Paradoxon des Brukenthalschen Denkens, das nationale Vermischungen vor allem mit dem rumänischen Volk verhindern und Ungleichheit fortschreiben wollte. Zeitgleich wurde 1776 jenseits des Atlantiks, in Amerika, die Unabhängigkeitserklärung unterschrieben. 1789 folgte in Frankreich die Deklaration der Menschenrechte, die klar festlegte: „Die Menschen werden frei und gleich an Rechten geboren und bleiben es." Beide Meilensteine der Geschichte waren unter anderem eine Folge jener aufklärerisch-freimaurerisch inspirierten Männer, die das Gleichheitspostulat über den Atlantik getragen hatten und als Brüder auch daran beteiligt waren.

Neben dem Licht der Aufklärung gab es aber zahlreiche Irrlichter – wie alchimistische Goldsucherei oder spiritistisch-esoterische Winkellogen. Innere Zersplitterungen des Ordens und Abspaltungen sowie Parallelorganisationen wie jene der Rosenkreuzer und Illuminaten sorgten für Verschwörungstheorien und öffentliche Diffamierungen. Die personellen Überschneidungen in den einzelnen Logen kreierten auch nach innen Konflikte. Sie brachten den Brüdern und der Freimaurerei – zusätzlich zu ihrem so genannten Geheimniskult – immer wieder öffentliche Kritik und Verfolgung ein. Auch intern entstand das Bedürfnis einer Strukturreform, die schließlich in den Wilhelmsbader Konvent des Jahres 1782 mündete. Diese Versammlung lehrte, wie es ein Beteiligter enttäuscht formulierte, dass „die Maurer sehr gewöhnliche Menschen sind".[136] Der Konvent versuchte eine Reform der Freimaurerei, was schließlich der „Strikten Observanz" und ihren feudalen Spielformen den Todesstoß brachte.

Von Wien ausgehend wurde auf Wunsch des Kaisers nach langen Verhandlungen 1784 die Große Landesloge von Österreich gegründet. Damit besiegelte man die finanzielle und politische Loslösung vom preußisch dominierten Norddeutschland. Siebenbürgen wurde unter dem Provinzialgroßmeister Graf Georg Bánffy[137] nun auch durch die freimaurerische Organisationsstruktur Teil des Habsburgerreiches. 1784 führte man anlässlich des Johannisfestes das neue System in die Hermannstädter Loge ein, das ab nun nur mehr drei Grade kannte.[138]

Diese Veränderung beinhaltete eine wesentliche Zäsur in der Geschichte des Bundes. Es war damit der mystizierende feudal-ritterliche Zug der „Strikten Observanz" dem bürgerlich-intellektuellen gewichen. Bis zur endgültigen Schließung der Hermannstädter Loge im Jahre 1790 folgte die zweite Phase – und damit auch die – obgleich kurze – Hochblüte des intellektuellen Lebens.[139]

Man arbeitete nun verstärkt daran, „daß nicht aller Keim zum Guten erstickt werde, und daß vielleicht hie und da ein Reis ausschlagen möchte, das zur Hoffnung besserer Aussichten für Glück, Wahrheit und Tugend Wurzel fassen und dermaleinst volle Blüten und Früchte hervorbringen könnte.“[140]

Die große Zahl der Mitglieder von Gelehrten aus dem In- und Ausland führte zu einer intensiven wissenschaftlichen Orientierung. Als Impulsträger fungierte dabei die Wiener Loge „Zur wahren Eintracht“ unter der Führung des gebürtigen Siebenbürgers Born.[141] Ignaz Edler von Born (1742–1791), in Karlsburg/Alba Iulia in Siebenbürgen geboren, hatte nach Austritt aus dem Jesuitenorden in Prag Rechtswissenschaften studiert. Mit seiner Berufung nach Wien erhielt er 1776 den Auftrag, das Naturalienkabinett – das heutige Naturhistorische Museum – zu ordnen und zu beschreiben. Er galt als einer der zentralen Persönlichkeiten der österreichischen Freimaurerei. Von den Freimaurerbrüdern Emanuel Schikaneder und Wolfgang Amadeus Mozart soll er in der Oper *Die Zauberflöte* als Sarastro verewigt worden sein. Kurz vor der Uraufführung im Jahre 1791 war der Verehrte jedoch gestorben. Die Oper fungierte demnach als musikalischer Nekrolog für einen brillanten, aber nicht unumstrittenen Geist der Aufklärung.

Als „Meister vom Stuhl“ versuchte Born die intellektuelle und künstlerische Elite-Loge „Zur wahren Eintracht“, zu der auch Joseph von Sonnenfels zählte, in der kurzen Zeit ihres Bestehens von 1781 bis 1785 zu einer Akademie der Wissenschaften umzubauen. Seine wesentliche inhaltliche Erneuerung beruhte auf der Einführung von Übungslogen, in denen man wissenschaftliche Vorträge hielt und regen Austausch über aktuelle Themen führte. Diese exemplarische Arbeitsweise wurde in der Folge in ganz Kontinentaleuropa nachgeahmt. Ihr Vorbildcharakter zog das Interesse in- und ausländischer Besucher rapide an.[142]

Selbstredend fanden sich nun auch wichtige politische Vertreter aus Siebenbürgen wie Graf Georg von Bánffy und Adolf Baron von Buccow in Wien ein.[143] Derart konnten die neuen Ideen direkt vom Zentrum in die Peripherie gebracht werden. Die Ausrichtung der Hermannstädter Loge hatte sich von Norddeutschland in die habsburgischen Lande verlagert und agierte politisch zentrumstreu.

Die personelle Verbindung zwischen Hermannstadt und Wien war auch durch Johann Fichtl gegeben. 1785 in die Hermannstädter Loge aufgenommen[144], wurde er im selben Jahr von hier nach Wien weiterempfohlen und in der Folge im November in der „Wahren Eintracht" in den dritten Grad befördert.[145] Fichtl verschaffte sich vor allem durch seine mineralogischen Verzeichnisse einen Ruf.

Auch Samuel von Brukenthal war am 7. November 1785 zusammen mit dem Literaten Tobias Gebler als Gast in der Wiener Loge anwesend.[146] Seine Kontakte zu Wiener Logen müssen in der Folge kontinuierliche gewesen sein, denn in einem Miscellen-Band seiner Bibliothek befindet sich auch das letzte von Mozart komponierte Stück „Eine kleine Freymaurer-Kantate" (KV 623) von 1791.[147] Sie wurde bei seinem letzten Besuch in der Loge „Zur neugekrönten Hoffnung" am 17. November kurz vor seinem Tod uraufgeführt.

Neben den persönlichen Informationsträgern, die die Brücke zwischen Wien und Hermannstadt herstellten, war das wohl wichtigste Organ zur Verbreitung des Tugendkanons und des didaktischen Anspruches der Brüder das Journal für Freymaurer, das von 1784 bis 1787 erschien. Das Periodikum wurde als Gesellschaftspublikation nur an Brüder und Meister verkauft und unterlag daher auch nicht der Pressezensur.[148]

Das Journal war zentrales Meinungsbildungsorgan und wurde in vielen Städten – so auch in Hermannstadt – rezipiert. Die lokale Loge besaß die einzelnen Exemplare und legte sie zur Lektüre im Lesekabinett auf. Die neue wissenschaftliche Ausrichtung in der Region kann daher in starkem Zusammenhang mit dem Einfluss des Zentrums gesehen werden.[149]

Die Wiener Ideen spiegelten sich in den diversen Tätigkeiten der Hermannstädter Loge wider. Im Journal für Freymaurer hieß es 1786: „Laßt Weißheit, Lieb' und Tugend stäts euch leiten! / Dann

Brüder, dann wird unser Bund gedeihn, / Und einst nach fernsten Afterzeiten / Der Menschheit Segen seyn."[150]

In einer anderen Wiener Loge, jener „Zur neugekrönten Hoffnung", beschloss man zudem ein Museum anzulegen, in dem den Brüdern zur Unterhaltung des Geistes zwischen acht Uhr morgens und neun Uhr abends physikalische Instrumente, Sammlungen der Naturgeschichte und der Technik, Nachschlagewerke neuester Literatur und klassischer Werke sowie internationale Zeitschriften zur Verfügung gestellt werden sollten.[151]

Diese Idee fand sich jedoch bereits 1784 bei der Errichtung eines Mineralienkabinetts, einer botanischen Sammlung und eines Lesekabinetts in Hermannstadt.[152] Damit war auch in Hermannstadt neben dem ritualisierten Logenleben ein neuer wissenschaftlicher Schwerpunkt gesetzt worden. Die Brüder erfüllten ihren Auftrag mit großem Eifer und begründeten mit ihren diversen Tätigkeiten die naturwissenschaftliche Erforschung Siebenbürgens.[153]

Die Organisationsstruktur und die Buchführung der Loge beeinflussten zudem wesentlich die Ausbildung des Vereinswesens in Transsilvanien im 19. Jahrhundert. Aus der wissenschaftlichen Elite der Brüder entstammten in der Folge jene Experten, die nach der Einschläferung, das heißt der Auflösung der Loge, im Jahr 1790 die Basis für den „Siebenbürgischen Naturwissenschaftlichen- und Landeskundeverein" legten.[154] Aus diesen Aktivitäten gingen wiederum der „Verein für Siebenbürgische Landeskunde" sowie der Verein „Liebhaber der Literatur" hervor.[155] Der zu Beginn existierende, die Nationen übergreifende Charakter des Lesekabinetts wurde in der Folge auf den siebenbürgisch-sächsisch geprägten Teil Siebenbürgens verlagert und nahm immer patriotischere Züge an.

So trugen die daraus entstandenen Initiativen bald starken nationalsächsischen Charakter und formten maßgeblich auch das Nationalbewusstsein des 19. Jahrhunderts mit. Es zeigte sich, dass die Vertreter der Hermannstädter Loge in ihrem Lesekabinett einen wissenschaftlich-aufklärerischen Strang verfolgten und mit ihrer Konzentration auf die sächsische Geschichte ein eigenes Nationalbewusstsein geradezu forcierten.

Die Einführung des Deutschen als Amtsprache bewirkte auch auf ungarischer Seite eine Besinnung auf die eigene Ethnie. Georg Aranka (1737–1817), ein calvinistischer Ungar und Logenbruder, gründete 1791 eine „Gesellschaft zur Wahrung der ungarischen Sprache".[156]

Der Verleger Martin Hochmeister wiederum unterstützte die Drucklegung ungarischer Werke und förderte damit ebenfalls die Verbreitung der magyarischen Sprache. Schon 1790 hatte der Siebenbürger Sachse Hochmeister in seinem Verlag ein Werk des Ungarn Benkő Ferencz über griechische Altertümer herausgegeben, die erste Publikation dieser Art in Ungarisch.[157]

Dass es sich mit derlei Aktivitäten um bildungspolitische Pionierarbeit handelte, wird dadurch klar, dass nicht nur die männliche Bevölkerung informiert werden sollte, sondern auch die weibliche. In der Zueignung steht zu lesen: „Gewidmet den Ungarischen Fräulein und anderen Mädchen, als den künftigen Freundinnen und Gönnerinnen der auf dem Parnaß sich aufhaltenden Musen und den, mitten unter den Wirtschaftsangelegenheiten, dann und wann auch mit Büchern sich vergnügenden Nymphen, zu einem kurzen Zeitvertreib".[158]

Von rumänischer Seite gab es ebenfalls nationale Initiativen. Johann Piuariu-Molnar, ein Augenarzt, forderte die Gleichstellung der Rumänen mit den übrigen ethnischen Gruppen.[159] Als Mitglied der Hermannstädter Loge galt er als wirkungsvollster rumänischer Schriftsteller. Franz Joseph Müller von Reichenstein wiederum war einer der Pioniere der naturwissenschaftlichen Erforschung Siebenbürgens. Seine rege Sammlertätigkeit führte zur Entdeckung des chemischen Elementes Tellur, durch die er Weltgeltung erlangte.[160]

Durch die wissenschaftlichen Aktivitäten der Brüder trug die „Königliche Kunst" in Siebenbürgen maßgeblich zur wissenschaftlichen Auseinandersetzung mit Natur und Geschichte bei. Sie legte die Basis für die Bildung neuer bürgerlicher Organisationsformen und nationaler Identitäten.

Samuel von Brukenthal teilte die wissenschaftlichen Interessen. Seit etwa 1780 sammelte er die unterschiedlichsten Mineralien[161] und gelangte in den Besitz wertvoller Gesteinsproben – insgesamt an die 2000 Objekte, die seinen naturwissenschaftlichen Forschergeist belegen. Eine englische Besucherin, Lady Elisabeth Graven, war davon ebenso beeindruckt[162] wie durchreisende Gelehrte.

Als Berater standen ihm Freimaurer der Hermannstädter Loge zur Seite – wie Abbé Carl Eder und Gubernialrat Johann Ehrenreich Fichtel.[163] Fichtel legte für die Loge ein mineralogisches Kabinett an. Eder (1760–1810) war es wiederum, der 1795 die erste Katalogisierung mit dem Titel *Verzeichnis Siebenbürgischer Mineralien*, die sich im *Cabinete* des Freiherrn von Brukenthal befinden, durchführte.[164]

Der Ruf von der außerordentlichen Bedeutung dieser Sammlung erreichte sogar die Universitätsstadt Jena. Der Baron wurde wegen seiner Kollektion 1798 einstimmig zum Ehrenmitglied der „Mineralogischen Societät" in Jena ernannt.[165] Brukenthals Antwort kennzeichnet seine Haltung: „Es hat mir Vergnügen gemacht durch meine Sammlungen in meinem Vaterlande die Freunde dieses nützlichen Studiums in ihren Bemühungen zu unterstützen."[166]

Das Sammeln war auch in diesem Zusammenhang nicht zweckfrei. Sein naturwissenschaftliches Interesse folgte der Motivation, durch eingehende Studien die Bodenschätze des Landes besser zu nutzen.[167]

Brukenthals systematische mineralogische Sammlertätigkeit entfaltete sich zu jenem Zeitpunkt, als sich die Hermannstädter Loge neu zu organisieren begann und sich wissenschaftlich ausrichtete. Mit ihr stand er zudem in enger Kooperation.

Friedrich Seivert, ein weiterer Bruder, legte 1811 ein *Verzeichnis der geschnittenen Steine* an.[168] Seiverts intellektueller Einfluss reichte von Hermannstadt nach Ungarn und Pressburg/Pozsony/Bratislava. Zusammen mit dem Zipser Historiker Daniel Cornides, einem Sekretär des Grafen Teleki, war er die tragende Säule des Ungarischen Magazins.

Diese Publikation wurde von 1781 bis 1787 in Pressburg von dem Privatgelehrten, autodidakten Journalisten und Bürgermeister Karl Gottlieb Windisch herausgegeben. Er rekrutierte zu diesem Zweck seine Mitarbeiter ebenfalls aus dem Kreis der Brüder, da er selbst einer von ihnen war. Seivert verfasste für jede Nummer des *Unga-*

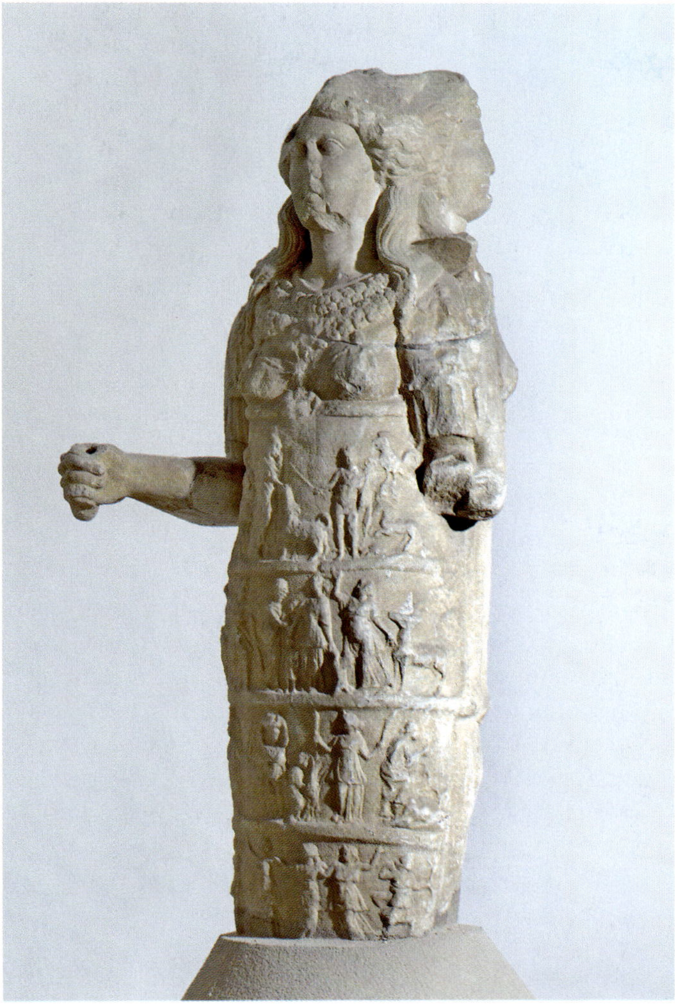

Die dreigestaltete Hekate

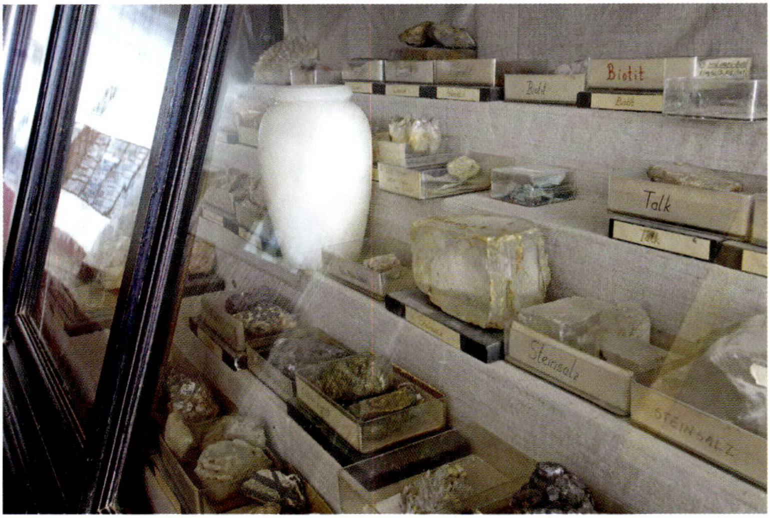

Mineralogische Sammlung im Brukenthalgymnasium

rischen Magazins mindestens einen Beitrag, der sich in erster Linie mit der Geschichte Siebenbürgens beschäftigte.[169]

Publizistische Organe sowie die Katalogisierung der Brukenthalschen Sammlung und seiner Bibliothek zeitigten ihre Wirkung in der breiteren Öffentlichkeit. Peter Koeppen setzte sich Jahrzehnte später eingehend mit der Skulptur der Hekate, einer weiblichen Gottheit auseinander, die man in Karlsburg gefunden hatte. 1823 verfasste er eine eigene Abhandlung über die dreigesichtige Göttin.[170]

Dem Autor war die Bedeutung einer derartigen Sammlung bereits bewusst. Er vermerkte: „Dank denen, welche kostbare Seltenheiten dieser Art retteten."[171] So zeigte das Museum bereits zwanzig Jahre nach dem Tode seines Begründers die Wirkungsgeschichte der natur- und geisteswissenschaftlichen Forschung.

Brukenthal und seine Brüder oder Eine Wirklichkeit neben der Realität

„Siegend nur das eine ringt
Was durch innre Kraft sich nähret,
Was zur That der Wille bringt".[172]
Joseph Roth, 1817

Das starke wissenschaftliche und sammlerische Interesse der gelehrten maurerischen Brüder hatte offensichtlich ab den 1780er-Jahren im streng ritualisierten Logenleben zu wenige Realisierungsmöglichkeiten gefunden. So wurde ab 1789 der Sonntag, in der Zeit von 11 bis 12 Uhr, zu Vorlesungen über Mineralogie bestimmt, die Bruder Eder übernahm. Dienstags und donnerstags sah man die Zeit von 17 bis 20 Uhr zum stillen Besuch des Lesekabinetts sowie zur Lektüre vor und die Zeit von 18.30 bis 19.30 Uhr zur „lauten öffentlichen Vorlesung."[173] Ein Jahr vor der Einschläferung, das heißt der Schließung der Loge, kam es dementsprechend noch zu einer wissenschaftlichen Hochblüte.

Die Lesegesellschaften erhielten in Siebenbürgen eine wichtige Rolle bei der Verbreitung von Wissen. Der Ort des Lesekabinetts soll sich zu Beginn im Haus des Buchdruckers, Verlegers und Logenbruders Martin Hochmeister befunden haben.[174]

Die Initiative dazu ging auf das Jahr 1784 zurück; seit 1787 trat das Lesekabinett mit seiner ganzen Aktivität in Erscheinung.[175] In Anbetracht der Schwierigkeit, in Transsilvanien aktuelle Bücher zu erhalten, bedeutete diese Initiative eine verstärkte Schulungs- und Fortbildungsmöglichkeit für ein interessiertes Publikum.

Diese erhielt eine nochmalige Steigerung, als der Treffpunkt des Lesekabinetts ab 1790 in das Brukenthalsche Palais verlegt wurde.[176] Die Anzahl der Mitglieder hatte sich auf vierzig erhöht und damit verdoppelt.[177] Das Lesekabinett kann demnach als Fortsetzung der intellektuellen Ausrichtung der Logentätigkeit verstanden werden, die ab 1790 eingestellt war.

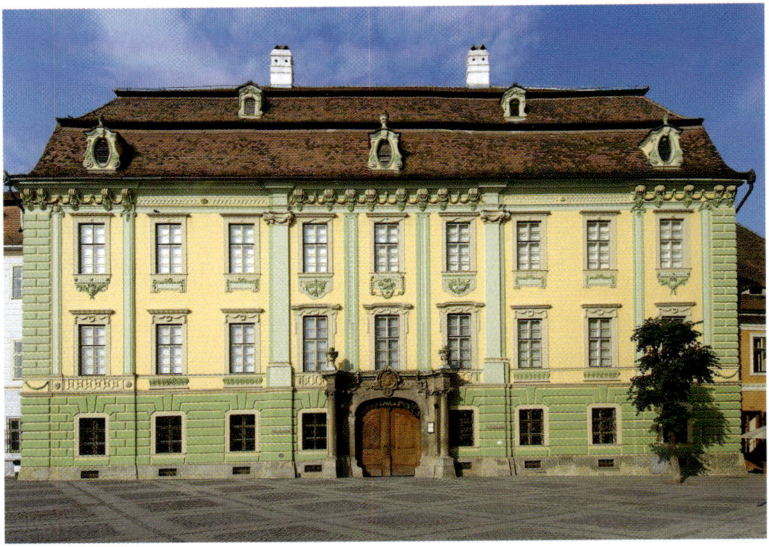

Das Brukenthal-Museum am Großen Ring

Die im Palais Samuel von Brukenthals existierende reichhaltige Bibliothek umfasste nicht nur die Klassiker der Weltliteratur, sondern auch die neuesten Publikationen der Aufklärung sowie aktuelle Journale. Die Möglichkeit, aus dieser „Schatzkammer des Wissens" zu schöpfen, bedeutete gegenüber anderen Versammlungsorten einen besonderen Vorteil. Nicht zufällig zählten die Besucher zur politischen, intellektuellen und wissenschaftlichen Elite des Landes. Jeden Mittwoch gab es Vorlesungen, und zum Selbststudium lagen Zeitungen auf. Man konnte sich für eine Jahresgebühr von 8 Gulden einschreiben lassen.[178]

Die Lesegesellschaft verstand sich nicht nur als Diskussionsclub, sondern machte es sich zur Aufgabe, die Ergebnisse ihrer Erörterungen auch zu publizieren. Wichtiges Organ war die *Siebenbürgische Quartalschrift*, die von dem Logenbruder Johann Filtsch redaktionell betreut und von Bruder Hochmeister in seiner Druckerei herausgegeben wurde. Sie hatte auch nach der Schließung der Loge eine wichtige meinungsbildende Funktion. Das Anliegen wurde im Auftakt folgendermaßen beschrieben: „Der Gegenstand derselben ist alles, was von und für Siebenbürgen interessant seyn kann.“[179]

Die *Siebenbürgische Quartalschrift* war nicht nur ein wichtiges Informationsforum, sondern fungierte auch als moralische Plattform. So plädierte der Arzt Andreas Wolff in seiner Funktion als Hüter der Gesundheit für ein ausgewogenes Leben, dessen Voraussetzungen weder Müßiggang noch Schwelgerei oder nächtliche Schwärmerei sein sollten, sondern ein vernünftiges Mittelmaß.[180]

Die *Siebenbürgische Quartalschrift* ermöglichte den Brüdern weit über das Logenleben hinaus die Verbreitung ihrer aufklärerischen

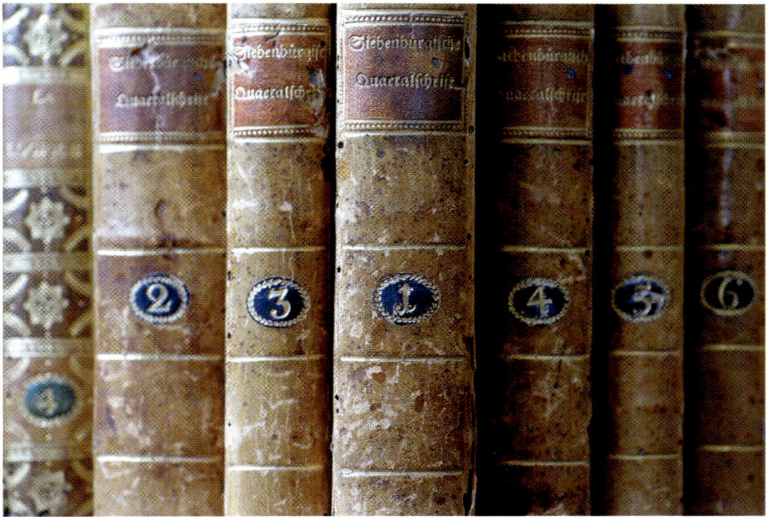

Ideen und wissenschaftlichen Erkenntnisse.

Samuel von Brukenthal war jedoch kein Mitglied der Hermannstädter Loge. Ein Grund dafür könnte das schlechte Verhältnis zur Familie Baussnern gewesen sein, das durch die Wahl seiner Gattin entstanden war. Die Hermannstädter Loge „St. Andreas zu den drei Seeblättern“ stand nämlich vom Beginn ihrer Gründung 1767 bis zum Jahr 1778 unter der Hammerführung von Simon von Baussnern.[181] Zudem waren die neun Gründungsbrüder alle um 1740 geboren und damit um zwanzig Jahre jünger als Samuel von Brukenthal, was fast schon einem Generationswechsel gleichkam.[182]

Von Maria Theresia soll Brukenthal zum „Commisarius" über die Loge in Hermannstadt ernannt worden sein.[183] Dies würde bedeuten, dass die Herrscherin die Loge nicht nur tolerierte, sondern durch ihren Vertrauensmann auch observierte. Zudem muss dieser weiter als Mitglied einer Loge, wahrscheinlich einer norddeutschen, geführt worden sein, denn 1785 war er in der Wiener Loge „Zur Wahren Eintracht" zu Besuch, was er nur als Bruder durfte.[184]

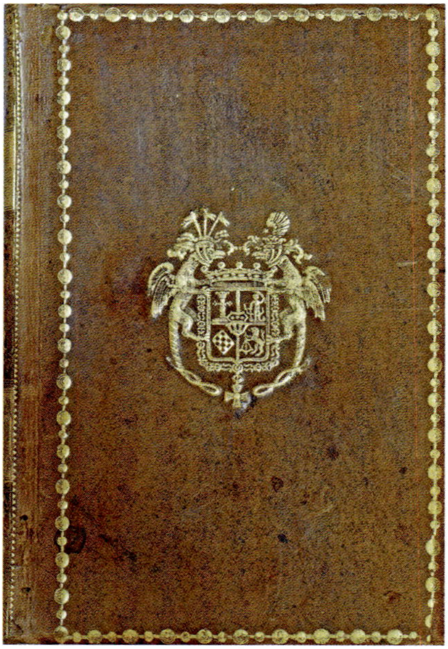

Das Wappen Brukenthals – Sonderanfertigung für die Bibliothek

Im Brukenthalschen Palais fand – abgesehen vom Lesekabinett im Schlafzimmer des Eigentümers – in der von ihm so bezeichneten *camera charitatis* noch ein weiterer Kreis zusammen, der regen Austausch über Politik betrieb.[185] Die Residenz Brukenthals fungierte demnach durch ihren Besitzer und die dort stattfindenden Diskussionszirkel als Bildungsinstitution. Sie war sicher auch nach der Pensionierung des Barons eine politische Schaltstelle und nach der Auflösung der Loge 1790 wahrscheinlich eine hinter barocker Fassade versteckte und diskret fortgesetzte freimaurerische Denkwerkstatt.

Im Zusammenhang mit der vom Wiener Zentrum angestrebten Bildungsoffensive, die regional begeisterte freimaurerische Aktivisten fand, muss auch die Neugestaltung des evangelischen Gymnasiums in Hermannstadt gesehen werden. Erstmals urkundlich

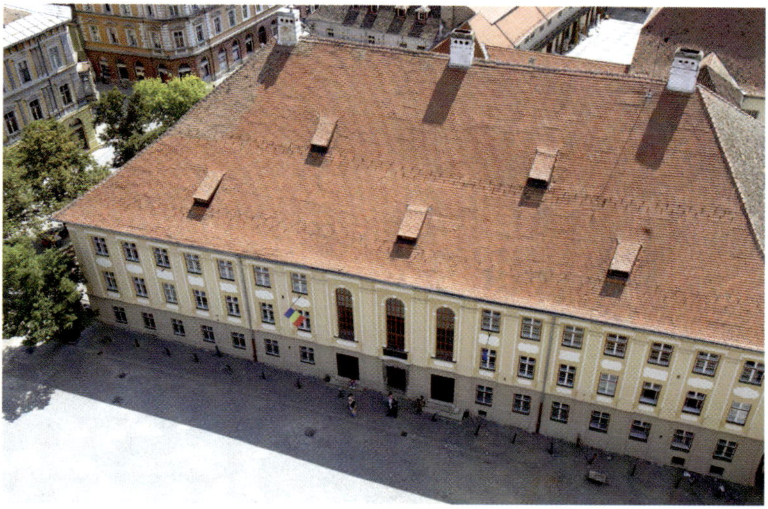

Das Brukenthalgymnasium

erwähnt wurde die Schule im Jahr 1380. Sie war der katholischen, später evangelischen Pfarreikirche unterstellt und entwickelte sich im 18. Jahrhundert für ganz Siebenbürgen zu einer wichtigen Bildungsinstitution. Der Neubau wurde 1779 begonnen und 1781 fertig gestellt.[186]

Das Gebäude zählte zu einem der größten Hermannstadts und war architektonisch gesehen eine spätbarocke Meisterleistung. Treibende Kraft für die Neugestaltung war unter anderem Daniel Filtsch. Er hatte in Jena studiert und seinen Eifer auf die Naturwissenschaften konzentriert. In der „Agrikultur-Gesellschaft" engagiert, legte er für die evangelische Schule eine Naturaliensammlung an und baute den Bestand physikalischer Apparate aus.[187] So konnten im Jahr 1772 aus den Strafgeldern der Schüler ein Sonnenmikroskop, eine *Camera obscura*, ein Fernrohr und 1773 sogar eine *Laterna magica* angeschafft werden.[188]

Durch das Betreiben von Daniel Filtsch kam im Wesentlichen der dringend notwendige Neubau der Schule zustande, denn die alte glich, wie es hieß, eher einem Gefängnis denn einem Sitz der Mu-

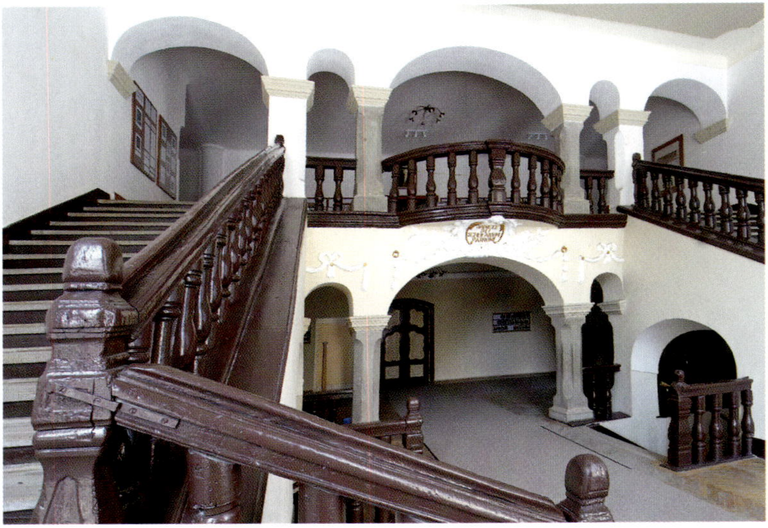

Eingangshalle des Brukenthalgymnasiums

sen. Filtsch hatte auch zu Wiener Kreisen gute Kontakte, die es ihm ermöglichten, für das ambitionierte Unternehmen finanzielle Unterstützung zu erhalten.[189]

Jakob Aurelius Müller leitete das Gymnasium von 1776 bis 1785 als engagierter Direktor.[190] Die Inschrift über dem Schuleingang macht die Programmatik des Gebäudes klar: „Der Bildung, der Tugend und dem Beispiel geweiht."[191] Diese Leitlinie erweitert sich in den Schriftzügen des Deckenstucks im Festsaal. Hier findet man in einem aufgeschlagenen Buch in goldenen Lettern folgende Worte: „Natura atque Relevatio" – „Natur und Offenbarung". Daneben sind zwei geschlossene Bücher, eine Schriftrolle, Musikinstrumente wie Flöte und Trompete, Palmen- und Lorbeerzweige, ein Zirkel und ein Winkelmaß sowie ein Füllhorn dargestellt, das seinen Reichtum über die Menschheit ergießt. Füllhorn, Zirkel und Musikinstrumente befinden sich auch auf der Eingangstüre des Brukenthal-Palais. Sie waren nicht nur Teil einer in der Barockzeit allgemein verständlichen Ikonographie, sondern ebenso zentrale Bestandteile der freimaurerischen Symbolik und ihrer Texturen.

Da Jakob Aurelius Müller seit 1776 Mitglied der Hermannstädter Loge war, ebenso wie der hier lehrende Reformpädagoge Johann Filtsch, der seit 1781 dem Bund angehörte, erhält das Gymnasium mit dieser vielleicht verschlüsselten Botschaft eine zusätzliche Bedeutung – nicht nur als aufklärerische Wirkungsstätte, sondern auch als mögliche Agentur eines freimaurerischen Bildungsauftrages. Dies könnte durch die allegorischen Darstellungen in der Aula symbolisch untermalt worden sein.

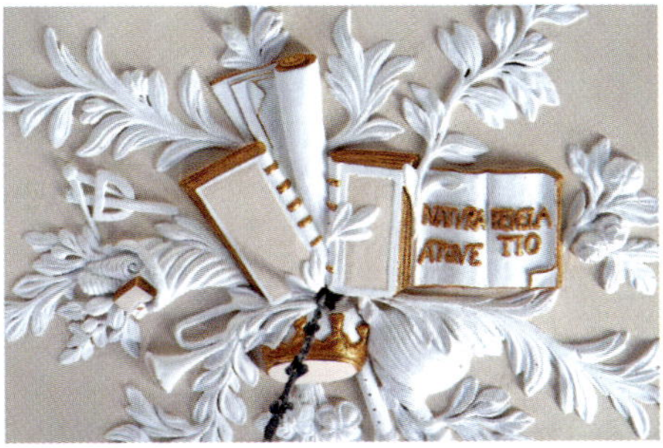

Deckenstuck in der Aula

Deckenstuck in der Aula mit Zirkel

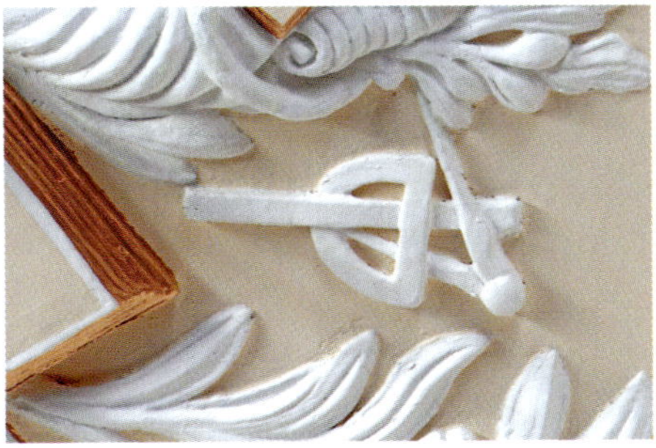

Da die Brüder zur Diskretion verpflichtet waren und ihre Aktivitäten und Verdienste nicht zur Selbstdarstellung verwenden durften, bleibt die direkte Zuordnung im Spekulativen. Dennoch können die bildungspolitischen Aspekte und die innovative Didaktik des Gymnasiums in engem Zusammenhang mit ihren freimaurerischen Multiplikatoren und deren Tugendkanon interpretiert werden.

Kalk für das Schulgebäude wurde aus dem sieben Kilometer entfernten Poplaka/Poplaca geliefert.[192] Interessant ist in diesem Zusammenhang, dass die Eingangstüre der hier im Jahre 1793 errichteten rumänisch-orthodoxen Kirche ganz im Stil der Barocksprache des Brukenthalschen Palais gehalten ist. Als Stilelement passt sie in keiner Weise zu dem sonstigen Aussehen der Kirche und erscheint geradezu als Fremdkörper. Zusätzlich findet sich auf dem

Portal frontal das „Göttliche Auge“ oder „Allsehende Auge“ abgebildet, was ein weiteres Rätsel aufgibt. Als freimaurerisches Symbol ist es das Zeichen für den „Großen Baumeister aller Welten“. Wenn es in diesem Sinne verwendet wurde, könnte man es als Signal für religiöse Toleranz deuten. In jedem Fall fehlt der Forschung bislang der Schlüssel, der dieses Geheimnis lüften könnte.

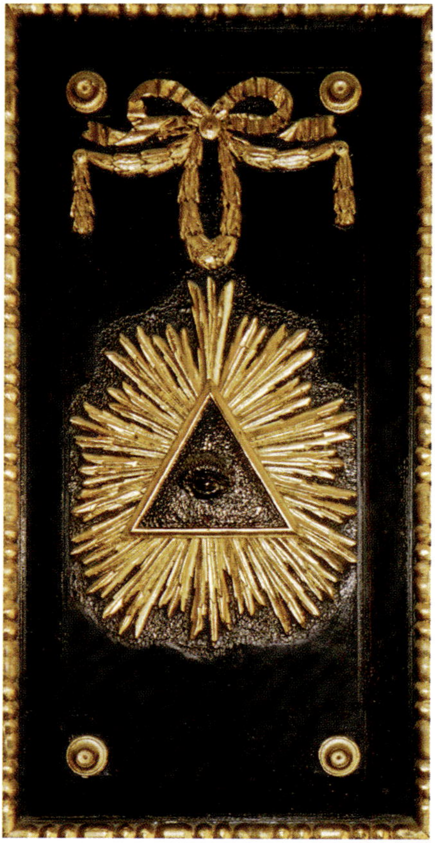

Portal in Poplaka mit dem „Göttlichen Auge“

Das evangelische Gymnasium in Hermannstadt wurde durch einige Lehrer ab den 1770er-Jahren ein Zentrum der Reformpädagogik sowie eines neuen siebenbürgisch-sächsischen Selbstbewusstseins. Die Beschäftigung mit der Vergangenheit spielte dabei eine wichtige Rolle. Johann Seivert spezialisierte sich besonders auf die Historie.[193] Seine Werke stellten als Grundlagenforschung die Geschichte Siebenbürgens dar. Für Direktor Jakob Aurelius Müller war es ebenfalls eine Ehre, Sachse zu sein. 1790 hatte er in August Schlözers Staatsanzeigen eine Schrift über die Siebenbürger Sachsen publiziert. Als Schulleiter sah er seine Aufgabe darin, durch Einigkeit, Gehorsam, Fleiß, Arbeit, Zucht und Ehrbarkeit die Zukunft des Sachsenvolkes zu sichern.[194]

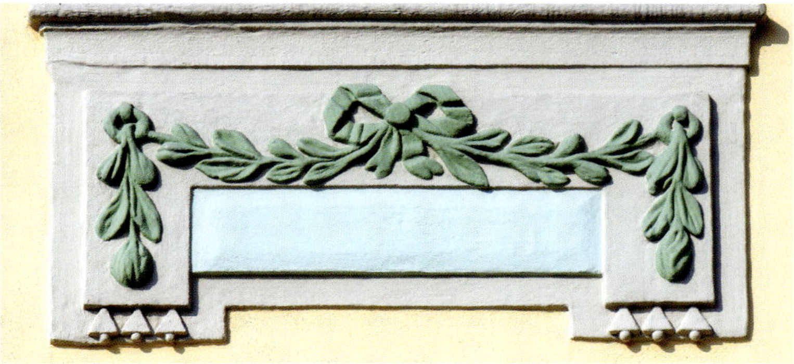

Schleife an der Fassade des Brukenthal-Museums

Sein wichtigster Schützling, der ihn Zeit seines Lebens als geistigen Vater sah, war Daniel Georg Neugeboren. Müller hatte Neugeborens Studium im Deutschen Reich forciert und ihn 1784 zum Lehrer am Gymnasium berufen.[195] Inspiriert von Jean-Jacques Rousseau, verglich sich der Lehrer Neugeboren mit einem Gärtner, der sich nach der Natur des Baumes richtet und die Natur als Lehrmeisterin versteht. Die Einführung der Pädagogik als Lehrfach trug wesentlich zur Verbesserung der Lehrerausbildung bei; sein rationalistisch verstandener Zugang zum Glauben aber legte den Grundstein eines „lebendigen Evangeliums".[196] Als Autor der *Siebenbürgischen Quartalschrift* sowie als Ordner der Brukenthalschen Mineralien-Sammlung zählte er zum engen Kreis der aufklärerischen Lichtträger und machte – wie Müller – als Bischof Karriere.

Zu den innovativen Lehrern des evangelischen Gymnasiums zählte auch Johann Filtsch, Jahrgang 1753, der mit seinem Namensvetter Daniel allerdings nicht verwandt ist. Er hatte seine Schulbildung vor Ort absolviert und war nach dem Studium in Göttingen und Erlangen in seine Heimat zurückgekehrt. Als Pfarrer von Heltau/Cisnădie und Urwegen/Gârbova machte er sich um die Pädagogik im Allgemeinen verdient. Sein Schulbau in Urwegen galt als Muster der Hygiene und Pädagogik. 1805 wurde er schließlich Stadtpfarrer von Hermannstadt.[197]

Johann Filtschs studentische Bildungsreisen durch deutsche Städte und Regionen hatten ihn, den Wissensdurstigen, nach Anhalt-Dessau geführt, wo der Musterfürst der Aufklärung, Leopold III. Friedrich Franz, 1774 das Aufsehen erregende „Philanthropin“[198], eine in ganz Europa vorbildliche Schule, finanziert hatte. Das „Philanthropin“ in Dessau war Teil eines Gesamtprojektes, das sich in einem eigenen, philosophisch angelegten Gartenreich als Lehrpfad durch die Geschichte und als Empfindungsweg zur Erkenntnis präsentierte. Es zog alle Besucher und Besucherinnen – so auch Johann Wolfgang von Goethe – in seinen Bann. Johann Filtsch hatte sich 1777 von der innovativen Didaktik[199] des Vaters des Konzeptes, Johann Bernhard Basedow, überzeugen können.

Basedow (1724–1790), ein Querdenker und Freigeist, sprach sich in seinen Publikationen und in seiner Lehrtätigkeit nicht nur für eine Trennung von Schule und Kirche aus, sondern auch für eine allgemeine Reform der Unterrichtsprinzipien. Das Ziel des „Philanthropin“ war es, seine Schützlinge überkonfessionell und kosmopolitisch zu verantwortungsbewussten Mitgliedern der Gesellschaft zu erziehen. So wollte Basedow etwa durch das Spiel die natürlichen Kräfte des Kindes sowie die Ausbildung der Vernunft und der praktischen Fertigkeiten fördern. Von derartigen Ideen inspiriert, trat Filtsch seine Rückreise nach Transsilvanien an, um die philosophische und pädagogische Revolution von Deutschland in das Land hinter den Wäldern an das Hermanstädter Gymnasium zu tragen.

Als hier im Jahre 1812 durch Filtschs Initiative ein Kurs für Rechtskunde angeboten wurde, legte dies den Grundstein für die Hermannstädter Juridische Fakultät. Durch die Angliederung von Realschulklassen an die Unterstufen aber entstand die einzige vollständige siebenbürgisch-sächsische Realschule.

Filtschs Lieblingsprojekt war die Errichtung einer Armenschule. In all seinen Gründungen spiegelt sich der Wunsch nach Volksbildung wieder, die an eine möglichst breite Zielgruppe herangetragen werden sollte. Nicht Wissensvermittlung allein war die inhaltliche Ausrichtung seines Berufes als Lehrer und Pfarrer, sondern die Veredelung des menschlichen Wesens. Bei Filtsch trat damit neben den aufklärerischen Idealen auch ein freimaurerisches Verständnis zu Tage. Das praktische Beispiel war ein wesentliches didaktisches Grundprinzip freimaurerischer Tugenden, denn das Beispiel bildet durch Wollen und nicht durch Müssen.[200]

Diese Haltung hatte Auswirkungen auf die Lehrpersonen, denn durch ein freundschaftliches Verhältnis war der Lehrerfolg eher gegeben als durch gefürchtete Autoritäten. Fungierte die Loge als elitäre Schule der Tugenden, so war die Welt egalitäre Spielstätte der Anwendung eines gelebten Wertesystems.

Während seiner Ausbildung hatte Johann Filtsch engeren Kontakt zu Schlözer geknüpft. August Ludwig Schlözer (1735–1809) war, nachdem er Anfang der 1760er-Jahre bei Zarin Katharina II. in St. Petersburg als Statistiker in Diensten gestanden hatte, zum Professor für Universalgeschichte und Staatswissenschaften erhoben worden.

Wie er war auch seine Tochter durch ihre aufklärerischen Schriften berühmt geworden. Dorothea Schlözer war das Produkt des frischen Windes neuer Gedanken. Sie galt als Wunderkind: Als Sechzehnjährige beherrschte sie zehn Sprachen; mit nur siebzehn Jahren promovierte sie im Jahr 1787 als erste deutsche Frau zum Doktor der Philosophie.

Wichtiges Organ für den Transport von Schlözers aufklärerischen Ideen war das seit 1782 erscheinende Nachrichtenblatt *Die Staatsanzeigen*, das in ganz Europa einen hervorragenden Ruf genoss. Natürlich wurde es auch in Brukenthals Hermannstädter Lesekabinett durchgearbeitet und diskutiert.[201] In diesem Gelehrtenkreis entstand in der Folge die Idee, August Ludwig Schlözer als Autor einer Geschichte Siebenbürgens zu gewinnen. Johann Filtsch trat im Auftrag Brukenthals mit Schlözer in Verbindung und konnte den kritischen Geist tatsächlich davon überzeugen, diese Aufgabe zu übernehmen. Johann Filtsch und Johann Seivert fungierten dabei als regionale „Augengläser"[202] und versorgten den renommierten Kollegen mit Material.

Eine intensive Korrespondenz zwischen Hermannstadt und Göttingen war die Folge. Das Produkt, ein umfassendes regionales Quellenkompendium mit weltweiten historischen Querverweisen,

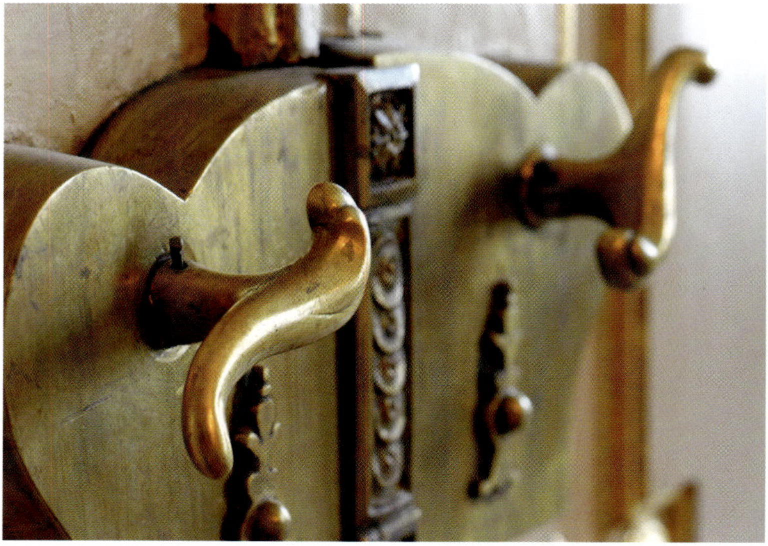

Türschnallen zum Musikzimmer im Palais

lag schließlich nach sechs Jahren harter Arbeit fertig vor und avancierte zu einem der Grundlagenwerke des Landes.[203] Zusammen mit Eder und Wolff wurde Johann Filtsch in Anerkennung seiner Verdienste um die Wissenschaften im Jahr 1799 zum korrespondierenden Mitglied der „Königlichen Sozietät der Wissenschaften" in Göttingen ernannt.[204]

Johann Filtsch, ein talentierter Multiplikator und Initiator, war beseelt von dem Wunsch, die Vernunft mit dem Glauben zu verbinden. Als wesentliche Grundlage dafür galt ihm Kommunikation und Diskussion. Bereits in Erlangen hatte er zusammen mit seinen Kommilitonen ein literarisches Kränzchen gebildet, in dem diskutiert und geforscht wurde.

Diese Idee verpflanzte Filtsch im Jahr 1779 nach Hermannstadt und erweiterte sie, gemeinsam mit anderen Freunden der Literatur, ab 1789 zu einer Lesegesellschaft, die schließlich ihre Heimat im Brukenthal-Palais fand. Ein sichtbares Produkt ihrer Sitzungen war die Gründung der *Siebenbürgische Quartalschrift* im Jahre 1790, die unter der Redaktion von Filtsch stand und, für alle nachlesbar, in ihrer interdisziplinären Ausrichtung sowohl das Licht der Aufklärung als auch die Werte der Freimaurer verbreitete. Man dachte und arbeitete in einem Team, zu dem immer wieder auch Samuel von Brukenthal zählte.

1789 hielt Daniel Georg Neugeboren, späterer Bischof der Evangelischen Kirche Augsburger Bekenntnisses (A.B.) in Siebenbürgen, Brukenthal zu dessen Namenstag eine Lobrede, in der er sein Engagement würdigte: „Im Rate der Edlen bewunderte man seine Weisheit, in seinem Privatleben wurde er Muster und Regel des guten Geschmacks. In einem Tempel, den Wissenschaften und Künsten geweiht, schlug er seine Wohnung auf und mehr als reich, demütigte er die Erben grösserer Güter durch die vereinigten Verdienste des gemeinnützigsten Patrioten und feinsten Kenners.“[205]

Die Ideen, die in Brukenthals Palais, diesem „Tempel der Humanität“, ausgetauscht und weiterentwickelt wurden, zeugten nicht nur von Interesse an wissenschaftlicher und didaktischer Erkenntnis, sondern waren immer mit praktischer Anwendung verbunden. So experimentierte Johann Filtsch in seinen Pfarrgärten – wie das Brukenthal in seinen landwirtschaftlichen Mustergütern vorexerziert hatte – durchaus erfolgreich mit Obstbau und trug derart das landwirtschaftliche Experiment von Hermannstadt weg in die Region.[206] Dies entsprach nicht nur einem ökonomischen Nützlichkeitsprinzip, sondern zutiefst dem Verständnis der Freimaurerei. Hier wurde die Welt als Garten Gottes gesehen; der Maurer aber war sein Hüter.[207]

All diese Aktivisten verband mehr als ihre professionelle Leidenschaft. Sie waren durch ihren Glauben und durch das brüderliche Band angehalten, konkrete Taten zur Verbesserung der Menschen in der Welt zu hinterlassen. Johann Filtsch war seit 1781 Mitglied der Hermannstädter Loge, Aurelius Müller seit 1776, die Autoren der *Siebenbürgischen Quartalschrift* Friedrich Mohr und Josef Lerchenfeld seit 1789. Sie trafen sich zum gemeinsamen Denken und Arbeiten nicht nur in der Schule, sondern auch im Palais des Barons. So wurde das Hermannstädter evangelische Gymnasium von Brukenthal im Jahre 1802 kaum zufällig testamentarisch als Erbe seiner umfangreichen Sammlungen eingesetzt und mit einer großzügigen Geldspende bedacht.

Der nationalsächsische Charakter spielte dabei sicher auch eine wesentliche Rolle. Der testamentarische Wunsch zur Installierung eines Zeichenlehrers sollte einen inhaltlichen Akzent setzen. Neben die politische trat eine kulturelle Ausrichtung, bei der die Kunst im Schulbetrieb stärker verankert werden sollte. Im maurerischen Kontext war ein wesentliches Mittel zur Erreichung der Wahrheit und Tugend die Kenntnis der Künste und Wissenschaften sowie die daraus abgeleitete Erkenntnisfähigkeit.

Ende des 19. Jahrhunderts sollte an diese künstlerische Tradition einer Bildungsinstitution angeknüpft werden, indem sich aus der Gruppe um den Maler und Lehrer Carl Dörrschlag am evangelischen Gymnasium in Hermannstadt eine Avantgarde bildete. Vor allem Frauen konnten an diesem Neubeginn der Malkunst wesentliche Akzente setzen und waren damit nicht nur in Siebenbürgen, sondern auf dem ganzen Gebiet des heutigen Rumäniens eine Besonderheit. Die Pinakothek im Brukenthal-Museum diente dabei als Lehrforum und zeitigte so Wirkungsgeschichte. Wiederum war eine enge Verbindung zwischen Schule und Museum, zweier Pflanzstätten von Ästhetik und Wissen, als immaterielles Erbe hergestellt worden.

Im Jahr 1921, anlässlich des 200. Geburtstages des prominenten Hermannstädters, wurde das evangelische Gymnasium nach Samuel von Brukenthal benannt. Vielleicht war es kein Zufall, dass der Baron Johann Filtsch, den er als Wissenschaftler und Diskussionspartner schätzen gelernt hatte, nicht nur als evangelischen Seelsorger, sondern auch als maurerischen Bruder an sein Sterbebett gerufen hat, um aus dessen Händen das letzte Abendmahl zu empfangen.[208]

Nach dem Dahinscheiden Brukenthals, als nach familieninternen Streitigkeiten das Erbe schließlich angetreten werden konnte und man am 25. Februar 1817 das Museum im Palais feierlich eröffnete, hielt Johann Filtsch die Rede. Ganz im Sinne der maurerischen Diktion sprach er von der gesellschafts- und kulturpolitischen Tat Brukenthals, der sein Haus zu einem immerwährenden und aufbewahrenden Tempel ernannt hatte, um zu einer fortschreitenden

Vollkommenheit emporzustreben. Gleichzeitig formulierte Filtsch in dieser Rede zum ersten Mal den Terminus eines siebenbürgisch-„sächsischen Nationalmuseums". Er relativierte den Patriotismus jedoch, indem er hoffte, dass die Sammlungen allen Gästen und den nachfolgenden Generationen – ungeachtet ihrer nationalen oder religiösen Herkunft – ein Leitbild sein sollten.[209]

Das verbindende Glied unter den maurerischen Brüdern stellt formal das Symbol der Kette dar. Inhaltlich werden die Mitglieder durch ein Anliegen, das auf aufklärerischen Idealen fußt, geeint. Mit der Vision einer die Gesellschaft durchdringenden Bildung basierend auf den Werten wie Gleichheit und Toleranz wurde ein wesentlicher Aufbruch in die Moderne eingeleitet. Brukenthal pflegte nicht nur die Verbindungen zu lokalen Freimaurerkreisen, sondern auch zu Wiener Brüdern.

Hier hatte der Baron guten Kontakt zu Tobias Freiherr von Gebler (1726–1786). Als Mitglied des geheimen Rates war dieser der Leiter der äußeren österreichischen Angelegenheiten. Besondere Verdienste erwarb er sich um die Hebung der Wissenschaften und die Schulbildung. Er war zudem im freimaurerischen Bund höchst engagiert und galt als einer der Bahnbrecher der Aufklärung. Nach der Gründung der Provinzialloge von Österreich war er Großmeister der Distrikts-Großloge „Zum neuen Bund".[210] Gebler, der sich mit Literatur, Theater und Poesie beschäftigte schrieb auch selbst Stücke, die in Wien und an deutschen Bühnen aufgeführt wurden.[211]

Seine Werke atmeten deutlich das freimaurerische Gedankengut und brachten es über die Bühne in die breitere Öffentlichkeit. „Durch Tugenden Mindern vorleuchten; seinen Kindern eine edle Erziehung geben; die Kultur des Landes befördern; halb rohe Untertanen zu gesitteten Menschen, zu guten Bürgern machen",[212] so lautete seine literarisch verpackte didaktische Botschaft, die schließlich im Lob der Gleichheit gegen die Ständegesellschaft gipfelte: „Die Geburt gab uns Ahnen, geben wir selbst uns Verdienst."[213] Literatur und Theater wurden wesentliche Säulen eines Verständnisses von Bildung, die immer weitere Kreise des Volkes erreichen sollte. Dass dabei jedoch den Frauen nicht die gleichen Aufstiegsmöglichkeiten zugedacht waren, wird von Gebler ebenso kundgetan: „Was nützt den Weibern das Lesen. Zuletzt würde manche Frau klüger als ihr Mann."[214]

Gebler gab Brukenthal immer wieder wertvolle Hinweise für seine Bücherankäufe und hielt ihn über die Neuerscheinungen in Wien auf dem Laufenden.[215] In seinem Briefverkehr mit dem Baron nach Hermannstadt hielt er den Kontakt vom Zentrum in die Provinz aufrecht.[216] In bester freimaurerischer Diktion schrieb er ihm 1774: „Ich schließe den neuen Katalog der hiesigen Universitätskollegien bei. Es fangt nach und nach an, Licht zu werden. Möchte die Finsternis bald ganz zerstreuet sein."[217]

Ebenso gehörten zum Wiener Freundes- und Freimaurerkreis Brukenthals Sonnenfels und Blümegen. Josef Freiherr von Sonnenfels (1732–1817) war Professor für politische Wissenschaften, ab 1794 Rektor der Wiener Universität und ab 1811 Präsident der k.k. Akademie der bildenden Künste. Als Publizist tätig, galt er als prominentester Vertreter der österreichischen Aufklärung und als Oberhaupt der Wiener Illuminaten.[218]

Graf Heinrich Kajetan Blümegen (1717–1788), ein Vertrauter Maria Theresias, war oberster Hofkanzler von Böhmen und Österreich. In Bezug auf den Baron und dank seiner einflussreichen Stellung bei der Herrscherin stand er, ebenso wie Gebler, auch in politischen Angelegenheiten und bei Konflikten fest an Brukenthals Seite. Natürlich durfte neben den inhaltlichen Übereinstimmungen auch die protektionistische Seite nicht fehlen.

1778 bittet Blümegen, um den beruflichen Aufstieg seines Schwiegersohnes zu fördern, bei Brukenthal um Intervention: „Ich werde höchst vergnügt sein, diese Gefälligkeit in allen Gelegenheiten nachdrücklichst zu erwiedern, um auch meines Orts zu zeigen, mit was vollkommener Hochschätzung ich allstets seie Euer Exzellenz gehorsamster Diener."[219]

Eine enge Beziehung verband Brukenthal mit dem gelehrten Protestanten und Wiener Logenbruder Karl Adolf Freiherr von Braun, der sogar, um ihm seine Wertschätzung zu zeigen, einen seiner Söhne nach Brukenthal Samuel benannt hatte.[220] Braun war seit 1760

Reichshofrat und verfügte neben seinen Literaturkenntnissen vor allem über ein hervorragendes Musikwissen.[221]

Diesem engen Kreis, in dem Brukenthal während seiner Aufenthalte in Wien wöchentlich rege, offen und zusammen mit seiner Gemahlin verkehrte, gehörte auch Kornelius Freiherr von Neny an.[222] Er war Staatssekretär und geheimer Kabinettssekretär Maria Theresias.[223] In dieser der Herrscherin nahen Funktion beauftragte er Brukenthal in ihrem Namen sehr persönlich, während seiner Kur in Baden mehr auf seine Gesundheit als auf die Arbeit Rücksicht zu nehmen.[224] Neny gab im Namen der Regentin auch vertrauliche Botschaften weiter.[225] In seiner Person zeigt sich Brukenthals nahes Verhältnis zu beiden Persönlichkeiten.

Klein Wien im Osten
Hermannstadt wird Europa

„Höre was die Weisheit spricht,
tue Recht und zittre nicht.“[226]
Freimaurerlied

Wie es dem interessierten Publikum in einem Büchlein von 1790 kundgetan wurde, soll Hermannstadt nach den damaligen Berechnungen genau auf dem 46. Längen- und 46. Breitengrad gelegen haben.[227] Das klang wie eine beeindruckende Feststellung. Bis zu diesem Jahr war Hermannstadt zudem das politische Zentrum Siebenbürgens. In der Amtszeit Samuel von Brukenthals, die bis 1787 währte, war Hermannstadt mit einer ganz überwiegend siebenbürgisch-sächsischen Bevölkerung die zweitgrößte Stadt Siebenbürgens. Durch den Gouverneur wurde sie das Tor, durch das die Reformen der Habsburger in Siebenbürgen Einzug hielten.[228] Die Siebenbürger Sachsen nannten ihr Schmuckkästchen stolz „Klein Wien“[229], was sich in architektonischer, modischer und ideengeschichtlicher Imitation der großen Schwester abbildete.

Samuel von Brukenthal organisierte die Militärgrenze neu, um den Schutz des Habsburgerreiches im Süden und Osten zu gewährleisten. Schließlich konnte er 1765 die Erhebung Siebenbürgens zum Großfürstentum erleben. Als Gouverneur des „Sachsenlandes“ beendete er die Hexenverfolgungen, in dem er veranlasste, dass alle dieses Thema betreffenden Prozesse vor der Exekution dem „allerhöchsten Hofe eingeschickt“[230] wurden, was durch eine Resolution der Herrscherin im Jahre 1766 auch bestätigt wurde.

Sein Lieblingsprojekt, die Errichtung einer Universität in Hermannstadt, die den protestantischen Studenten endlich eine Hochschulbildung ermöglicht hätte, scheiterte hingegen – vor allem auch aus konfessionellen Gründen.[231] In einer abgewandelten Form sollte er jedoch sein aufklärerisches Bildungskonzept durch die Diskussionszirkel in seinem Palais verwirklichen. Nach seinem Tode

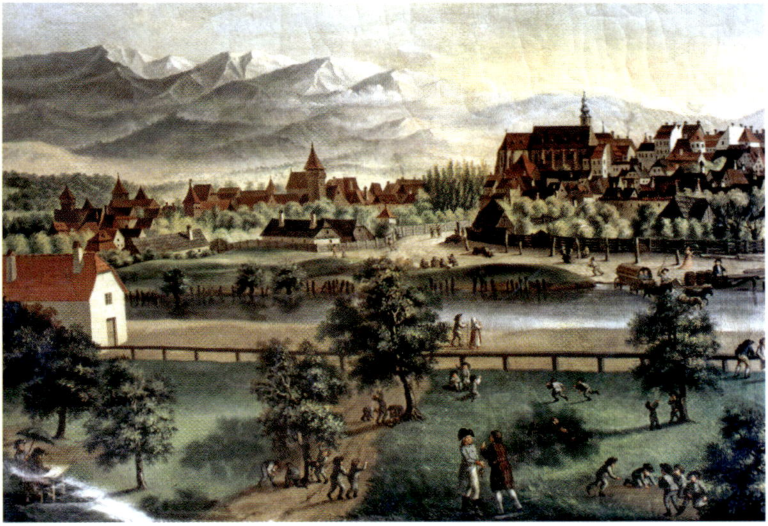

Franz Neuhauser: Hermannstadt 1809 (Ausschnitt)

wurde das Palais als sein Vermächtnis ein öffentliches Museum und damit ein künstlerisches sowie durch die Bibliothek auch ein wissenschaftliches Zentrum.

Während der Amtszeit Brukenthals kam es zu einer Stadterweiterung, da es ihm 1761 gelungen war, die Bevölkerung bei Neubauten für zehn bis zwölf Jahre von der so genannten „Quartierslast“ zu befreien. Diese war ein Gesetz, das dem ungarischen Adel freie Wohnung und Verköstigung zugestanden hatte.[232] Da die Bevölkerung wegen der fremden Gäste wenig Lust auf Vergrößerung des Wohnraums verspürte, war es über Jahrzehnte zu einem regelrechten Baustopp gekommen. Nun folgte in ganz Siebenbürgen, besonders aber in seinem Zentrum – Hermannstadt – eine rege Bautätigkeit.

Im Jahre 1751 hatte die Stadt noch ein äußerst mittelalterliches Aussehen – sie war von einer imposanten Mauer umgeben und durch neununddreißig Stadttürme befestigt.[233] Die Straßen waren jedoch relativ breit und wurden fast alle von kleinen Bächen durchzogen, die manchmal auch den Schmutz mit sich fort nahmen.[234] Nur wenige Straßen waren jedoch gepflastert, und sie waren voll von Unrat und toten Tieren. Schweine und Kühe, die auch über den Hauptplatz getrieben wurden, hinterließen überall ihre Spuren.[235] „Die Zigeuner waren verpflichtet, von Zeit zu Zeit die Stadt zu reinigen, was umso notwendiger war, als auch die Küchenabfälle einfach vor die Häuser geschüttet wurden."[236]

In der *Siebenbürger Zeitung* hieß es ganz im aufklärerischen Gleichheitssinne: „Auch sie, die armen Würmer der Erde, die unter dem Namen Zigeuner unter uns herumwandeln, verdienen des Monarchen Anblick – denn sie sind – Menschen."[237] Trotz diesem didaktischen Aufruf zur Humanität blieben die Roma die unterste soziale Klasse und waren vom Bürgerrecht ausgeschlossen. Sie mussten ebenso wie die rumänische Bevölkerung jenseits des Schutzes der Stadtmauer wohnen.

1785 lebten 10818 Personen hinter der Wehranlage der Stadt, davor noch zusätzliche 3452 Menschen.[238] Wien, die Hauptstadt der Habsburgermonarchie, hatte dagegen 270000 Einwohner und Einwohnerinnen, Pressburg/Pozsony/Bratislava, damals die ungarische Hauptstadt, sogar um 10000 mehr.[239] Von hier aus erreichte man Hermannstadt mit der Kutsche bei guten Fahrbedingungen in acht Tagen.[240] Die Reise war jedoch anstrengend, die Straßen waren nicht gepflastert, und man konnte auch vor Überfällen nicht sicher sein. Dennoch wurden sowohl die Metropole als auch die Peripherie von einem rapiden Modernisierungsschub erfasst, der sich vor allem in Um- und Neubauten bemerkbar machte. Während sich Wien an Paris und dem repräsentativen Versailles orientierte, imitierte man in Hermannstadt die Habsburger Metropole.

Der Gegensatz zwischen der einsetzenden barocken Modernisierung von Hermannstadt und den mittelalterlichen Gegebenheiten wird wohl durch den Pranger am deutlichsten. Er befand sich am „Großen Ring" – dem Hauptplatz – und damit genau gegenüber dem Brukenthalschen Palais. Erst im Jahre 1783 wurde er abgetragen.[241] Der Große Ring diente sowohl als Markt- als auch als Richtplatz. Hier wurde gerädert, gehenkt, gevierteilt oder geköpft.

Auf Wunsch Brukenthals waren seit 1771 die Hinrichtungen

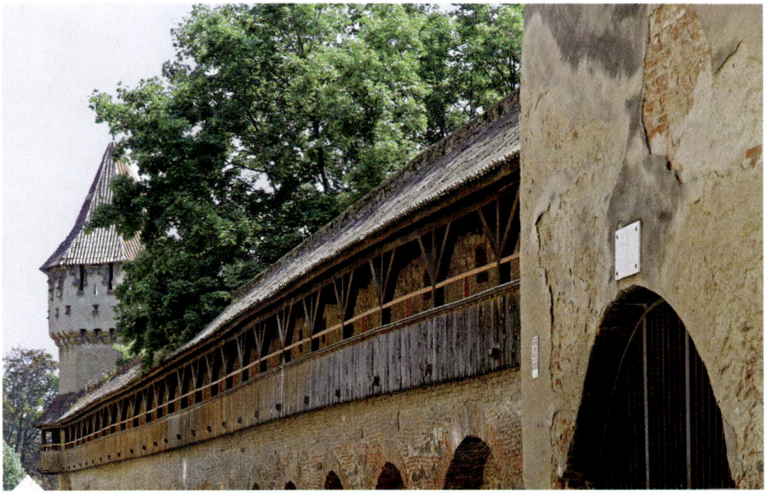

Reste der alten Stadtmauer in Hermannstadt

jedoch nicht mehr im Herzen der Stadt vorgenommen worden.[242] Nur noch eine Statue – ein geharnischter Mann mit Schwert, der die Gerechtigkeit symbolisierte – war als Symbol der Richtstätte übrig geblieben.[243]

Der Stadtplatz bot gleichzeitig Raum für öffentliche Feste, die hier etwa anlässlich der Installation des *Comes*, des höchsten politischen Würdenträgers, stattfanden. Dann zelebrierte man vor dem Rathaus ein Festmahl, bei dem ein großer Ochse gebraten und ein großes Fass Wein geleert wurde.[244]

Wenn ein warmer Maiwind wehte, konnte man in den 1780er Jahren am Großen Ring um halb elf Uhr nachts noch reges gesellschaftliches Treiben miterleben. Dann promenierten Damen und Herren – über hundert Menschen, wie ein Augenzeuge berichtet, und am Brunnen standen drei Waldhornisten, die eine Sängerin begleiteten.[245]

Die Kunst verschönerte den Abend, und die Natur lieferte das Ihre, wenn von den Gärten heraus die Nachtigallen ihre Stimme erhoben und über die Schlafenden erklingen ließen. Besonders eindrucksvoll war die „blaue Stunde" im Sommer, wenn die Silhouetten der Häuser mit ihren schrägen Giebeln spitz gegen den Indigohimmel standen.

In der zweiten Hälfte des 18. Jahrhunderts kam es gleichsam zu einem allgemeinen Bauboom, das heißt zu einer Barockisierung und zur Etablierung zahlreicher kultureller Einrichtungen. 1772 pachtete der aus dem Herzogtum Luxemburg zugezogene Philipp Collignon das städtische Gasthaus „Zum blauen Stern“. Nach dem Besuch Josephs I. im Jahre 1773 verlieh er ihm den neuen Namen „Zum Römischen Kaiser“.

Collignon war Mitglied der Hermannstädter Loge und stellte sein Hotel immer wieder für Arbeiten der Loge oder für die Feier des Johannisfestes zur Verfügung. Durch das neue Hotel fanden Reisende „besonders aus den ersten Klassen, doch wenigstens einen mit allen Bedürfnissen versehenen Gasthof an, der mit allem Recht den ersten Wiener- und Berliner Hotels an die Seite gesetzt zu werden verdient.“[246]

1775 ließ Collignon umfangreiche Renovierungsarbeiten durchführen und im selben Zuge einen großen Tanzsaal errichten.[247] Nun konnte man hier großzügige Veranstaltungen abhalten. Das aufstrebende Bürgertum und der Adel mieteten den Ort, um ein Götterfest mit Apoll und den Musen aufführen zu lassen – was eine durchaus rare Besonderheit war.[248] Bälle fanden sonntags, montags, mittwochs und donnerstags statt.[249] Sie wurden bald zu gesellschaftlichen Ereignissen, die auch über die Grenzen der Stadt hinaus zunehmend an Attraktivität gewannen und ihre Liebhaber und Liebhaberinnen fanden.

Obwohl die Preise für Lebensmittel immer mehr stiegen,[250] ging es besonders im Fasching lustig zu, und die Bevölkerung erfasste eine regelrechte Tanzwut. Sogar die Politik wurde in die Ausgelassenheit hineingezogen: Die letzte Woche des Faschings feierte denn auch der ganze Magistrat und amtierte nicht mehr.[251]

Während Philipp Collignon als Logenbruder für festliches Treiben sorgte, kommentierte Johann Theodor von Herrmann, der Sekretär Brukenthals, 1783 besorgt und ganz im asketisch disziplinierenden Sinn protestantischer Ethik: „Sowie sich unsere hießige Jugend dem Vergnügen auf Collignons Saal heftiger überlässt, so nehmen die Sitten allmählich ab. Auch gute Kinder werden in den Strudel hineingerissen, und allenthalben wird man die verderbliche Wirkung davon gewahr."[252] Als Freimaurerbruder verstand Christoph Ludwig Seipp seine Tätigkeit als Theaterdirektor in einem ähnlichen Sinne und kommentierte die neuen Sitten folgendermaßen: „Man begreift es kaum, wie es möglich sey, daß eine solche Tanzwut unter einer so gesitteten aufgeklärten und sparsamen Nation hat einreißen können."[253] Zudem machte die Tanzleidenschaft im Winter dem Schauspiel starke Konkurrenz. Die Auffassungen unter den Logenbrüdern waren also durchaus divergierend, Lust und Askese zwei Seiten einer Medaille.

Der Bedarf an Unterhaltung stieg jedoch in jenem östlichen Städtchen des Habsburgerreiches zusehends. Die vielen hohen Militärs und adeligen Beamten, die sich in der Hauptstadt Siebenbürgens niederließen, veränderten die manchmal rüden Umgangsformen ebenso, wie es die Einflüsse aus der Kaiserstadt taten. Auch die Wiener Mode hatte in der Peripherie Einzug gehalten, was durchaus nicht von allen gut geheißen, sondern oft sogar abschätzig kommentiert wurde: „Und manches unverheirathete Frauenzimmer ist schon mit Hut, Frisur und Wiener Tracht einhergegangen."[254] Das Zentrum tat seine Wirkung auf die Peripherie. In den verschiedensten Lebensbereichen vollzog sich ein Modernisierungs- und Transformationsprozess, der eine weitgehend ländliche Bevölkerungsstruktur durch Bildung, Mode und Architektur in ein neues Zeitalter katapultierte.

Im Jahre 1778 eröffnete Martin Hochmeister der Ältere (1740–1789), der kurz zuvor zum Katholizismus konvertiert war, in Hermannstadt die erste Buchhandlung.[255] Im selben Jahr erschien die erste deutsche Zeitung Siebenbürgens, das *Theatral Wochenblatt*.[256] Es stand im Zusammenhang mit einem erneuten Versuch, die Bühne salonfähig zu machen.

Nachdem schon Gertraut Bodenburgin, die erste Prinzipalin der Stadt, 1766 an dieser Aufgabe gescheitert war,[257] wollten die Initiatoren des Wochenblattes mit der Feder dem neuen Unternehmen unter die Arme greifen. So hieß es darin: „Man bilde sich durch Aufmunterung und gute Kritiken; man suche einen allgemeinen guten

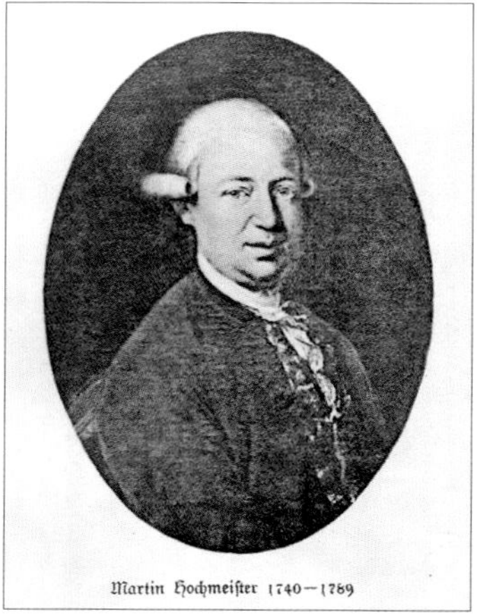

Martin Hochmeister der Ältere

Geschmack herrschend zu machen; dann wird sich das Puplicum eine vernünftige Unterhaltung, der Staat nützende Bürger und die gelehrte Welt brauchbare Talente erziehen. Dann wird das Schauspiel zur Schule guter Sitten emporsteigen."[258]

Die Idee des Theaters wurde maßgeblich von Graf Bánffy inspiriert, der es auch freigiebig unterstützte.[259] Sowohl dem aufklärerischen *Theatral Wochenblatt* als auch dem Theater war aber noch im selben Jahr das Ende beschieden. Erst Martin Hochmeister dem Jüngeren (1767–1837) gelang es, diesbezüglich erfolgreicher zu agieren. Ein von ihm selbst finanziertes Schauspielhaus wurde am 1. Juni 1788 eröffnet.[260] Seit dieser Zeit wird das „Theater im Dicken Turm" bespielt.

Christoph Ludwig Seipp, wie alle zuvor erwähnten Personen ebenfalls Logenbruder, sorgte von 1788 bis 1790 für die Leitung des Etablissements.[261] Seipp war von Bánffy aus Pressburg, wo er bereits ein Theater geführt hatte, hierher geholt worden.[262] Er wurde der bedeutendste Theaterdirektor Hermannstadts im 18. Jahrhundert. Die Wirksamkeit des freimaurerischen Netzes hatte sich also erneut unter Beweis gestellt. Man spielte dienstags, donnerstags und sonnabends und sonntags, und zwar ganz im Sinne einer „Schule der Tugend und guten Sitten".[263] Seipp achtete streng auf den aufklärerischen didaktischen Auftrag der Bühne, die weniger dem Vergnügen als der Bildung des Publikums dienen sollte. Er spielte Shakespeares *Hamlet*, Schillers *Kabale und Liebe*, Lessings *Minna von Barnhelm* und *Tartuffe* von Molière.[264] Damit brachte er die Ideen der westlichen Welt nach Transsilvanien. „Stücke ohne ästhetischen oder moralischen Werth schloß er von der Aufführung aus, selbst wenn es ein Kasseninteresse gewesen wäre, sie dem Publicum zu bieten."[265]

Das Ensemble bestand aus zehn Männern und sechs Frauen. Neben Dramen führte Seipp auch Opern und Operetten auf.[266] Im Sommer fanden im Theater Bälle statt, die im Rahmen eines Abonnements zu günstigen Preisen besucht werden konnten.[267] Durch Heben des Fußbodens wurde das Theater zu einem großen Tanzsaal umfunktioniert, der in zwei Etagen von Logen umgeben war. Man tanzte bis 23 Uhr; anschließend – so wurde von einer Augenzeugin berichtet – ging ein Vorhang auf, und die Damen setzten sich an eine lange, reichlich mit Speisen gedeckte Tafel, während die Herren standen. Bei derartigen Anlässen konnten bis zu dreihundert Personen auf Zinntellern mit Silberbesteck speisen. Sie wurden dabei von zahlreichen Wachslichtern auf Silberleuchtern in eine Märchenwelt entführt.[268]

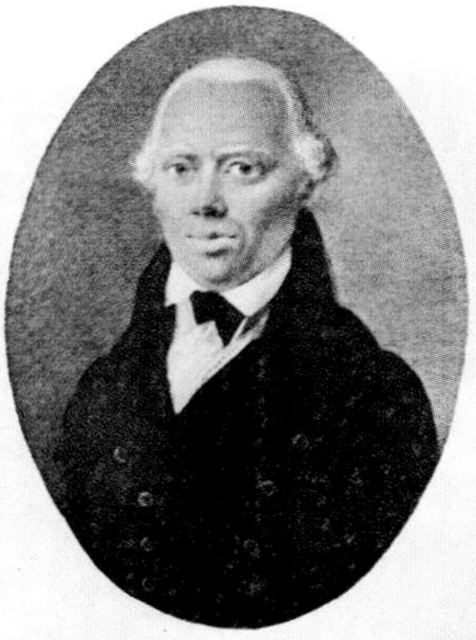

Martin von Hochmeister 1767—1837

Martin Hochmeister der Jüngere

Man gab sich zunehmend elegant und weltgewandt. Ende des 18. Jahrhunderts wurde eine weitere Wiener Attraktion importiert: Der Langaus! Dieser Tanz war eine wesentliche Vorstufe für die Entwicklungsgeschichte des Wiener Walzers. Dabei begab man sich auf der Tanzfläche auf die Walz. Indem man „walzte", wanderte man in Drehbewegungen rasant diagonal durch den Saal, wobei das Tempo bis zu 100 Takte pro Minute erreichen konnte. Soziologisch betrachtet, bedeutete dies eine Revolution der Sitten, denn das Paar hatte sich aus der bislang gepflegten Rundgruppe gelöst.

Erstmals war ein größerer Spielraum zur freien Formgestaltung gegeben. Der Individualismus machte sich nun auch auf der Tanzfläche breit, und ein Aufflammen der Gefühle war sichtbares Zeichen gegen den verstärkten Zugriff obrigkeitsstaatlicher Kontrolle.

Beim Langaus standen Männer und Frauen einander nicht mehr distanziert, ohne Körperkontakt, gegenüber, sondern hielten einander eng umfasst. Der Rausch im flotten Takte löste vor allem bei den durch Mieder zu eng geschnürten Damen Ohnmachten aus und war in der Metropole des Reiches aus Gesundheitsgründen bereits verboten worden. Er wirkte in seiner ekstatischen Ausrichtung zu sehr anti-disziplinierend, lockerte die steife Haltung der strengen Arbeitsseelen und unterminierte die Kontrollfunktionen des Staates. Der Langaus war das beste Mittel, den Zugriff des Verstandes auf die Vitalität der Emotionen zu unterlaufen.

Auch in Hermannstadt untersagte man den Langaus im Jahre 1791,[269] allerdings ohne Erfolg. Der junge Maler Franz Neuhauser hatte sich, ganz Künstler, von den Verboten in keiner Wiese einschüchtern lassen und bei einem Ball wild darauf losgetanzt. Von der Behörde zurechtgewiesen, war er nicht mundfaul und beschimpfte die Amtspersonen. Dies brachte ihm einen weiteren Verweis ein[270], hinderte ihn wie viele andere jedoch nicht daran, seinen Gefühlen zumindest auf der Tanzfläche freien Raum zu geben. Der Langaus blieb sichtbares Zeichen des Widerstandes der Lust gegen die neue Körperdisziplin. 1826 trotzte der heißblütige Tanz noch immer dem Verbot.[271] Im Hermannstädter Alltagsleben erregte er die Gemüter und polarisierte die Menschen.

Natürlich bezog auch die *Siebenbürgische Quartalschrift* Position. Andreas Wolff in seiner Funktion als Stadtphysikus schrieb im Zeichen der Moral: „Es ist nicht allzu lange, daß eine aus der Hölle kommende Erfindung eines Tanzes, den man Langaus nennt, unter uns bekannt geworden. Der Erfinder soll ein wahnsinniger Franzose gewesen sein, der sich im Taumel der Leidenschaft den Hals gebrochen hat. Der Tanz hat mehr Unzüchtiges als Reizendes an sich, ein richtiger Veitstanz eben, der Trieb ist so unersättlich, daß Männer und Frauen ihm erliegen. (…) Er ist umso gefährlicher wenn ein Tänzer das Unglück hat, eine ungeschickte plumpe Maschine zu führen, oder die Tänzerin einen taktlosen Idioten durchschleppen muß."[272]

Nichts konnte demnach für eine Gesellschaft gefährlicher sein als das rauschhafte Erleben. Es verwüstete, wie es hieß, die Jugend und konnte zu Krankheiten führen. Dies war denn auch das wichtigste

Argument eines Arztes gegen den Übermut, die Völlerei, die Trunksucht, die tierische Liebe und das Glückspiel.[273] Hochmeisters Theater und Collignons Tanzsaal waren wahrhaft Orte mit doppeltem Boden. Einerseits gab es heitere Bälle und ausgelassene Tänze, die die Sinnlichkeit entfesselten, andererseits war die Bühne ein Zentrum der moralisch geprägten Aufklärung, deren Vertreter es sich zum Ziel gesetzt hatten, die Sitten der Bevölkerung zu heben und zu veredeln.

Martin Hochmeister der Jüngere entwickelte sich neben Samuel von Brukenthal zu einer Zentralfigur der Aufklärung und der Modernisierung des geistigen Lebens in Hermannstadt. Wie schon sein Vater war auch er der Hermannstädter Freimaurerloge beigetreten[274] und hatte seit 1786 Räumlichkeiten seines Hauses für die Logenarbeit und auch nach der „Einschläferung" der Loge 1790 für Zusammenkünfte zur Verfügung gestellt.[275]

Da der Vater früh verstorben war, setzte der Sohn seinen Auftrag mit doppeltem Eifer fort. Er betätigte sich ebenfalls als Buchdrucker und Verleger und stieg schließlich bis zum Bürgermeister von Hermannstadt auf. Buchhandel und Druckereigewerbe lagen dort zu dieser Zeit noch in der Wiege. Durch Hochmeister aber wuchs das Angebot rapide. Wesentlich war die Gründung zahlreicher publizistischer Organe wie der *Siebenbürger Zeitung* 1784. Mit dieser wurde – was nach dem nur kurz existierenden *Theatral Wochenblatt* eine Pionierleistung war – der Grundstein für die siebenbürgische Zeitungslandschaft gelegt.

Die *Siebenbürger Zeitung* war – wie ihr Urheber – ganz der zeitgemäßen Didaktik verpflichtet: Ihr Anliegen war, wie die Betreiber meinten, im Sinne der Aufklärung „Tugend und gute Sitten in dem schönen Gewande von Neuigkeiten"[276] zu verbreiten. Dabei bemühte man sich vor allem um Ausgewogenheit der Berichterstattung und brachte die Welt von Amerika über Afrika und Europa nach Hermannstadt. Gleichzeitig informierte man aber auch über Siebenbürgen und seine Geschichte, um damit das historische Verständnis zu fördern und das eigene Land, wie es hieß, kennen zu lernen.[277]

Die Gründung der *Siebenbürgischen Quartalschrift* stand unter derselben Zielsetzung. Hier hieß es in der Einführung: „Wir wünschen das Vaterland mit sich selbst bekannter, und unsere Landesleute auf wichtige Wahrheiten, die in moralischer, politischer, wissenschaftlicher und ökonomischer Hinsicht ihnen nützlich seyn können, aufmerksam zu machen.“[278] Wie klar der freimaurerische Gedanke in der Durchführung zu Tage tritt, wird im zweiten Heft offenkundig: Die Zeitschrift sollte ein Mittel sein, aufgeklärten, guten, edlen Menschen „zur Beförderung der Wahrheit, des Geschmackes, der guten Sitten, und der allgemeinen Wohlfahrt des Vaterlandes“[279] zu verhelfen. Nicht zufällig zeichnete Johann Filtsch als Herausgeber verantwortlich.[280] Zum Redaktionsteam der Zeitschrift zählten neben Filtsch auch die Logenbrüder Abbé Josef Eder und Johann Binder.[281]

Die *Siebenbürgische Quartalschrift* war das erste Periodikum Siebenbürgens, das sich ganz der Wissenschaft verpflichtete. Sie war eine wichtige Informationsquelle für historische Belange, bot Einblicke in medizinische und landwirtschaftliche Fragen und rezensierte die neuesten Buchveröffentlichungen Europas. Mit ihrem historischen Schwerpunkt zur Geschichte der Siebenbürger Sachsen legte sie den Grundstein für deren eigenes Selbstverständnis und in der Folge für ein siebenbürgisch-sächsisches Nationalbewusstsein.

Da Martin Hochmeister der Jüngere ein konsequent handelnder aufgeklärter Zeitgenosse war, stellte er sein buchdruckerisches Engagement auch der ungarischen Ethnie zur Verfügung. In der Folge gab er ein deutsch-ungarisch-lateinisches Wörterbuch heraus, verlegte teure ungarische Bücher und hat „damit nicht weniger gethan, als irgend eine der solidesten Buchhandlungen Ungarns selbst.“[282]

Aus Anlass der grassierenden Pockenseuche publizierte Hochmeister im Jahr 1797 einen Gesundheitskatechismus in ungarischer Sprache. Die Anregung dazu kam wieder einmal von Graf Bánffy, dem Nachfolger Brukenthals als Gouverneur, der auch nach der Auflösung der Hermannstädter Loge 1790 eng mit Hochmeister kooperierte. Neben all diesen Aktivitäten, die der Hebung des intellektuellen und kulturellen Niveaus von Siebenbürgen dienten, war Hochmeister vor allem als Bauherr tätig und sozial-humanitär engagiert. Nach Schließung der Loge wurden ihm deren Utensilien anvertraut. Denn Hochmeister hatte, wie es hieß, die das Wesen der Freimaurerei bildenden zwei Grundgedanken der „Menschlichkeit“ und des „Weltbürgertums“ zu den Richtschnüren seines Lebens erwählt.[283]

Buchdruck und Verlagswesen waren zentrale Säulen bei der Verbreitung aufklärerischer Ideale. Nicht zufällig waren in vielen Städten wie Wien (Johann Thomas von Trattner), in Pressburg (Karl Gottlieb von Windisch) und in Hermannstadt (Martin Hochmeister) Druckereien, Verlage und Buchhandlungen in den Händen von Logenbrüdern. Von ihren Ideen und Werken ging der Weg über die medialen Propaganda-Organe in die Öffentlichkeit. Ein gut funktionierendes Zusammenspiel von Inhalt und Verbreitung ermöglichte eine effiziente Umsetzung der aufklärerischen Gedanken.

Von dem gebürtigen Mailänder und Hermannstädter Logenbruder Giovanni Gallarati wurde schließlich Mitte der 1780er Jahre eine Seidenfabrik gegründet. Sie galt als Prestige-Objekt des Josephinischen Jahrzehnts und setzte für die Textilindustrie wesentliche Akzente. Über bescheidene Anfänge kam sie jedoch nicht hinaus.[284]

Unter der Leitung Gallaratis wurden Maulbeerbäume gepflanzt, Seidenraupen darauf ausgesetzt und mit den von ihnen abgesonderten feinen Fäden Stoffe produziert, die er zu günstigen Preisen verkaufte.[285]

Brukenthal seinerseits unterstützte eine Veröffentlichung Gallaratis über die Seidenraupenzucht, was ihm dieser durch die

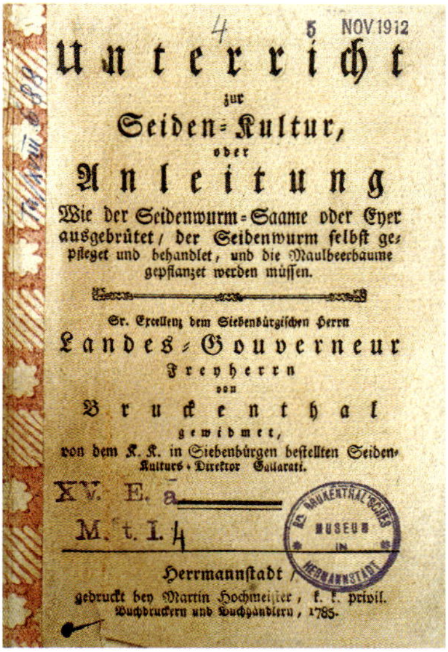
Unterricht
zur
Seiden=Kultur,
oder
Anleitung
Wie der Seidenwurm=Saame oder Eyer ausgebrütet, der Seidenwurm selbst gepfleget und behandlet, und die Maulbeerbäume gepflanzet werden müssen.
Sr. Excellenz dem Siebenbürgischen Herrn
Landes=Gouverneur
Freyherrn
von
Bruckenthal
gewidmet,
von dem K. K. in Siebenbürgen bestellten Seiden=Kulturs=Direktor Gallarati.
Herrmannstadt,
gedruckt bey Martin Hochmeister, k. k. privil. Buchdruckern und Buchhändlern, 1785.

Giovanni Gallarati: Publikation über die Seidenraupenzucht 1785

Widmung der Publikation dankte. Ausführlich hieß es dort im Vorwort: „Das unermüdete Bestreben Euerer Excellenz war von jeher auf das Wohl der Bewohner dieses Großfürstenthums Siebenbürgen gerichtet. Sie sind es, welche auf ihre eigenen Kosten die geschicktesten Männer von mancherley Künsten und Handwerken nach Siebenbürgen kommen liessen, und die Gelegenheit verschaften, sich besser und bequemer zu nähren; Sie giengen in Vielem mit Beyspielen vor, und zeichneten den Siebenbürgern bey mehreren Gegenständen der Landwirtschaft die Bahne aus, welche sie zu einem besseren Nahrungs-Gewerbe führte."[286]

Die Beziehungen Brukenthals hatten nicht nur eine inhaltliche Ausrichtung, die sich an wissenschaftlichen und kulturellen Interessen orientierten, sondern überschnitten sich in hohem Ausmaß mit dem Netzwerk der Logenbrüder. Sowohl in Wien als auch in Hermannstadt wehte in seinem engsten Umfeld der Wind der freimaurerischen Aufklärung und brachte den Zuzug bedeutender Persönlichkeiten vom Zentrum in die Peripherie mit sich.

Ein Beispiel ist Samuel Hahnemann (1755–1843), der Begründer der Homöopathie, den Brukenthal in Wien kennen gelernt hatte. Als dieser im Oktober des Jahres 1777 als Gouverneur in Hermannstadt eintraf, befand sich der junge, gerade zweiundzwanzig Jahre alte Medizinstudent offensichtlich in seinem Gefolge.

Den aus Meißen in Sachsen gebürtigen Deutschen hatte es nach Wien zum Studium verschlagen. Er war, ebenso wie Brukenthal, protestantisch. Im gleichen Monat der Ankunft des Barons in Hermannstadt, am 16. Oktober 1777, wurde er, sicher durch Empfehlung des neuen Gouverneurs, in die Hermannstädter Loge „Zu den drei Seeblättern" aufgenommen.[287]

Hahnemann war eineinhalb Jahre, von 1777 bis 1779, erster Kustos der Bibliothek des neuen Gouverneurs.[288] In seinem Dienst kümmerte er sich nicht nur um die Sammlung, sondern auch um weitere Bucheinkäufe.[289] Unter dem Protektorat des mächtigsten Politikers Siebenbürgens erhielt der junge Student nicht nur Zugang zu den höchsten Kreisen von Hermannstadt sondern durch die Privatbibliothek seines Förderers auch zu wichtigen Schriften der Aufklärung, was wesentliche Prägungen hinterließ. Hier übersetzte

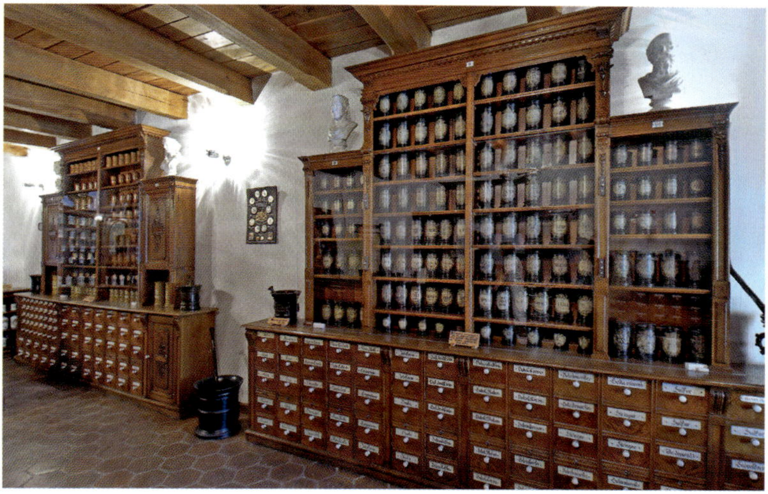

Das Apotheken-Museum am Kleinen Ring

der Student Dietrich von Holbachs *Le système de la nature* (...), eine „Bibel des Materialismus".[290]

In diesem radikalen Werk der Freiheit forderte der Autor das Recht auf Absetzung unbeliebter Herrscher, um Bürgerkriege zu verhindern. Die Auflehnung gegen die Alleinherrschaft eines Systems sollte sich in der medizinischen Fachrichtung Hahnemanns, in der Homöopathie, symbolhaft wieder finden. Hermannstadt war nur eine Episode im Leben des Bahnbrechers dieser neuen Heilkunst. Er beendete sein Studium in Erlangen. Sein Lebensweg führte ihn der Folge auf permanenten Wanderschaften durch Europa, jedoch immer wieder gestützt durch Seelenverwandte oder Brüder, bis er schließlich in Paris starb.

Die kurze, aber prägende Zeit in Hermannstadt hatte ihre Spuren hinterlassen. Samuel von Brukenthal kann im Werdegang seines einstmaligen Schützlings als wichtiger geistiger Mentor gelten, der durch seine Arbeitgeberfunktion für dessen Zukunft wesentliche Weichen stellte.

Nach dem Tod Hahnemanns im Jahr 1843 wurde die neue Heilkunst auch in Siebenbürgen durch zahlreiche Ärzte und Apotheker angewandt und propagiert. Der Kronstädter Apotheker Martin Honigberger (1795–1869) war diesbezüglich ein besonderer Multiplikator. Als Universalgelehrter, aktiver Botaniker, Ethnograph, Sprachwissenschaftler, Archäologe, Numismatiker und Weltreisender gilt er als Pionier der Bakteriologie. Als Arzt experimentierte er zudem mit verschieden Heilpflanzen und Heilmethoden.[291] Während seiner kurzen Europaaufenthalte hatte Honigberger Hahnemann in Paris besucht und in Köthen homöopathische Medikamente gekauft, die er dann in seiner Funktion als Arzt in Konstantinopel und an indischen Fürstenhöfen verwendete.[292]

Durch Martin Honigeberger erhielt Indien erstmals Zugang zur Homöopathie und dankte es ihm, indem man hier diese Heilkunst nicht nur forcierte, sondern in zahlreichen Schulen auch weitertradierte. Seine wertvolle Pflanzensammlung überließ Honigberger dem Wiener Botaniker Jacquin.[293] Durch den Universalgelehrten und Weltreisenden Martin Honigberger wurde die Zwischenstation der Entwicklungsgeschichte der Homöopathie, nämlich Siebenbürgen, gleichzeitig Drehscheibe in die Welt.

In Hermannstadt war Brukenthal nicht nur Gouverneur, sondern kann durchaus als graue Eminenz der Freimaurerei angesehen werden. Seine Kontakte zu zahlreichen Brüdern waren nicht nur privater, sondern auch politischer Natur. Wahrscheinlich aus Gründen der Verschwiegenheit wurde auch ein enger Vertrauter von Brukenthals Privatsphäre, der Kammerdiener des Barons, Simon Petri, ein Bruder der Loge St. Andreas zu den drei Seeblättern.[294]

Insgesamt trifft die Einschätzung zu, die in der zweiten Hälfte des 19. Jahrhunderts im Zusammenhang mit Martin Hochmeister dem Jüngeren hinsichtlich der Entwicklungen und Einflüsse des Hermannstädter Logenlebens formuliert wurde: In den 1780er und 1790er Jahren sind die meisten Bestrebungen und Unternehmungen, welche die Förderungen des Guten und Nützlichen, die Verbreitung gemeinnütziger Kenntnisse der Aufklärung sowie wissenschaftlicher und gesellschaftlicher Bildung zum Ziele hatten, von der Loge angeregt und von ihren Mitgliedern gefördert und ausgeführt worden.[295]

Gartenkultur oder
Die Nutzung der Landschaft

„So kann sinnliche Schönheit
nicht bestehen ohne Schönheit der Seele.“[296]
Freimaurerische Leitlinie

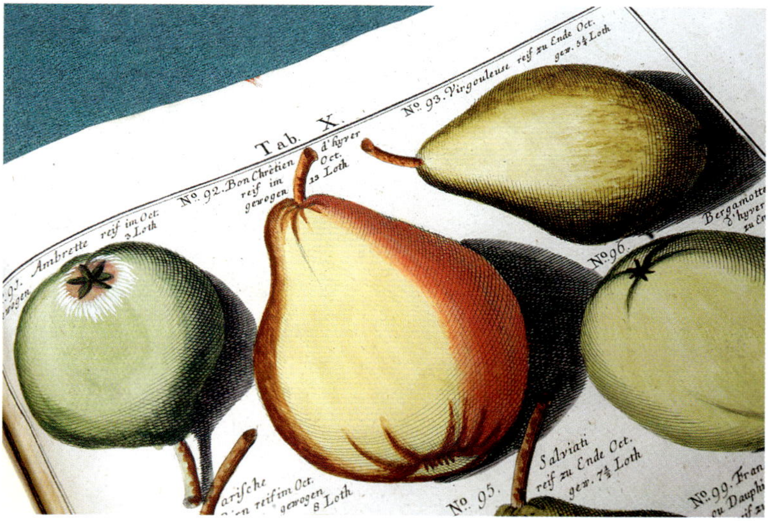

Pomologia 1766: Literatur über Obstbau in der Brukenthal-Bibliothek

Neben der Kultur des Geistes setzte sich Brukenthal intensiv mit der Natur auseinander. 1780 ließ er die die Stadt umgebenden Teiche füllen, was sie schnell in blühende Obst- und Gemüsegärten verwandelte.[297] So wurde bereits vor den Toren der Stadt eine enge Verbindung zwischen Kultur und Natur geschaffen. Hermannstadt war eine Gartenstadt: Vor der Stadtmauer besaß fast jedes Bürgerhaus seine eigene Grünfläche. Im 18. Jahrhundert wetteiferten die sozial aufsteigenden Patrizier untereinander in der Ausgestaltung ihrer Lauben. Die Lusthäuser dienten nicht mehr allein der persönlichen Erholung, sondern zunehmend auch dem Empfang von Gästen, das

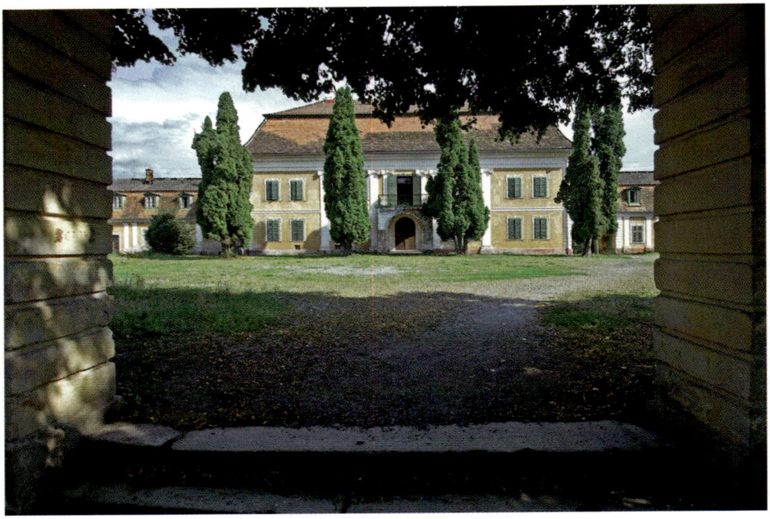

Sommerresidenz in Freck/Avrig

heißt der Repräsentation.[298] Wer es sich leisten konnte, bezahlte einen Gärtner, der aus München oder Wien zugezogen war, um den gehobenen Bedürfnissen nach handwerklicher und kenntnisreicher Qualifikation nachzukommen. Man importierte Pflanzen, Sträucher und Bäume sowohl aus der Hauptstadt des Reiches als auch aus fernen Ländern.[299] Seltene Pflanzen waren eine ungewohnte Attraktion und entwickelten sich zu Symbolträgern eines gesellschaftlichen Status. Aloen waren als Exotikum besonders geschätzt. Wenn sie blühten, nahm man sogar eine größere Anreise in Kauf, um sie zu bewundern. So geschah es auch, als man im Juli 1785 erfuhr, dass in Bonchida/Bonțida, in den Gärten des Grafen Bánffy, ein Prachtexemplar in voller Blüte zu sehen war.[300]

Samuel von Brukenthal hatte von seinem Schwiegervater, Daniel von Klocknern, der bereits 1754 verstorben war, vor dem Heltauer Tor ein größeres Grundstück geerbt.[301] Nach ortsüblicher Manier errichtete er eine Meierei, eine kleine Viehwirtschaft und ein Sommerhaus. Im Laufe der Zeit kaufte er, der Aufsteigende, von einigen alteingesessenen, aber wirtschaftlich absteigenden Geschlechtern noch zahlreiche Gründe dazu. Bald war es ihm gelungen, ein ansehnliches Großgut zu schaffen. Brukenthals Hermannstädter Garten war mit zahlreichen Steinvasen geschmückt und galt, verglichen mit anderen, als der schönste. Orangenbäume, für Siebenbürgen ebenfalls ein Exotikum, blühten neben heimischen Gewächsen. In den Treibhäusern wuchs Frühgemüse, das zum Verkauf angeboten wurde. Ebenso zog Brukenthal an die tausend Ananaspflanzen.[302]

Zur ihrer Pflege hatte er den Wiener Gärtner Johann Bitsch gewonnen. In sein städtisches Sommerhaus kamen zweimal in der Woche Gäste zu Besuch. Die Wände des Speisesaals waren – ebenso wie in seinem fünfundzwanzig Kilometer entfernten Sommersitz in Freck – mit Bildern geschmückt, die Landschaften aus der Umgebung darstellten. Eine eigene Galerie vervollständigte das herrschaftliche Ambiente.[303]

In Freck[304] konnte der geadelte Landwirt nicht nur seine Gartenleidenschaft zur vollen Entfaltung bringen, sondern über ein experimentelles Mustergut sein Verständnis von angewandter Aufklärung umsetzen. Seine Sommerresidenz und der daran anschließende Landschaftspark sind die Realisierung eines ganzheitlichen Konzeptes. Zwischen Natur und Architektur praktizierte Brukenthal jene Philosophie, die das Schöne mit dem Nützlichen zu verbinden trachtete und damit für andere als Beispiel dienen wollte. Das väterliche landwirtschaftliche Erbe war ihm dabei eine Hilfe. Auch diesen Besitz hatte er durch das Vermögen und die Erbschaft seiner Gattin Sophie erwerben können.[305]

Im Jahr 1757 begann Bukenthal mit den Ankäufen.[306] Von 1770 bis 1802 vergrößerte er das Anwesen durch ständigen Zukauf von Wiesen und Fluren. Zum Zeitpunkt des Todes des Barons betrug die Fläche des Anwesens ungefähr sieben Hektar.[307] Mit der flächenmäßigen Ausdehnung seiner gesamten Güter konnte er durchaus mit dem ungarischen Adel konkurrieren, unter den Siebenbürger Sachsen aber war er als Großgrundbesitzer zum Wohlhabendsten aufgestiegen.

Nachdem er 1758, ebenfalls mit dem Kapital der Baronin, eines der weitläufigsten Güter des Dominiums, die Herrschaft Sâmbăta de Jos bei Fogarasch, erstanden hatte, folgte 1762 – sicherlich nicht zufällig – auf die territoriale Besitzerweiterung auch die standesgemäße: die Erhebung des Barons in den Magnatenstand![308]

Seine gutsherrlichen Aktivitäten waren demgemäß für einen sozialen Aufsteiger auch von eminenter symbolischer Bedeutung, mit der er in den subtilen Konkurrenzgefilden von altem und neuem Adel seine gesellschaftliche Position zu bestimmen suchte.

Der Sommersitz in Freck befindet sich ungefähr 25 Kilometer von Hermannstadt entfernt. Am Fuße der Karpaten liegend, wird er von Gebirgsbächen durchzogen. In dieser rumänisch-sächsischen Gemeinde ist das Mikroklima so mild, dass man auch Wein und südländische Pflanzen kultivieren kann. Damals führten kleine Wege durch das Gelände, hin zu lauschigen Plätzen und Obstbäumen. Die Erträge aus der Landwirtschaft, die durch den Verkauf von Obst und Gemüse und vor allem von exotischen Früchten erzielt wurden, sollten das Gut wirtschaftlich autonom halten. Zugleich erfreute das Angebot die neue bürgerliche und anspruchsvoll werdende Kundschaft von Hermannstadt.[309]

Freck war bald – zusammen mit seinem schmucken Sommerpalais im Stil des Spätbarock – zu einem praxisbezogenen Gutshof geworden. Mit einer Meierei, einem Sägewerk und zwei Schankstätten verbunden, sollte es sich ökonomisch selbst erhalten.[310] Ein derartiges Mustergut diente nicht nur barocker Gartenlust. Hier trieb man durch ökologische Forschungen landwirtschaftliche Innovationen voran. Diese standen durchaus in einem utilitaristischen Zusammenhang. Eine verbesserte Landwirtschaft konnte einen wesentlichen Beitrag zur Hebung des regionalen Wohlstandes und der zentralstaatlichen Einnahmen leisten. Die auf Wunsch von Maria Theresia 1769 vom Baron ins Leben gerufene „Agrikultur-Gesellschaft“ mit Sitz in Hermannstadt sollte die landwirtschaftliche Produktion in diesem Sinne vorwärts treiben helfen.[311]

Brukenthals Pferdezucht in Sâmbăta de Jos diente ebenfalls diesem Zweck. Die durch Experimentierfreude erzielte Veredelung der lokalen Rasse war ein gelungenes Beispiel, in Wien neue Absatzmärkte zu eröffnen. Zudem sollte sie die Wirtschaftskraft von Siebenbürgen heben. Die Hengste wurden auf den Frecker Weiden, die Stuten auf jenen von Sâmbăta gehalten.[312]

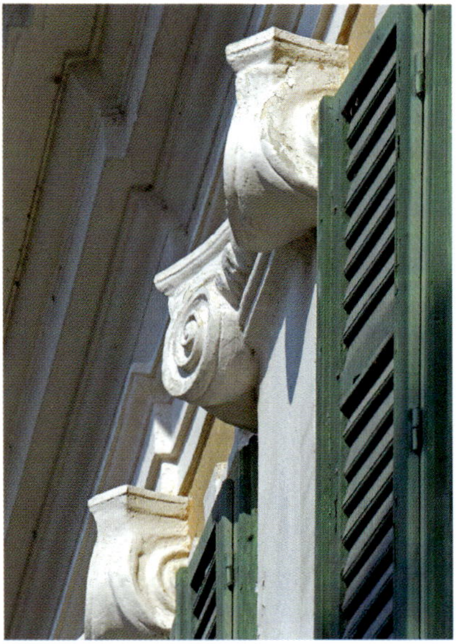

Barockes Detail am Palais in Freck

Sein Gestüt war bald in der ganzen Monarchie und weit über sie hinaus bekannt, auch nach 1918. Seine Zuchtpferde waren in Wien begehrt. Bereits 1772 hatte er 22 Pferde nach Wien liefern lassen.[313] Reichshofrat Josef von Bartenstein orderte 1778 einen Sechserzug Rappen aus Siebenbürgen[314], und Feldmarschall Graf Moritz von Lacy ließ 1782 ein Reitpferd bei ihm bestellen.[315]

Der Baron kümmerte sich oft persönlich um landwirtschaftliche Detailfragen. So versuchte er Innovationen bei der Rinderzucht einzuführen. In Siebenbürgen kam es immer wieder zu Tierseuchen. Dementsprechend wurde das Thema in der *Siebenbürgischen Quartalschrift* eingehend erörtert. Man diagnostizierte einen generellen Missstand, der durch schlechte Pflege der Dörfer und Straßen, vor allem aber durch die kaum durchlüfteten kleinen Stallungen verursacht wurde.[316]

Im Unterschied dazu waren die Albinobüffel des Barons, die er möglicherweise aus Ägypten hatte einführen lassen, nicht nur das regionale Spezifikum eines Hobbylandwirts, sondern diese Exoten demonstrierten durch ihr gutes Gedeihen auch die artgerechte Tierhaltung dieser für Krankheiten besonders anfälligen Rasse.[317]

Joseph II., der die weißen Büffel während seines Aufenthaltes in Siebenbürgen selbst gesehen hatte, unterbreitete diese sensationelle Information anlässlich eines Besuches in Neapel König Ferdinand IV. Als dieser daraufhin den Wunsch äußerte, diese Tiere ebenfalls zu besitzen, sandte ihm Brukenthal auf Kosten des Kaisers acht Exemplare in den sonnigen Süden.[318] Im Herbst 1784 erreichten sechs Kühe und zwei Büffel nach langer Reise wohlbehalten Neapel.[319] Ein Treiber hingegen hatte die Anstrengungen der Reise nicht überlebt: er sah Neapel und starb.[320] Die Tiere hatten 400 Gulden gekostet, der Transport dagegen 487 Gulden. Er war Joseph II. somit teurer gekommen als der Kaufpreis selbst.[321]

Der Import von Schafen nach Transsilvanien stand unter der Ägide der Verbesserung der siebenbürgischen Wolle, da diese wegen ihrer Rauheit nicht für die Verarbeitung zu feinem Tuch verwendet werden konnte. So bestellte der Gouverneur auf Kosten der Zentralregierung, die die Veredelungspolitik in den Regionen vorantreiben wollte und diese daher unterstützte, Böcke aus Spanien und aus Padua/Padova in Oberitalien.[322] Seine Zuchttiere wurden an einheimische Bauern abgegeben.

Das Experiment scheiterte jedoch im Jahr 1785, da 1200 Tiere das Klima nicht vertrugen und verendeten.[323] Erst als man die Tiere in einem geschützteren Gebiet Siebenbürgens, im Tal des Mieresch/Mureş, weiden ließ, war das Experiment schließlich von Erfolg gekrönt. Das gelungene Engagement blieb nicht unbemerkt und wurde für die Öffentlichkeit beispielgebend aufbereitet. 1784 war lobend in der *Siebenbürger Zeitung* zu lesen: „Die Kultur Siebenbürgens im Oekonomischen Fache würde in kurzer Zeit einen hohen Grad erlangen, wenn sich noch mehrere Magnaten und Domanissen mit dem nehmlichen Eifer, wie des Titl. Gouverneurs von Brukenthal Exzellenz darum bestreben sollen. (…) Nebst dem daß sein Ackerbau seine Fruchtbehälter, und seine Mühlen zum Muster dienen können, zeichnet sich auch seine Viehzucht vorzüglich aus."[324]

Um ein positives und animierendes Beispiel zu geben, pflanzte Samuel von Brukenthal im Jahre 1776 in seiner Frecker Versuchsanstalt gleichsam als Siebenbürger Pionier – jedoch ohne weitreichenden Erfolg – auch die Kartoffel an.[325] Sie war trotz regelmäßigen Hungersnöten bei der Landbevölkerung völlig unbeliebt. Er stand damit ganz in der Tradition des preußischen Herrschers und Logenbruders Friedrich II., der sich in seinen Landen ebenfalls um den Kartoffel-

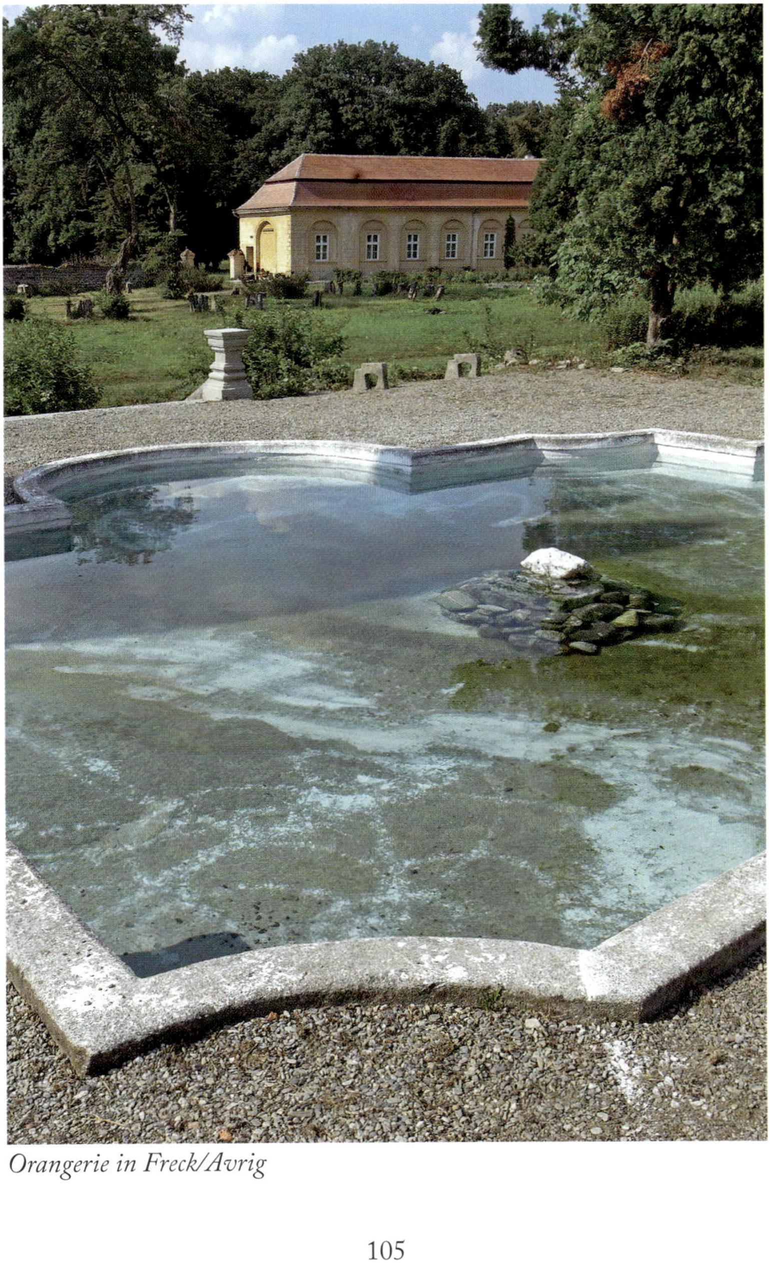

Orangerie in Freck/Avrig

anbau verdient gemacht hatte. Auch Maria Theresia widmete der Landwirtschaft und der nahrhaften Knolle große Aufmerksamkeit.

Die herrschaftlichen Ambitionen stießen jedoch in vielen Teilen Europas an die Grenzen der Geschmacksgewohnheiten. Erst nach und nach konnte sich der Erdapfel als Nahrungsmittel und als Garant gegen Hungersnöte durchsetzen. Zur Verbesserung des Tierfutters kultivierte Brukenthal Klee, was dagegen durchaus auf Nachahmung stieß. So erbat man 1762 von ihm die Zusendung des Wiener Samens.[326]

Brukenthal experimentierte zudem mit Zuckerrohr. Dies sprang einem Besucher, dem Theatermacher und Schriftsteller Christoph Ludwig Seipp, derart ins Auge, dass er es in seinem Reisebericht ausführlich kommentierte: „Die Anpflanzung des Zuckerrohrs wird man selten in solcher Mannichfaltigkeit des Pflanzens und in solcher Menge finden. (...) Man wird genöthigt zu meynen: er habe einen Versuch zum wirklichen Anbau desselben in Siebenbürgen machen wollen.“[327] Die Pflanze war 1755 von dem Botaniker Nikolaus Joseph von Jacquin, der im Auftrag Kaiser Franz I. eine Expedition nach Mittelamerika unternommen hatte, nach Schönbrunn gebracht worden.[328] Es waren wahrscheinlich die ersten Setzlinge in Europa, die – zusammen mit vielen Heil- und Giftpflanzen, aber auch mit vollkommen unbekannten Gewächsen – aus den Tropen kamen, die Schönbrunner Gartenanlagen zieren und sehr schnell auch ihren Weg in den Osten der Monarchie finden sollten.

Samuel von Brukenthal baute Freck zu einem fortschrittlichen landwirtschaftlichen Mustergut aus. Experimente mit der Einbürgerung fremdländischer Bäume und Pflanzen waren ebenso integraler Bestandteil seines Konzeptes wie der Exotismus seiner berühmten Orangerie, in der er Ananas zog. Diese Luxusfrucht war Sinnbild für guten Geschmack und erlesene Tafelfreuden. So lag Transsilvanien zwar hinter den Bergen, wurde jedoch durch den Baron und seine dem europäischen Trend folgenden Aktionen in den internationalen Modernisierungsprozess eingebunden.

Klein Schönbrunn oder Die angewandte Theorie der Aufklärung

Die Anlagen von Freck dienten nicht nur landwirtschaftlichen Experimenten, sondern können auch als komplexe Kunstformen verstanden werden, die verschiedene Lesarten zulassen. Haus- und Gartenarchitekturen dienten im Barockzeitalter verstärkt als Instrumente, um Macht zu demonstrieren und sichtbar für die Zukunft zu legitimieren: Sie waren Geschichtsschreibung mit Steinen und Pflanzen.

So hatten die Habsburger Herrscher im 18. Jahrhundert in Wien verstärkt den Blick nach Paris gewandt, wo das beste Beispiel imperialer Selbstdarstellung im Schloss Versailles realisiert worden war. Als aufstrebender Gegenspieler Frankreichs im europäischen Herrschaftsreigen hatte man die kaiserliche Sommerresidenz von Schönbrunn, wenn auch in reduzierter Form, dem westlichen Vorbild anzupassen gewusst.

Brukenthal seinerseits folgte dem Trend der Imitation und nahm sich bei seinem Schlosspark in Siebenbürgen die kaiserliche Residenz in Schönbrunn zum Vorbild. Das sollte Freck, das „Klein Schönbrunn" oder „Rumänische Versailles", zum einzigen noch existierenden Barockgarten des heutigen Rumänien machen.[329] Die Anlehnung an die Stilformen des Habsburger Herrscherhauses im Zentrum aber verdeutlicht auf symbolischer Ebene die Selbstdarstellung Brukenthals in der Peripherie.

Besonders angetan hatten es dem Baron die Statuen in den Schönbrunner Gartenanlagen. So plante er 1771, aus den steinernen Treppen des alten Hermannstädter Rathauses ebenfalls kleine Kunstwerke anfertigen zu lassen.[330] Brukenthal verfolgte die neuen Entwicklungen in der Kaiserstadt aufmerksam. Während seines Aufenthaltes 1779 hatte er das „Klein Versailles" in Wien ausführlich begutachtet und vor allem die neu angelegte römische Ruine und die Springbrunnen genau besichtigt.[331] Auch seine Gemahlin war derart

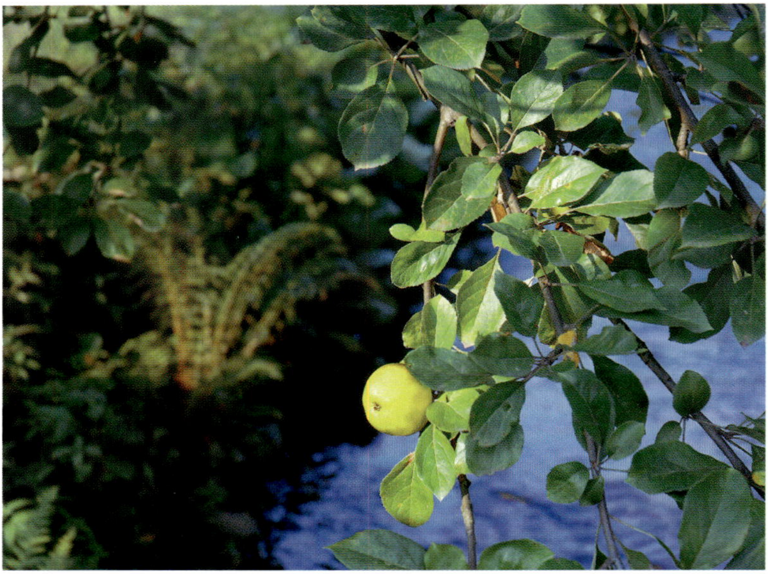

Bachlauf durch den Park

begeistert, dass man die Besuche in Schönbrunn wiederholte und Brukenthals Sekretär Theodor Herrmann wegen der Schönheit der Anlage völlig ins Schwärmen geriet.[332]

So inszenierte Brukenthal in Nachahmung von Schönbrunn in der östlichsten Provinz des Reiches adeliges Selbstbewusstsein. Das Landschloss in Freck war mit zahlreichen Ölbildern geschmückt und nach mehreren Bauphasen 1771 fertig gestellt worden.

Auch die barocke Gartenanlage war in ihrer Grundstruktur Anfang der 1770er Jahre vollendet.[333] Ein barocker Ziergarten mündete, terrassenförmig abfallend, durch eine imposante Freitreppe geteilt und mit Springbrunnen versehen, in einen Triangel-Garten. Die von Menschenhand gestaltete Anlage ging direkt in die sie umgebende Landschaft über und verschmolz den Kulturraum mit dem Naturraum. Von 1774 bis 1779 wurde im östlichen Teil des Landsitzes ein Englischer Garten angelegt.[334]

In diesem Bereich befanden sich vermutlich auch eine Eremitage, Ruinen und ein Wasserfall. Die berühmte „Schlangenkopfquelle“, die bestes Quellwasser führte, konnte nun wieder freigelegt werden. Das Wasser spielte für von Brukenthal eine entscheidende Rolle. Zahlreiche Bäche durchzogen das Ensemble von Osten nach Westen.[335]

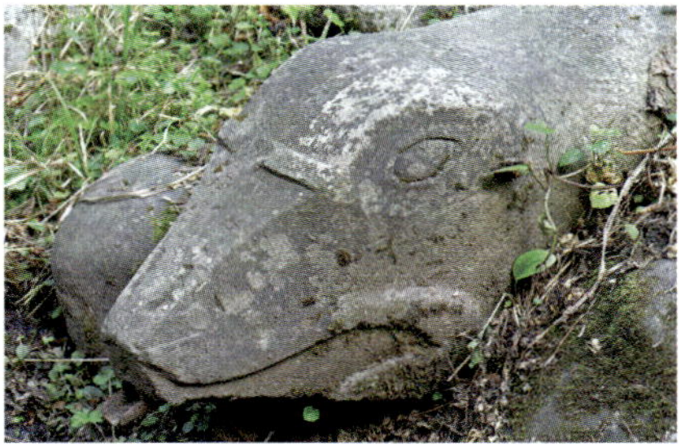

Schlangenkopfquelle

Neben den Vorbildern der kaiserlichen Barock-Gartenarchitektur war der Frecker Park demnach auch von den Englischen Gärten der Aufklärung inspiriert. Von Adeligen und Bürgerlichen ins Leben gerufen, dienten sie diesen der Umsetzung philosophischer Ideen, die ebenso der Aufklärung entsprachen wie ihrer in vielen Fällen gegebenen Zugehörigkeit zum Bund der „Königlichen Kunst“.

Grundsätzlich nahm die Gartengestaltung in der zweiten Hälfte des 18. Jahrhunderts innerhalb politischer und philosophischer Programmatik einen zunehmend wichtigen Stellenwert ein. Sie diente nicht nur der Repräsentation, sondern bot auch eine Möglichkeit, aufklärerische Ideen von den Bibliotheken weg in die Natur zu tragen und dort für alle sichtbar zu gestalten.

Wie schon C. C. L. Hirschfeld, ein Theoretiker der Gartenkunst, im Jahre 1773 formulierte, konnte ein Garten die sittlichen Kräfte der Gesellschaft heben, die Stimmung verbessern und auch das Wohlwollen gegenüber den Mitmenschen steigern.[336] Die Vorteile daraus ergaben sich nicht nur für die Gesundheit, sondern auch für das Vergnügen. Parks wurden zu einer wichtigen Bildungsinstitution der Jugend, die hier alles über Reinlichkeit und Harmonie lernen konnte. Nun bewohnten die Musen nicht nur ihre Kunsttempel, sondern hatten in der Gartenarchitektur eine weitere Heimstätte gefunden.[337]

Der englische Landschaftsgarten wurde zudem auch zum politischen Bedeutungsträger. Dem barocken Garten als Symbol für herrschaftliche Hierarchie und Tyrannei stand der englische Gartentypus als Metapher eines neuen Freiheitsdenkens gegenüber. Mit ihm wollte man demokratische Anliegen verfolgen, das heißt die Natur nicht mehr disziplinieren, sondern mehr nach ihren eigenen Gesetzen blühen lassen.[338]

Der aufgeklärte Absolutismus Josephs II. übernahm einen Teilaspekt dieses Zugangs. 1766 wurde von ihm der Prater, der kaiserliche Vergnügungsraum, der Öffentlichkeit zugänglich gemacht. Der Park wurde, wenn auch von den Behörden kontrolliert, zum Erholungsraum für das Volk.

Es waren adelige und bürgerliche Gartenbesitzer, die das neue Konzept der von England ausgehenden Naturauffassung offen aufnahmen und anwandten. Die Landschaft wurde als Spiegel der metaphysischen Welt verstanden und in Analogien dazu gestaltet. Stilpluralismus folgte republikanischen Visionen – Vieldeutigkeiten lösten Eindeutigkeit ab.

Auch in und um Wien nahm man den Trend auf. Moritz Graf von Lacy, Freiherr Gideon von Loudon, Philipp Graf Cobenzl, Prosper Graf Sinzendorf, Georg Graf Starhemberg, Johann Baron Fries und Peter von Braun waren jene aufgeklärten Geister, die den Park als Naturkulisse ihrer Weltanschauungen betrachteten. Gleichzeitig verwandelten sich die sich selbst inszenierenden fürstlichen Mäzene in bescheidene Philosophen und fleißige Gärtner.[339]

Die Anlegung des ersten Englischen Gartens in Österreich wurde 1766 unter Graf Lacy (1725-1801) in Neuwaldegg begonnen.[340] Er diente dem Feldherrn nicht als Bühne seiner Heldentaten, sondern als Refugium vor dem strengen Hofzeremoniell und den disziplinreichen Repräsentationen. Der Luxus, wie er vom Adel und dem Kaiserhaus nach außen zur Schau gestellt worden war, um symbolisches Kapital zu schlagen, wurde nun versteckt. Eine neue Bescheidenheit dominierte den *genius loci*. Verschlungene Wege führten zu mehreren, demokratisch verstandenen Punkten eines Raumkonzeptes, das man sich durch Bewegung erwandern musste.[341]

Johann Philipp Cobenzl (1741–1810) ließ ab 1773 am Reisenberg im Wienerwald einen Naturgarten über den Dächern der Stadt anlegen. Er verband dabei sein Projekt mit einer modernen Landwirtschaft und einer Meierei, deren Produkte in ganz Wien begehrt waren.[342]

Lacys und Cobenzls Landschaftsgärten standen nicht nur ideengeschichtlich in engem Zusammenhang, sondern auch real. Von Cobenzls Park aus konnte man in einer Sichtachse direkt zu Lacys Jägerhaus hinüberblicken. Cobenzl kultivierte Heilkräuter in seinem Gemüsegarten und besaß sogar eine Jauchegrube mit Pumpe.[343] Weiters gab es hier eine Grotte, in der ein Wasserfall rauschte.

Wolfgang Amadeus Mozart, der sie im Jahre 1781 besuchte, war begeistert und schwärmte von ihr.[344] Nicht zufällig fanden Gartenarchitekturen in seiner Opernkulisse für die Zauberflöte eine symbolische Umsetzung. In der Initiation Paminos und Taminas standen auch die Ideale der Freimaurerei Pate. Vor dem Hintergrund von Wäldern, Grotten und Tempeln führte der Weg von der Finsternis zu Sarastro, dem Priester des Lichts. Dass Mann und Frau gleichwertig den Weg der Einweihung gehen durften, war das revolutionäre Element.

Dass die Königin der Nacht dabei geopfert wurde, zeigt bereits das Scheitern eines aufklärerischen Gleichheitsprinzips. Das Dualitätsprinzip von Tag und Nacht, von Emotion und Rationalität, zerfiel vor der Kulisse seines eigenen Anspruches. Nur in der Anerkennung der Herrschaft des männlich gedachten Lichts und in der Vernichtung der weiblich zugeordneten Finsternis durfte Pamina Taminos Partnerin im freimaurerischen Bund werden. Was auf der Bühne als Freiheits- und Erkenntnis-Utopia vor der gewaltigen Natur- und Gartenarchitektur inszeniert wurde, warf in Wirklichkeit bereits den Schatten der Vergeblichkeit.

In den realen Gartenlandschaften aber existierten Licht und Schatten gleichberechtigt nebeneinander. Bäume waren dabei willkommene Stilelemente. Ein prachtvoller Tulpenbaum in der Wienerwald-Parklandschaft von Cobenzl erweckte im Jahr 1798 die besondere Aufmerksamkeit eines noblen Besuchers: Graf Zinzendorf.[345] Mit derartigen Prunkstücken konnte aber auch Transsilvanien aufwarten. Man findet in Freck noch heute Exemplare dieser seltenen Art, die als imposante Naturdenkmäler eine zweihundertjährige Ge-

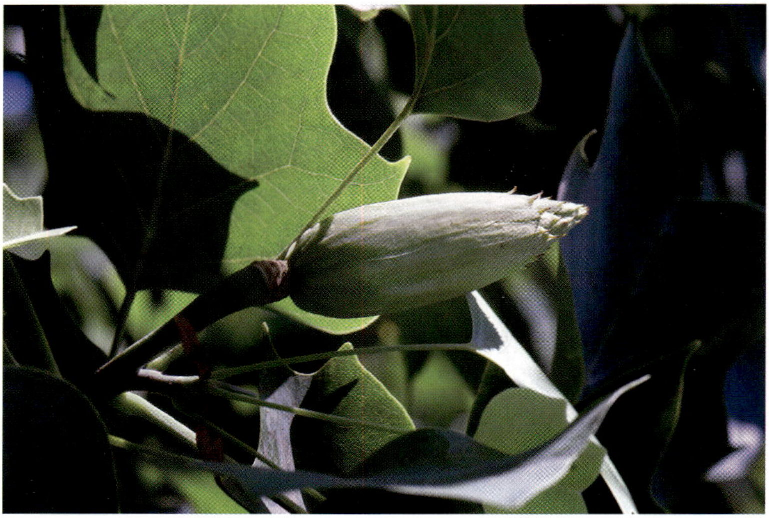

Tulpenbaumblüte in Freck

schichte erzählen. Symbolische Sichtachsen führen demnach weit über die realen Grenzen hinaus.

Die Lobeshymnen über das neue Naturverständnis wurden nicht nur in Musik, sondern auch in Poesie verpackt und von den Logenbrüdern Aloys Blumauer und Joseph von Hammer-Purgstall in lyrischer Form besungen.[346] Freiherr Peter von Braun errichtete ab 1796 in Schönau bei Baden in seinem Garten den berühmten „Tempel der Nacht". Der „Tempel der Weisheit" in Mozarts Zauberflöte fand, von der Bühne weg in die Wirklichkeit transferiert, seine didaktische Aufgabe.

Die Wechselbeziehungen von Bühnenarchitektur und Landschaftsgestaltung waren von den gleichen Ideen getragen. Als 1795 in Laxenburg der „Concordia-Tempel" erbaut wurde, spiegelte sich darin der Wunsch nach Eintracht und Frieden – also nach jenen Prinzipien, die durch das Licht der Aufklärung in breiten Bevölkerungskreisen ihre Wirkung tun sollten.[347]

Derart entstand eine Wechselbeziehung zwischen der philosophischen Theorie der Aufklärung, den freimaurerischen Idealen und den künstlerischen Konzeptionen von Gartenanlagen. Die Natur wurde als Gestalterin der Welt betrachtet – nicht mehr der Herrscher.[348]

Jean Jacques Rousseau hatte diesen Trend durch seinen Entwicklungsroman *Emile*, der 1762 erstmals erschienen war, wesentlich forciert. Menschliches Wachstum sollte sich wie die freie Natur entwickeln können. Bäuerliche Idyllen spielten daher als Sehnsuchtsorte eine wichtige Rolle. Der Landkult spiegelte sich in den Gärten wieder. Hameaus, künstlich angelegte Weiler, versteckten sich ebenso zwischen Bäumen wie Alpenhütten oder Schweizerhäuser. Neben der Lust am Naturgenuss wurde die Arbeit selbst zum Gegenstand des Garten-Erlebnisses.[349] Einsiedeleien symbolisierten eine auch religiös verstandene Naturverbundenheit sowie die Bescheidenheit des fürstlichen Philosophen. Sie waren Hinweise für die Suchenden, den Weg der persönlichen Vervollkommnung in Stille zu beschreiten. Joseph Hammer besingt sie in seinem Gedicht: „Selig die Einsamkeit! Sie nährt und erzieht die Geister und der Weise durchforscht in ihr die Geschichte der Menschen."[350]

Derartige Kleinarchitekturen, so genannte *fabriques*, boten daher nicht nur stilistische Abwechslung, sondern verwiesen auf dahinter liegende Bedeutungsebenen. Sie führten in den freimaurerischen Garten die Besuchenden zu Orten von Emotionen, historischen Analogien oder literarischen Anspielungen.[351] Als bewusst gesetzte Symbole markierten sie Wegweiser durch die Landschaft, die als Hilfe durch das Leben geleiteten und durch die Außenschau zur Innensicht einladen wollten. Ein philosophisch verstandener Lehrpfad führte durch die Geschichte, aber ebenso zu den Initiationspfaden der nach Erkenntnis Strebenden.

In europäischen Gartenarchitekturen der zweiten Hälfte des 18. Jahrhunderts wurde dieses Prinzip in vielfacher Weise genützt und erhielt durch die masonische Ausrichtung ihrer Gestalter eine zusätzliche Bedeutungsebene. Derart konnte ein Spaziergang durch eine Parkanlage nicht nur der Erbauung dienen, sondern bei freimaurerischer Schulung auch den Blick, das Wissen und die Erfahrung für das große Ganze schärfen.[352]

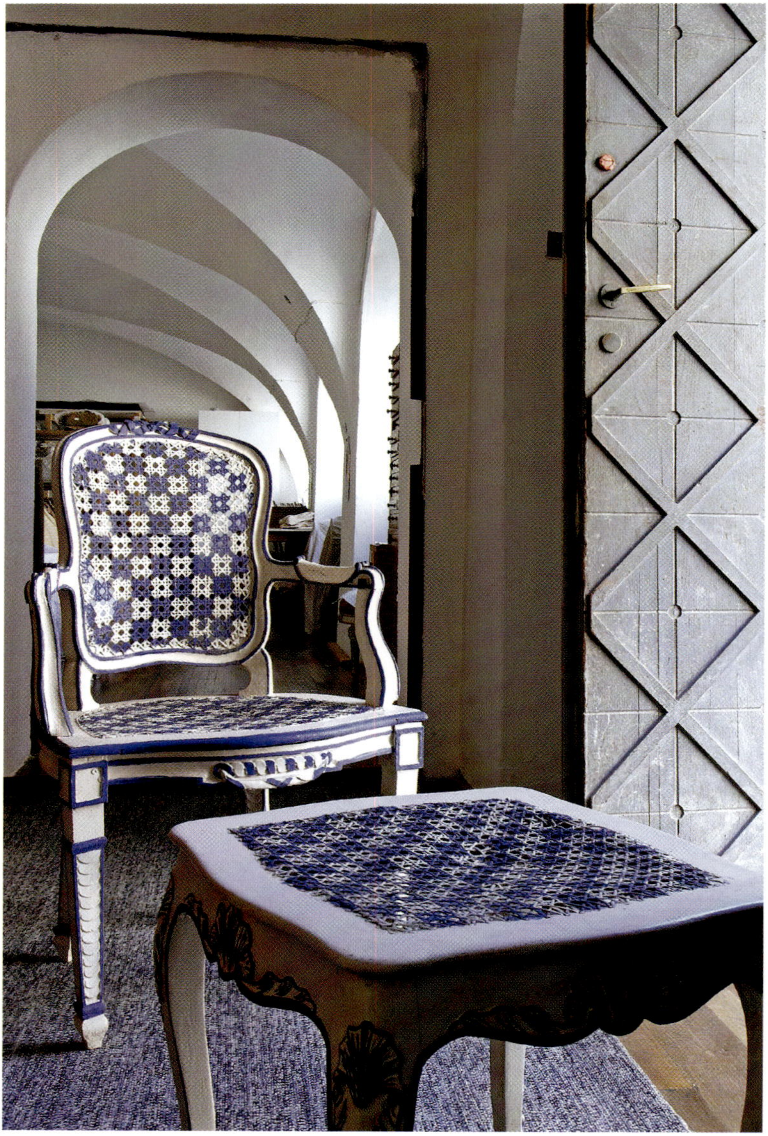

Gartenmöbel für Freck

Samuel von Brukenthal muss sich eingehend mit Gartenarchitektur und ihren diversen Strömungen beschäftigt haben, da in seiner Bibliothek wichtige Werke zum Thema zu finden sind.[353] Sein Park weist in seiner spätbarocken Gestaltung Parallelen zu jenem von Schönbrunn auf, führt aber durch die Verwendung romantischer und klassizistischer Formsprachen weiter.[354] Die Abteilung des Englischen Gartens mündet direkt in die romantischen Gärten der Aufklärung. Mit dem Pionier des Englischen Gartens in Österreich, Graf Lacy, stand er auch in persönlichem Kontakt. Da es bei der offensichtlich anspruchsvollen Pflege der Pflanzen immer wieder zu Problemen mit dem Gärtner gekommen war, ließ er einen Spezialisten, der im Dienste des Grafen von Lacy gestanden hatte, von Wien nach Freck kommen.[355]

Brukenthals Garten umfasste, ganz dem Stilpluralismus der Aufklärung folgend, verschiedene Abteilungen: einen französisch inspirierten Ziergarten, einen Englischen Garten, einen mit Büschen versehenen Fasanengarten und einen holländischen Garten mit Küchenkräutern.[356] Dieser war mit zahlreichen Blumen und fremdländischen Gehölzen geschmückt.

Ein chinesisches Lusthaus[357] sorgte für exotischen Charakter und folgte damit der internationalen Mode der Zeit. Graf von Lacy hatte in Neuwaldegg in den 1770er Jahren einen kleinen chinesischen Pavillon sogar als Zentrum seiner Anlage und als Symbol der Freiheitsliebe errichten lassen.[358] 1782 von Jakob Schmutzer in seinen Kupferstichtafeln dokumentiert, konnte Lacys Garten für andere als nachahmenswertes Beispiel fungieren.[359]

Die kleinen, neu gebauten Ruinen in Freck hatten ihre Pendants sowohl im kaiserlichen Schönbrunner Schlossgarten als auch im Garten des Grafen Lacy, der nach aufklärerischen Prinzipien angelegt war. Ruinen waren beliebte *fabriques* in den gestalteten Landschaften. Sie luden zur Reflexion über die Geschichte ein und wurden zu Symbolen einer Synthese von Vergangenheit und Gegenwart.[360] Hinweise auf die Vergänglichkeit in Form des *memento mori*-Motivs erscheinen in mehrfachen Anspielungen. Die Eremitage sowie die zahlreichen Springbrunnen und Wasserwege sorgten nicht nur für

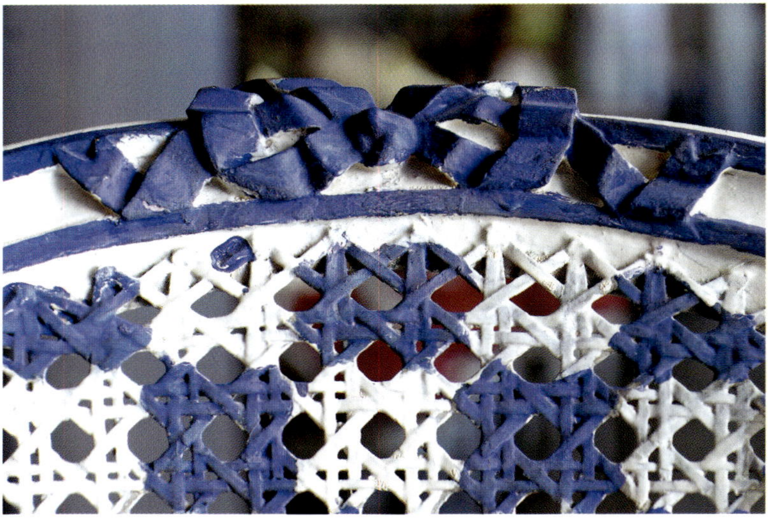

Schleifenverzierung an einem Sessel

gartenarchitektonische Abwechslung. Sie könnten ebenso wie ihre österreichischen Pendants oder jene im süddeutschen Schwetzingen als Symbole des freimaurerischen Stufenweges zur Erkenntnis interpretiert werden.

Brukenthals Gartenanlage folgte der Vielfalt europäischer Strömungen, die er über Wien sowie durch das Studium einschlägiger Literatur und persönlichen Austausch kennen gelernt und in die Peripherie transferiert hatte. Zwischen Trend und Tradition realisierte er nützliche Schönheit. Seltene Pflanzen, große Aloen, Kaffeebäume und Zuckerrohr waren in seinem Garten ebenso vorhanden wie Heilkräuter und Beerensträucher.[361] Neben den langen Lindenalleen wuchsen an den Mauern Obstbäume, für die der Baron eine besondere Vorliebe hegte. Es gab 40 verschiedene Arten von Pfirsichen sowie 95 Birnen- und 17 Apfelsorten.[362] Manche von ihnen sind erst durch Brukenthal – oft über Wien – in der Region eingebürgert worden. Sein Vorbild machte Schule. Ihren Schwager nachahmend, experimentierte Regina von Brukenthal in Leschkirch mit verschiedenen Obstkulturen.[363]

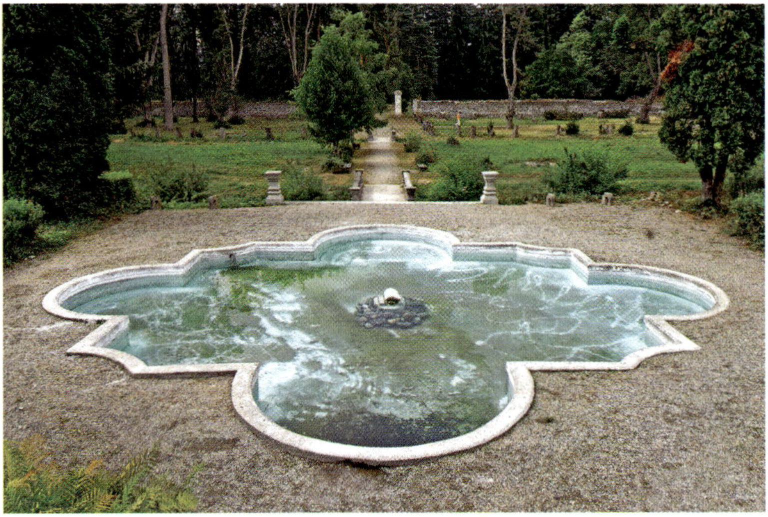

Fontainebecken in Freck

Insgesamt wuchs und gedieh in Freck ein buntes Gemisch aus Datteln, Zitronen, Orangen, Ananas und den unterschiedlichsten Gemüsesorten. Es gab ein ausgeprägtes Mischverhältnis zwischen so genannten „Kuchelkräutern" – also den Nutzpflanzen – und seltenen Ziergewächsen. Sie schmückten nicht nur die Tafel des Gouverneurs, sondern wurden auch auf den Hermannstädter Märkten feilgeboten und gelangten so in die Küchen anderer sich sozial etablierender Bürger. Wichtig für gutes Gedeihen der Pflanzen waren Treibhäuser.

Es gab kleine wie große Glashäuser sowie eine eigene Orangerie.[364] Sie beherbergte über tausend Pomeranzen- und Lemonen-Bäumchen, die Hermannstädter an die fünfhundert.[365] Das Spezielle aber war ihre Beheizung: Die Orangerie besaß keine Öfen, sondern warme Röhren, die im Inneren rundherum geführt wurden und so für ein ausgewogenes Klima sorgten.[366]

Die aus dem Jahre 1779 existierende Schilderung des Gartens in Freck gibt einen guten Überblick über die damals vorhandenen Gebäude: „Außerdem hat der ganze Garten durch eine zierliche, am Ausgang befindliche Gloriette, durch das neue Ananas- und daranstoßende Pfirsichen-Treibhaus, durch eine bei dem Wasserfall erbaute Eremitage und durch viele andere auf allen Seiten angebrachte zierliche Ruheplätze den höchsten Grad der Schönheit erhalten.“[367]

Die künstlichen Ruinen waren derart naturgetreu nachgemacht, dass man um ihren Zusammenbruch fürchten musste. Durch ihr Tor aber sprudelte munter ein Wasserfall.[368] Ein vom Gebirgsbach künstlich abgetrennter Mühlbach war wichtiges Gestaltungsmittel und durchzog das gesamte Areal.[369] Über zierliche Brücken gelangte man von den Kleinarchitekturen über Aussichtspunkte, die den Blick in die Weite der Landschaft führten, zur Freitreppe. Es waren Stufen in den Kosmos der Natur; Schritte, die in die gedankliche Freiheit führten und zu den Metamorphosen von Verwandlung und Erneuerung.

Eine „Schlangenkopfquelle“, die das beste Quellwasser ganz Siebenbürgens verströmte, könnte in diesem Sinne verstanden worden sein. Wasser stand immer schon für Reinigung. Die Schlange hat zudem im freimaurerischen Hochgradsystem eine wichtige Bedeutung, wo sie als „Ritter von der Ehernen Schlange“ existiert.[370] Hier galt sie unter anderem auch als Symbol der Heilung von physischen und sozialen Schäden und stand für innere und äußere Befreiung.[371] Als Uroborus, als Schlange, die das eigene Ende umfasst und damit einen Kreis bildet, stand sie für die Zeit, für die Ewigkeit und für die Unsterblichkeit. In der Alchimie galt sie als Metapher für die sich wandelnde Materie.[372] Ein einfacher Gang zur Quelle konnte mit derartigen Kenntnissen zu Doppeldeutungen und neuen Lesarten alter Geschichten in die Parallelwelten eines aufklärerisch-freimaurerischen Verständnisses führen.

Alles, was im Land Rang und Namen hatte, durfte dieses kleine Paradies in Freck genießen. In der Natur konnte man Selbstherrlichkeit und steife Etikette ablegen und Gespräche von Gleich zu Gleich führen, wie Theodor Herrmann, Brukenthals Sekretär, begeistert feststellte.[373]

Das philosophisch gedachte egalitäre Prinzip erfuhr praktische Anwendung. Im freimaurerischen Verständnis war die Erfahrung wesentlicher Bestandteil von Erkenntnis. Die Reise eines Lebens

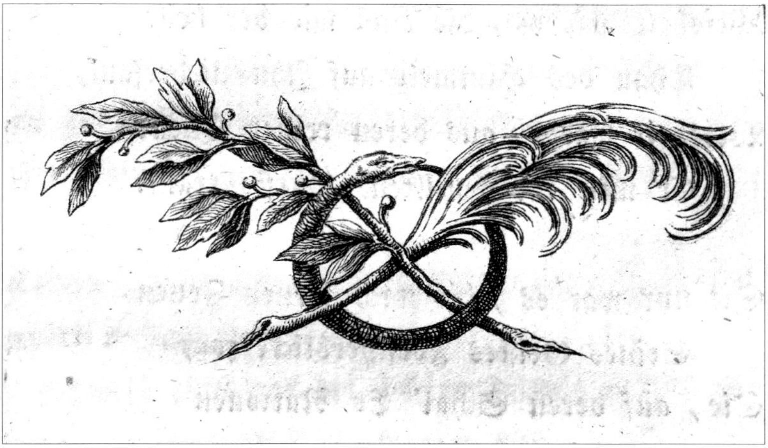

Uroborus: Illustration in einer Freimaurerschrift

gestaltete sich als Wanderschaft. Auch im Garten wanderte man zwischen Blumen und Früchten, die am Abend die Festtafel zierten. Die Natur als Lehrmeisterin des Schönen, aber auch des Nützlichen, verfeinerte die Sinne. Sie offenbarte so das Geheimnis der Weisheit und war Spiegel eines größeren Systems.

Alle Besucher und Besucherinnen genossen das Siebenbürgische Eden – manche sicher durchaus im metaphorischen Sinn. Andere lauschten nach dem Diner einfach der Musik, spielten Schach und Trick track – eine Vorform von Backgammon – oder bewunderten das Feuerwerk, das der Baron für seine Gäste veranstaltete.[374]

Die Königin der Nacht

„Es ist das Glück der Welt
in dieser Blum zu sehen …“[375]

Die berühmteste Pflanze der kunstvoll angelegten Gärten und gleichsam der Höhepunkt der Sammelleidenschaft Samuel von Brukenthals in seinem Landsitz in Freck war ein Kaktus, den man *Cereus serpens* oder auch *Cereus splendens* nannte.[376] Er kam aus Amerika und hatte seinen Namen von seiner beeindruckenden schlangenförmigen Gestalt erhalten. Die Blume blühte nur einmal im Jahr und dann nur für eine Nacht. In diesen kurzen Stunden aber entfaltete sie ihre zarten weißen Blätter, die einen hellen Kelch umgaben. Sie verströmte einen intensiven Duft, der an verschiedenste Gewürze erinnerte, jedoch stark der Vanille glich und alle Zimmer erfüllte.[377]

Theodor Herrmann schilderte diese Sensation im Jahre 1779 mit großer Begeisterung: „Die Blume ging etwa um 8 Uhr abends auf in der Größe und Gestalt einer Sonnenblume von der kleinsten Gattung, von unendlich zärtlichen Blättern, von der Sonnenblume darin unterschieden, daß sich noch in der Mitte ein hellweißer Kelch, wie der Kelch einer weißen Lilie, erhub, der wegen seiner Schönheit nicht genug gesehen und bewundert werden konnte.“[378] Am nächsten Morgen aber war die Pracht vorüber und der Zauber gebrochen. So war ihr Anblick gleichzeitig ein Symbol der Vergänglichkeit.

Auch der Buchdrucker und Verleger Martin Hochmeister der Jüngere besaß in seinem Gewächshaus diese – wie sie zu Deutsch genannt wurde – „Königin der Nacht“. Wenn im August das Aufblühen des Kaktus anstand, verständigte Hochmeister sogleich Freunde und Bekannte. Die Pflanze wurde auf einen Tisch gestellt und mit Windlichtern umgeben. Geduldig wartete man auf das um zehn Uhr abends eintretende Ereignis.[379]

An der „Königin der Nacht“ zeigt sich die europäische Dimension persönlicher Verbindungen, Zeitströmungen und Leidenschaften. Die Botanik war im 18. Jahrhundert noch eng mit der Medizin ver-

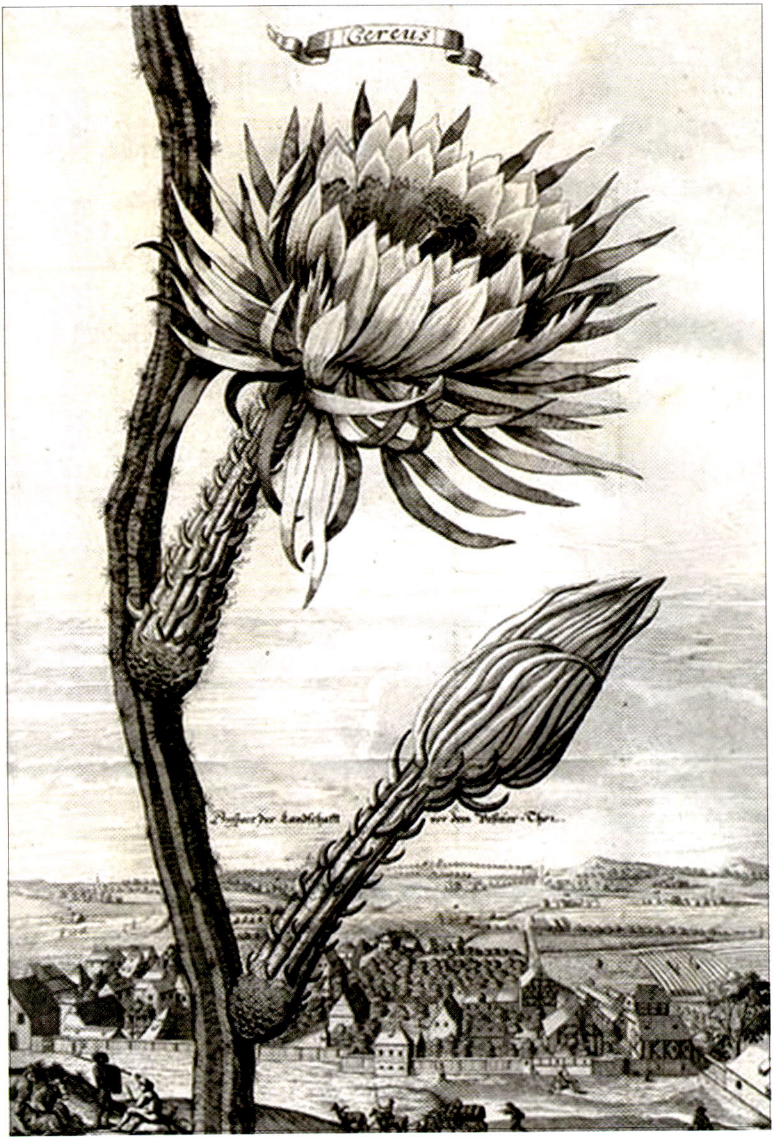

Königin der Nacht

knüpft. Einer ihrer wichtigsten Repräsentanten war Hermann Boerhaave (1668–1738), Professor der Medizin und Botanik und – ebenso wie der spätere Leibarzt Maria Theresias, sein Schüler Gerard van Swieten (1700–1777) – in Leiden in den Niederlanden tätig.

Auf die Empfehlung van Swietens – der nicht nur für die Gesundheit des Herrscherhauses, sondern auch für die Universität zuständig war – wurde dessen Landsmann Nikolaus Joseph Freiherr von Jacquin (1727–1817) vom Kaiser 1754 beauftragt, eine der ersten großen Expeditionen nach Westindien zu leiten und in der Folge die Direktion über die Schönbrunner Gärten zu übernehmen. Mit Jacquin begann das „Goldene Zeitalter der Botanik" in Wien. Seine Freundschaft zu dem Schweden Carl von Linné, dem Pionier der Systematisierung der Pflanzenwelt, führte auch in Wien zu neuer wissenschaftlicher Vereinheitlichung.[380]

Hermann Boerhaave beobachtete das Erblühen der „Königin der Nacht" bereits 1709 und geriet darüber ganz in Verzücken: „Diese Pflanze, mit einer bewundernswerten Blüte ausgezeichnet, fiel uns durch ihre Gestalt im Jahre 1709, den 17. August, auf. (...) Am Abend des siebten Tages begann sich die behaarte Knolle in zahlreiche weißsilbrige Blütenblätter auszubreiten, die gefolgt wurden von den goldenen Strahlen des Kelches, in dessen Mitte sich eine Reihe von Staubblätter aufrichteten – mit prächtigem und ausgezeichnetem Schmuck. Dieser verströmte freilich einen aromatischen Duft, der sich mit anderen – soweit ich mich erinnern kann – in Quantität und Qualität nicht vergleichen lässt."[381] Bereits vier Jahre zuvor, 1705, hatte das Erblühen eines Exemplars den Nürnberger Hobby-Botaniker Johann Christoph Volkamer zu lyrischen Hymnen verleitet:

„Es ist das Glück der Welt in dieser Blum zu sehen,
um die es leyder ist im besten Flor geschehen,
die, wann sie schönstens blüht, im Augenblick verblüht,
und ihrer Blätter Pracht, verdorrt zusammen zieht".[382]

Die „Königin der Nacht" wurde zur Metapher der Gegensätze von vitalster Schönheit und schneller Vergänglichkeit. In der Sprache der

Botanik trug sie bis zur Mitte des 18. Jahrhunderts unterschiedliche längere Bezeichnungen.[383] Mit der Linnéschen Reform der botanischen Nomenklatur 1753 erhielt die Pflanze erstmals den Namen *Cactus grandiflorus*. Heute ist sie unter der Bezeichnung *Selenicereus grandiflorus* geläufig, wobei griechisch selene „Mondschein", lateinisch *grandiflorus* „großblütig" und *cereus* „Säulenkaktus" bedeutet.[384]

In Europa war sie im 18. Jahrhundert eine absolute Rarität; in Wien gab es bis ins 19. Jahrhundert vermutlich überhaupt kein Exemplar.[385] Die früheste bisher nachgewiesene Erwähnung in der Hauptstadt, die immerhin Zentrum des Heiligen Römischen Reiches Deutscher Nation und der Habsburgermonarchie war, findet sich erst im privaten Samenverzeichnis des Freiherrn Carl von Hügel aus dem Jahre 1832.[386] Bis ins Jahr 1793 lassen sich in den großen Werken Nikolaus Joseph von Jacquins, seit 1768 Direktor des Botanischen Gartens in Wien und wissenschaftlicher Leiter der kaiserlichen Gärten in Schönbrunn, noch nicht einmal Erwähnungen der „Königin der Nacht" ausmachen.[387]

Für 1692 lässt sich erstmals eine Abbildung in der *Phytographia* des britischen Botanikers Leonard Plukenet nachweisen, die sich auf ein im englischen Hampton vorhandenes Exemplar bezieht.[388] Aus dem Jahr 1708 findet sich schließlich ein Kupferstich in den *Nürnbergischen Hesperides* des Johann Christoph Volkamer, der den Cereus aus seinem Garten abgebildet hat. Erst 1709 befand sich ein lebendes Exemplar der „Königin der Nacht" in Leiden. 1737 gab es ein weiteres Exemplar im Hartecamp bei Haarlem in den Niederlanden und 1748 eines in Uppsala.[389]

Über den Weg der Pflanze nach Westeuropa beziehungsweise weiter nach Hermannstadt lassen sich nur Vermutungen anstellen. Denkbar ist, dass der deutsche Ingenieur und Geograph Georg Marcgrave die Pflanze von seiner Reise nach Brasilien mitbrachte.[390] Möglich ist auch, dass sie auf einer der Reisen des Botanikers Charles Plumier von Mittelamerika nach Europa gelangte. Jedenfalls bestehen erwiesenermaßen Verbindungen zwischen Charles Plumier, Carl von Linné und den Botanikern in Leiden – da letztere jeweils Exemplare der Pflanze besaßen – sowie zwischen diesen und den

Botanikern in Wien, wo die Pflanze scheinbar noch unbekannt war.

Dass Samuel von Brukenthal und Martin Hochmeister der Jüngere in einer Provinzialhauptstadt im östlichsten Teil der Habsburgermonarchie die „Königin der Nacht" besaßen, zeugt mithin von hervorragenden Verbindungen und besonderem Interesse. Der Name Brukenthal sollte in der Botanik später ebenfalls eine Rolle spielen, da 1831 nach ihm sogar eine Pflanze benannt worden ist: die „Bruckenthalia". Dabei handelt es sich um ein rot blühendes Heidekrautgewächs (*Ericaceae*), das in den siebenbürgischen Bergen endemisch ist.[391] Zwischen Exotismus und Regionalismus fächert sich somit auch in diesem Zusammenhang das breite Spektrum eines Naturliebhabers auf.

Die Brukenthalschen Gärten waren zu ihrer Zeit für ihre Artenvielfalt berühmt. Insgesamt wurden 1803 im Nachlassinventar des Barons hundertfünfzig amerikanische Pflanzen genannt.[392]

Brukenthal hatte die Pflanzen, wie so oft, über Wien bezogen. Von hier hatte Joseph II. zudem spezielle Expeditionen nach Amerika und Afrika geschickt, die exotische Pflanzen sammeln sollten. So war zum Beispiel 1783 erneut eine Expedition nach Amerika abgegangen und 1785 mit reichhaltigem Material erfolgreich zurückgekehrt.

Interessanterweise war die Reise von der Wiener Eliteloge „Zur Wahren Eintracht" unter Leitung Ignaz von Borns angeregt und sein Logenbruder Joseph Märter sowie dessen Gärtner Franz Boos vom Kaiser über den Atlantik gesandt worden.[393] Professor Märter war Lehrer der Naturgeschichte und Ökonomie am Wiener Theresianum. Da aus dem Jahre 1787 ein ausführliches Verzeichnis amerikanischer sowie vorder-, zentral-, ost- und südostasiatischer Pflanzen und Sträucher in Freck existiert[394], könnte Brukenthal über die Brüder durchaus mit Neuzuwachs versorgt worden sein.

Das siebenbürgische Eden

„Die Schönheit des hiesigen Gartens,
welcher in hundertfältiger Beziehung
das siebenbürgische Eden heißen kann…“[395]
Theodor Herrmann 1779

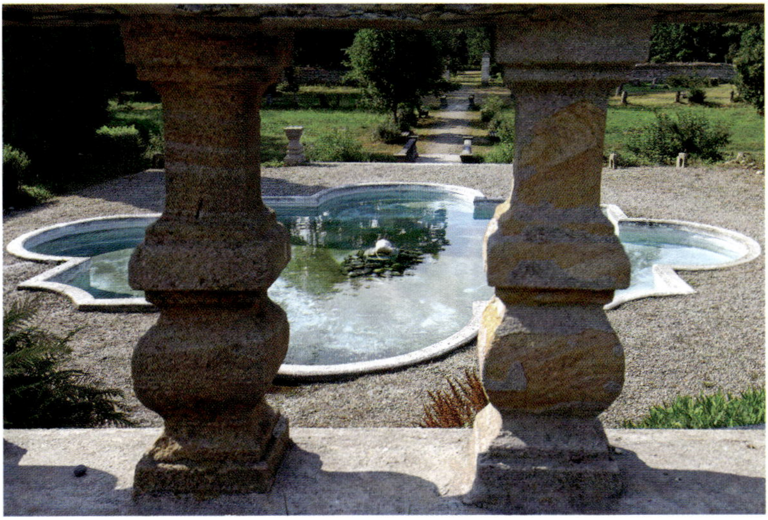

Fontainebecken im „Siebenbürgischen Eden“

Über den Park in Freck waren Besucher und Besucherinnen begeistert, und viele von ihnen fühlten sich zu Lobeshymnen angeregt. Logenbruder Seipp setzte ihm 1793 ein verbales Denkmal, indem er schrieb: „Seltene Weinreben bilden Schattengänge, fruchtbringende Gesträucher verleiten auf Irrwege, ein angenehmer Park führt seitwärts, man hat soviel Reize zum Verweilen, dass man verhindert wird, die seltensten Früchte und Gewächse der entferntesten Welttheile, welche hier versammelt worden sind, gehörig zu betrachten.“[396]

Im Jahre 1779 schwärmte Johann Theodor Herrmann, der seit drei Jahren Brukenthals Sekretär und bis zu seinem Tod 1790 auch seine rechte Hand war,[397] über seinen dortigen Aufenthalt: „Die Schönheit des hiesigen Gartens, welcher in hundertfältiger Beziehung das siebenbürgische Eden heißen kann, die unumschränkte Gnade seines erlauchten Besitzers gegen mich und die unaufhörliche Zerstreuungen, deren eine der anderen die Hand giebt, wiegen mich aus einem Vergnügen in das andere ein."[398]

Der Begriff des Paradieses wurde auch in Bezug auf einen Wiener Garten der Aufklärung, jenen des Grafen Cobenzl, bemüht. Der Literat Alois Blumauer war mit seinen Schriften fleißiger Propagandist freimaurerischer Ideale und besang Cobenzls Schöpfung im Wienerwald: „Nicht so der Ort, Erlauchter, den dein Ruf / Zu einem zweiten Eden schuf".[399] Im freimaurerischen Selbstverständnis ging man davon aus, dass das Goldene Zeitalter zurückkehren würde, wenn die Tugenden der „Königlichen Kunst" von allen gelebt würden.[400]

Gärten standen im wirtschaftlichen, sozialen und politischen Transformationsprozess des 18. Jahrhunderts für die Sehnsucht nach einer heilen Welt. Sie galten als begehbare Landschaften, in denen die Seele Heimat fand, der Körper Genuss und die Gedanken Freiheit. Die sinnliche Erfahrung der Wanderung durch einen natürlichen, wenngleich von Menschenhand gestalteten Raum wurde, wenn man die Wahrnehmung dafür schärfte, auch zu einem Weg der Einweihung in das Mysterium des Seins. Zwischen den paradiesischen Gefilden des Sehnsuchtsortes verlorener Vergangenheiten führte der Weg zu den Zukunftsräumen – der Gestaltbarkeit von Visionen.

Im freimaurerischen Sinn bezogen sich diese auf die Machbarkeit der – wie die Brüder es nannten – „allgemeinen Glückseligkeit". Diese war nur durch Einhalten des Tugendkanons, durch Anwendung der Vernunft und durch beständige Arbeit zu erreichen. Weisheit und Natur galten als Wegweiserinnen.[401]

Gartenarchitekturen wurden in diesem Zusammenhang zu gestalteten Ideen, deren Sinn in der doppelten Bedeutung lag. Gebäude wie Eremitagen, Grotten, Tempel oder Ruinen waren Trägerinnen von Inhalten, deren Deutung jenen oblag, die dazu bereit waren, den Weg der Erkenntnis zu beschreiten. Das Begehbarmachen des philo-

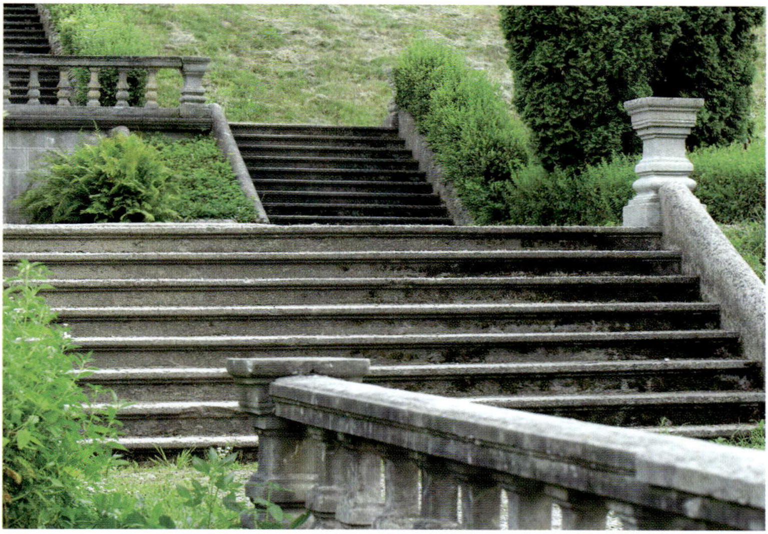

Freitreppe in „Klein Schönbrunn"

sophischen Lehrpfades durch einen Garten – Brücken und Wege spielten dabei eine entscheidende Rolle – machte den Naturraum zu einer emotionalen Erfahrung, die das Denken in den Horizont des Körpers einschrieb.

Für alle sichtbar – jedoch nicht von allen deutbar – wollten masonische Gestalter mit ihren Werken für die Gegenwart Prozesse auslösen, in die Zukunft hinein Zeichen setzen und der Nachwelt ein gesellschaftspolitisches Erbe hinterlassen. Zwischen nützlichem Inhalt und ästhetischer Form markierten sie ihre Spuren. Insofern waren auch Gärten Bestandteil jener Architekturen, die als metaphorische „Tempel der Humanität" verstanden werden konnten.

Der Park von Freck kann mit seinen diversen Ausrichtungen und Inhalten mentalitätsgeschichtlich in einem vielschichtigen gesellschaftlichen Kontext interpretiert werden: Jenem des Stilpluralismus der Aufklärung, der symbolischen Repräsentanz eines Aufsteigers und möglicherweise der Umsetzung eines freimaurerischen Wertekanons.

Auch in Hermannstadt war es im Laufe des 18. Jahrhunderts

von vornehmeren bürgerlichen Bevölkerungsschichten zunehmend zu einer Übernahme adeliger Garten- und Parkkultur gekommen. Richtlinie der bürgerlichen Gartengestaltung war jedoch neben der repräsentativen vor allem die ökonomische Ausrichtung. Da der Gouverneur mit seinen Finanzmitteln über dem siebenbürgischen Durchschnitt lag, konnte er seine Mittel auch zur Realisierung einer besonderen Kunstfertigkeit verwenden.

Dieses „Paradies auf Erden“ diente nicht nur dem Vergnügen oder der optischen Schönheit und dem persönlichen Nutzen des Besitzers, sondern intendierte durch seinen experimentellen landwirtschaftlichen Charakter sowie durch die Erweiterung des pflanzlichen Sortiments – sei es beim Obst- oder Gemüseanbau – eine allgemeine Verbesserung regionaler Gegebenheiten und sollte damit Nachhaltigkeit gewährleisten.

Brukenthal wollte für sein Land positive Beispiele und innovative Akzente setzen. Tatsächlich gelang es ihm, sowohl beim Kartoffel-, als auch beim Kleeanbau eine Vorreiterrolle zu spielen und verschiedene Obstsorten in Siebenbürgen heimisch zu machen. Freck spiegelte somit nicht nur einen politischen Utilitarismus, sondern auch die angewandte Theorie freimaurerischer Prinzipien wider, am Bau einer humaneren Welt mitzuwirken. In diesem kosmopolitischen Verständnis war die Peripherie durch den Baron direkt an die Zentren der aufklärerischen Welt angebunden.

Als Nachahmer eines Trends und experimenteller Umsetzer wurde er zum regionalen Vorreiter. Der Modellcharakter beinhaltete ein Verantwortungsgefühl für die Mitmenschen und die Nachwelt; er konnte im Strukturwandel des Landes wichtige Impulse setzen.

Die Parkanlagen der Aufklärung überzogen Europa wie der Versuch, Träume in die Wirklichkeit zu holen. Freimaurer waren diesbezüglich besonders ehrgeizig und realisierten die unterschiedlichsten Visionen, die von der Nachahmung des antiken Klassizismus, des vitalen Hedonismus bis hin zum ägyptischen oder heidnischen Mystizismus führten.

Roßwald/Slezské Rudoltice bei Jägerndorf/Krnov im damaligen Österreichisch Schlesien und heute in der Tschechischen Republik war ebenfalls eine Mischung aus adeliger Spielerei und phantastischer Phantasie ihres Begründers.

Ihr Gestalter war der Reichsgraf Albrecht Joseph von Hoditz (1706–1778), der das maurerische Licht von Breslau nach Wien gebracht und die Loge „Aux Trois Canons“ gegründet hatte. Vollkommen verschuldet, war er durch die Heirat mit der um 22 Jahre älteren und verwitweten Sophie, geb. Prinzessin von Sachsen-Weissenfels, zu ansehnlichem Vermögen gelangt. Dieses investierte er in die Gestaltung eines „Wundergartens“, der selbst so hohe Gäste wie den Literaten Voltaire und den preußischen König Friedrich II. sah.[402] Hier gab es chinesische Anlagen und eigene Druidenhaine. In einem Felsenkeller ließ der Graf die christliche Passionsgeschichte durch bewegliche Automaten darstellen und eine Liliputstadt errichten. Bei Festen arbeiteten künstliche Kobolde bei bengalischer Beleuchtung in einem Bergwerk. Die Kuhställe fasste Hoditz in Marmor, und die Tiere wurden von griechisch gekleideten Mägden gemolken. Ein Serail ließ zudem jeglicher Phantasie freien Lauf. Das Theater war dem späteren Hofschauspieler und Freimaurer Heinrich Friedrich Müller überantwortet. Heidnisch-bacchantisches Leben erfüllte das Gesamtkunstwerk. Hoditz, ein freidenkender Philosoph, betitelte sich selbst als „Heiden“. Im Dienste Karls VI. war er in Wien von diesem sehr geschätzt worden. Sein Weg führte ihn in der Folge von Österreich nach Preußen, wo er schließlich erneut völlig verschuldet 1778 von Friedrich II. eine Pension erhielt.[403]

Der Englische Garten, ein gestalteter Landschaftspark, bot mit seinen *fabriques*, seinen Nutz- und Zierpflanzen, seinen Wasserwegen und verschlungenen Pfaden bis hin zu den Sichtachsen vielfältige Anspielungen. Er erhielt eine zusätzliche Bedeutungsebene, die sich jenen Kennern erschloss, die um den tieferen Sinn wussten und die dazugehörige Lesart beherrschten.

Ob Samuel von Brukenthal Freck im freimaurerischen Sinne konzipiert hat, ist durch Quellen bislang nicht belegt. Im Analogieschluss zu ähnlichen Ensembles[404] aber lässt sich der diesbezügliche Charakter verschlüsselt erkennen und könnte sich gleichsam als ein Mosaikstein des metaphorischen *„temple de la sagesse et de la vertu“* in das Gesamtkunstwerk seines Lebens einfügen. Da ein wesentliches masonisches Prinzip die Arbeit im Stillen war, deren Produkt den Nachkommen übergeben werden sollte,[405] damit diese daran weiterarbeiten konnten, bleibt Brukenthals Konzept dahinter verborgen, wird jedoch durch sein Vermächtnis begründbar.

Hochkultur im Stadtpalais
Ein Tempel der Humanität hinter barocker Fassade

„Wir werden der Freiheit, der Tugend
und der Weisheit Ehrentempel erbauen.“[406]
Freimaurerischer Leitspruch

Samuel von Brukenthal pflegte in seiner als Gesamtkunstwerk angelegten Stadtresidenz eine spezifische Esskultur. Die frischen Zutaten zu den Diners kamen direkt von seinen landwirtschaftlichen Gütern aus Freck, die Tafelsitten entsprachen der adeligen Noblesse. Der Baron kreierte zudem spezielle Menüs für seine Soireen, wobei er den Konfitüren sein besonderes Augenmerk schenkte.

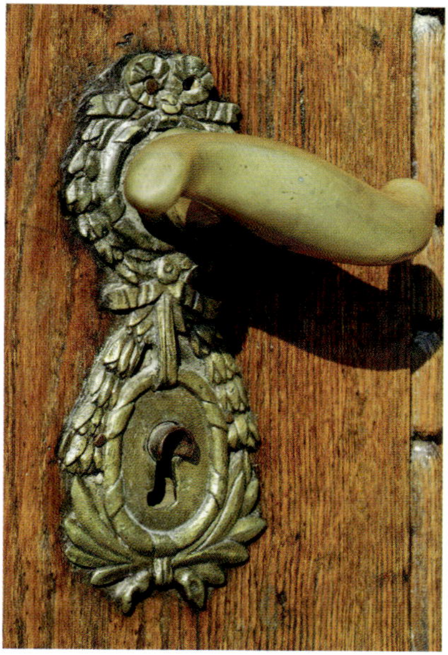
Schnalle am Eingangsportal des Brukenthal-Museums

Der kulinarische Tagesablauf war klar geregelt: Es gab „Frühstück mit Kanne“, gefolgt von „Frühstück mit Gabel“. Am Nachmittag wurde ein *five o'clock tea* mit den feinsten Patisserien aus Wien oder der eigenen Bäckerei serviert.[407] Fast täglich empfing der Baron an die vierzehn Personen, die Gruppen konnten jedoch auch bis zu dreißig Personen ausmachen. Während der Hausherr klares Quellwasser bevorzugte, ließ er den Gästen das Feinste aus seinen Weinkellern auftragen. Sein Weinsortiment erstreckte

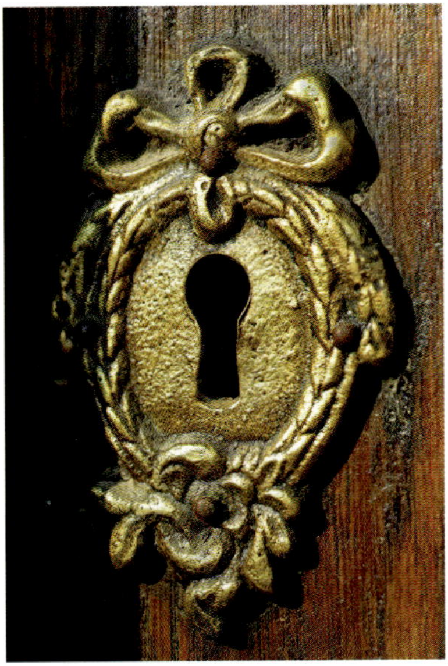

Schlüsselloch am Eingangsportal des Brukenthal-Museums

sich von erlesenen Tropfen aus den Habsburger Landen über Frankreich nach Ungarn und vernachlässigte auch die Siebenbürger Rebe nicht.

Im Jahre 1802 berichtete ein Gast über eines dieser Festessen folgendes: „Die Weine wurden in Porzellan-Kaffeetassen serviert und die Gerichte eins nach dem anderen aufgetragen. Der Gouverneur gab uns den ältesten Tokayer und andere ungarische und siebenbürgische Weine."[408] Für andere Gaumen gab es englisches oder Wiener Bier und mindestens sechs Sorten französischer Schnäpse.[409]

Zur Esskultur gesellte sich die Kultur des Geistes. Nach Brukenthals Ernennung zum Gouverneur wurde ab 1777 mit dem Ausbau seiner Stadtresidenz begonnen[410], die in den kommenden Jahren zu einem repräsentativen Herrschaftssitz erweitert wurde. Das Haupthaus konnte bis 1779[411], die dazugehörigen Höfe und Wirtschaftsteile bis 1785 fertig gestellt werden.

Carl von Brukenthal, ein Neffe, und Johann Friedrich Seivert, ein Enkel seiner Schwester, – beides enge Vertraute – berichteten dem Baron während dessen Abwesenheit von Hermannstadt immer wieder über den Fortschritt des Baus: „Die Steinmetze sind fleißig; der Bildhauer hat den zweiten Atlanten schon über die Hälfte fertig; die anderen arbeiten an den letzten Fensterstöckgewänden zum Quergebäude und an den Portalstücken",[412] schrieb ihm Seivert 1785.

Johann Friedrich Seivert (1755–1832) stieg im Gubernium bis zum Sekretär auf und führte ab 1779 bis zu seinem Tod Bruken-

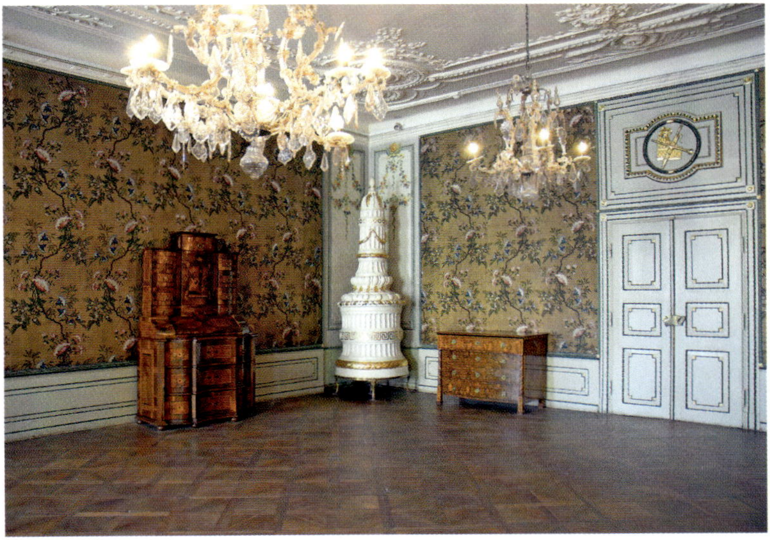

Musikzimmer im Brukenthal-Museum

thals Bibliothek[413]. Er erstellte das erste Inventar der „geschnittenen Steine“[414] des Barons und war sowohl inhaltlich als auch organisatorisch ein wichtiger Experte für die umfangreichen Sammlungen seines Arbeitgebers und Großonkels. Ab 1789 war er zudem Mitglied der Hermannstädter Loge. Brukenthal lernte den zuverlässigen Großneffen sehr zu schätzen und bedachte ihn in seinem Testament auch mit einer eigenen Geldzuwendung.[415]

Endgültig beendet war die Residenz erst 1788, also zu einem Zeitpunkt, als Brukenthal bereits Witwer und in Pension war.[416] Die meisten Professionisten für die Innenausstattung brachte Brukenthal aus Wien mit. Sie bildeten in der Folge die erste Generation der siebenbürgisch-sächsischen Handwerker aus.[417]

Die Rokoko-Kachelöfen bestellte Brukenthal in Wien bei der Firma Bleicher. Die nach Entwürfen von Donato Felice d'Allio gearbeiteten Meisterwerke zieren auch die Räume des Kaisertraktes des Stiftes Klosterneuburg[418], dem österreichischen „Klein Escorial“. Andere Öfen wurden – wie die Stuckaturen der Innenräume und die

Supraporten im ehemaligen Speisezimmer des Barons

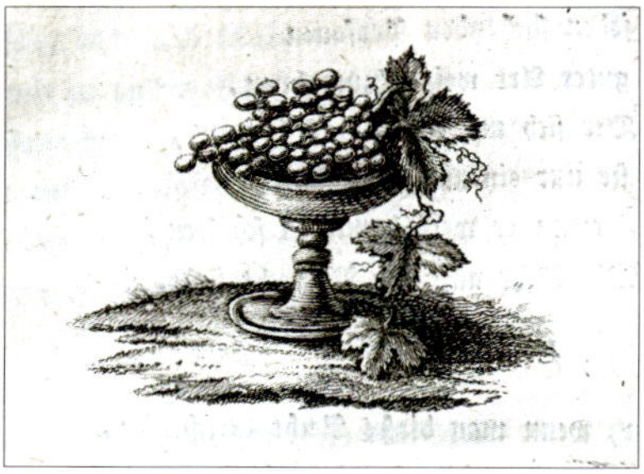

Vase mit Früchten: Illustration in einem Band der „Wahren Eintracht“

Reliefs am Hauptportal – von dem aus Klausenburg stammenden Simon Hoffmeyer angefertigt.[419] Die Räume waren mit Seiden- oder bemalten Papiertapeten geschmückt. Mit exotischen Vögeln verziert, nahmen sie Anleihen von den neuen Vorlieben Europas für Asien.

Die Reliefs und Wandmalereien der Salons folgen Motiven aus Picards Musen-Tempel.[420] Ovids *Metamorphosen* und Arions *Rettung durch einen Delphin* lieferten eine klassisch orientierte Programmatik. In der masonischen Lesart aber haben sie ebenfalls Bedeutung. Im ältesten freimaurerischen Landschaftsgarten, dem von Schwetzingen, stellt der „Arion-Brunnen“ diesen Kontext her. Arions Geschichte steht für den maurerischen Meistergrad.[421]

Die Metamorphosen sind Sinnbild für die Verwandlung des Menschen, im freimaurerischen Kontext für eine ständige Veredelung des Individuums. Folgt man dieser zweiten Lesart, so könnten sie nicht nur antiken Vorbildern folgen, sondern auch freimaurerischen. Auch die Supraporten über den Portalen im Speisezimmer des Barons könnten eine doppelte Botschaft beinhalten. Aus Vasen ergießen sich Früchte und Trauben. Im Hintergrund entdeckt man ein Füllhorn, Symbol der masonischen Großzügigkeit. Eine brennende Fackel symbolisiert die Flamme der Weisheit und des Glaubens.[422] Welche Bedeutungsebene auch immer von ihrem Schöpfer intendiert worden ist, ihr Bedeutungsinhalt geht weiter als das derzeitige Wissen darüber.

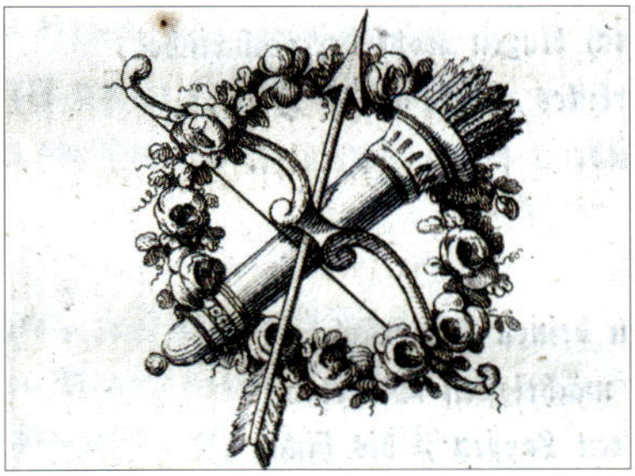

Köcher der Liebe: Illustration in einem Band der „Wahren Eintracht“

Köcher mit Pfeilen: Wandstuck im Brukenthalpalais

Die hauseigene Bibliothek enthielt mehrere zeitgenössische Architekturtraktate und Beschreibungen internationaler Barockresidenzen, zudem wichtige Bücher über Gartenbaukunst.[423] Dies zeigt, dass Brukenthal bei der Konzeption seines Stadtpalais, das er barock-klassizistisch anlegte, vom europäischen Trend – vor allem aber von Wiener Stilrichtungen – beeinflusst war und diese vom kulturellen Zentrum in die sich schnell entwickelnde Peripherie importierte. Damit setzte er hier stilmäßig neue Akzente.

In seinem Palais fanden zweimal pro Woche für die vornehme Gesellschaft musikalische Soireen statt.[424] In einem geräumigen Musiksaal standen ein Flügel aus Wien, ein Klavier, ein Violoncello, ein Bass, Violinen und Waldhörner zum Musizieren bereit.[425]

1787 weist die Aufnahme seines Vermögens einen großen Flügel, ein Klavier, zwei Violoncellos, zwei Alt-Violen, vier Violinen und drei Waldhörner nach, die von 1776 bis 1803 in Verwendung gewesen sein dürften.[426] Seit 1774 veranstaltete er im Palais zweimal pro Woche Kammermusikabende.[427]

Mit Informationen und Noten wurde Brukenthal von Wien aus versorgt. Freiherr von Braun, ein Musikexperte und Herzensfreund, schickte ihm zum Beispiel 1777 ein Trio von Karl Philipp Emanuel Bach, dem damals noch populäreren Sohn Johann Sebastians.[428]

Brukenthals Leidenschaft für Kirchenmusik war durch seinen Großvater beeinflusst. Dieser hatte als Orgelspieler den sieben-

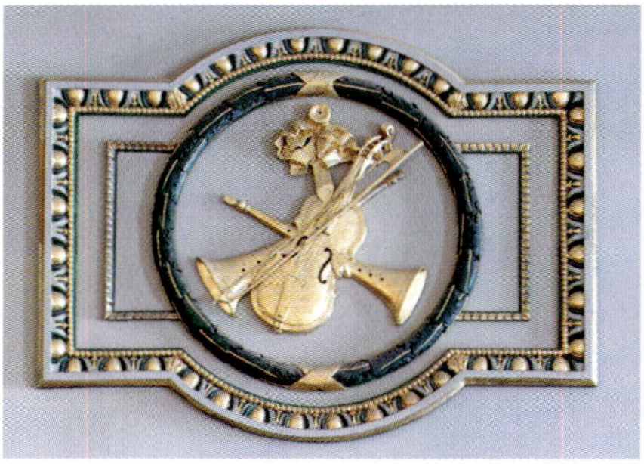

Supraporte im Musikzimmer des Palais

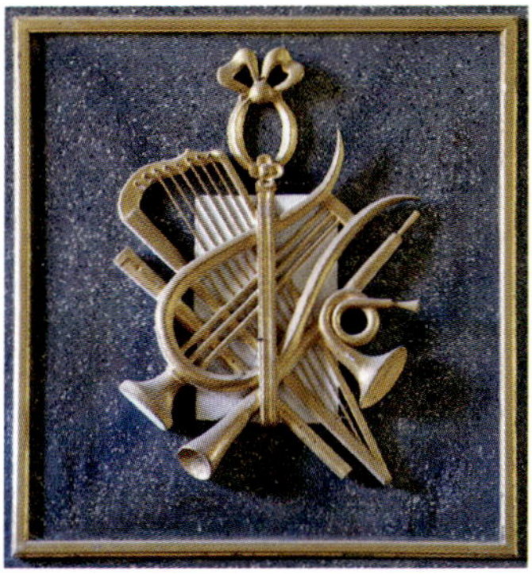

Musikinstrumente à la Palais in der Kirche von Leschkirch

bürgisch-ungarischen Fürsten Apafi anlässlich seines Besuches in Leschkirch mit einer Vorführung im Gotteshaus erfreut.[429] Brukenthal selbst ließ 1795 die alte Orgel in der evangelischen Kirche von Hermannstadt auf eigene Kosten restaurieren.[430] Gleichzeitig regte Brukenthal Aufführungen großer Orchester- und Chorwerke in Hermannstadt an, was seinerseits wieder auf das lokale Musikgeschehen Einfluss hatte.[431] Im Jahre 1800, nur zwei Jahre nach der Uraufführung in Wien, wurde in Hermannstadt die Schöpfung von Joseph Haydn aufgeführt.[432]

Brukenthals Stadtpalais war bis zum Tode seiner Frau im Jahre 1782 von regem gesellschaftlichen Leben erfüllt, bei dem vor allem auch ungarische Magnaten nicht fehlen durften. Graf Bánffy war mit seinem Schloss in Klausenburg und der dazugehörigen Sammlung auf magyarischer Seite auch der einzige, der es mit Brukenthal aufnehmen konnte.[433]

Ungarische Würdenträger kamen gerne zu Brukenthal. Es konnte sogar geschehen, dass die siebenbürgisch-sächsischen Gäste in der Minderheit waren. Manchmal blieb man jedoch auch unter sich und tafelte in einer rein männlichen, sächsischen Runde[434], die sich dann mit den Kreisen der Freimaurer überschnitt.

Der Salon brachte über künstlerische oder kulinarische Feste verschiedene Gesellschaftsschichten zusammen und diente damit der interkulturellen Verständigung. In Brukenthals Landsitz in Freck

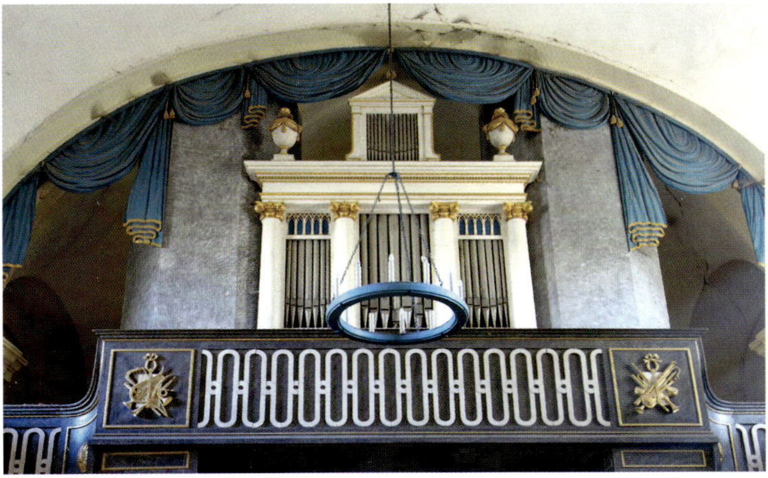

Orgel in Leschkirch/Nocrich

gab es zudem bereits 1777 jede Woche einen Ball. Oft bewirtete er dort an die zwanzig Personen, manchmal auch siebzig.[435]

In der zweiten Hälfte des 18. Jahrhunderts erfolgte – zumindest für eine kleine elitäre Gruppe von Intellektuellen – eine breitere kulturelle Öffnung zu den reichsdeutschen Städten und nach Wien. Aufstrebende Buchdrucker und Verleger waren bei der Verbreitung von Lesematerial von entscheidender Bedeutung.

Es war in den entfernten Regionen des Habsburgerreiches nicht immer leicht, sich auf dem Laufenden zu halten, da Bücher nicht allen zugänglich waren. Bibliotheken spielten daher für den Umlauf von Wissen eine wesentliche Rolle. Brukenthals Bibliothek und jene des evangelischen Gymnasiums zeichneten sich besonders aus: Jene enthielt „nahezu jedes bedeutende Werk des 18. Jahrhunderts, in der Hermannstädter Gymnasialbibliothek begegnen uns neben theologischen und philosophischen Büchern auch deutsche Dichterwerke".[436]

Brukenthals Bibliothek kam in ihrer Größe in Siebenbürgen nur noch jene von Graf Samuel Teleki in Marosvásárhely/Târgu Mureş gleich. „Man kann nicht leicht bestimmen, welche von beyden Bücher-

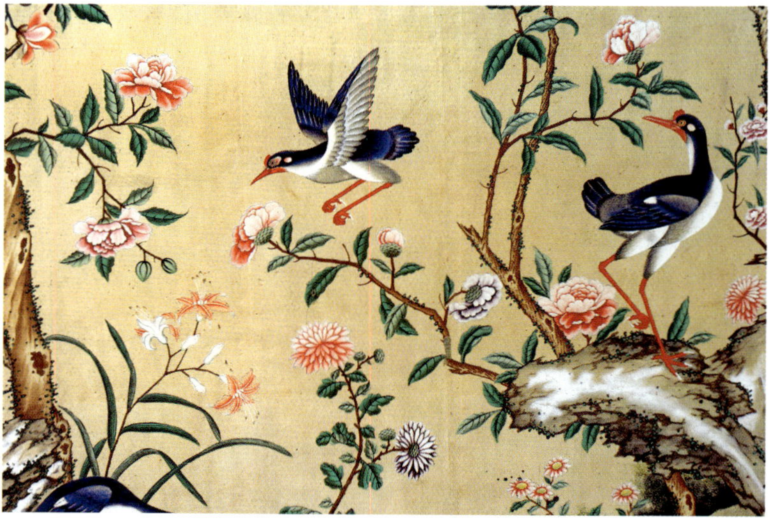

Chinoiserie – Motive auf der Tapete im Brukenthal-Museum

sammlungen den Vorzug verdient. Man kann sie auch nicht schildern, man muß Sie gesehen haben, muß sie studiert haben, um davon urtheilen zu können",[437] hieß es 1784 in der *Siebenbürger Zeitung*.

Brukenthal schätzte sowohl die antike Klassik als auch die Moderne: Von Locke bis Hobbes sammelte er die englischen Philosophen, besaß Voltaire und Rousseau sowie die deutschen Klassiker. Der Musen-Tempel von Picard, der antike Mythologien bibliophil mit Kupferstichen illustrierte, wies in die ferne Vergangenheit.[438] Campanellas Sonnenstadt und Merciers Utopie über das Jahr 2440 aber machten einen Gedankensprung in die Zukunft.

Mercier, der sein Werk 1782 anonym publiziert hatte, phantasierte bereits über eine Welt, die ohne die Tyrannei von Herrschern funktionierte. In seiner Einleitung schrieb er: „Zu wünschen, dass alles gut sey, ist der Wunsch der Weltweisen (…) das tugendhafte und empfindliche Wesen welches das allgemeine Glück will weil es bestimmte Begriffe von Ordnung und Harmonie hat".[439]

Als erster Utopist verwendete Mercier den Traum als Mittel, seinen Nicht-Ort für eine bessere Welt zu einem Real-Ort werden zu lassen. Mit diesem Kunstgriff suchte er bereits neue Wirklichkeiten jenseits der Zeit und realisierte mit seiner Feder einen radikalen gesellschaftlichen Umbruch, wie ihn die Französische Revolution mit Waffen zu erlangen suchte.

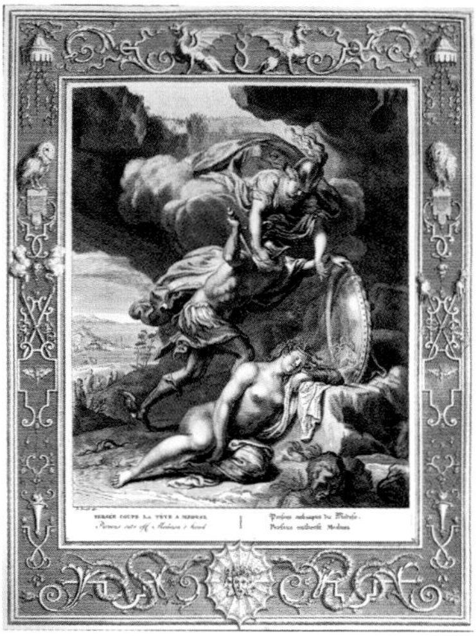

Picards Musen-Tempel mit Medusa

So umspannte Brukenthals Bibliothek ein breites Spektrum zwischen Tradition und Revolution. Sie umfasste an die 13 000 Bände, die das breite Interesse eines Politikers und Aufklärers widerspiegeln. Für Brukenthal war das Buch sein wertvollstes Sammlungsstück.[440] Er kaufte bei Auktionen, bei der Auflassung von Klöstern und bei der Räumung der Wiener Universität.[441] Unter den Stücken befanden sich wertvolle Inkunabeln, Kartensammlungen und Handschriften. Die Schwerpunkte entsprachen seinen Vorlieben: Geschichte, Staatswissenschaft, Mineralogie, Münzkunde, Kunstgeschichte und Philosophie.[442]

Letztendlich blieb kaum ein Wissensgebiet unberücksichtigt, und oft waren die Werke in der jeweiligen Originalsprache zu finden. Manche Bücher wurden mit neuen Ledereinbänden und seinem in Gold gehaltenen Wappen versehen oder mit glänzenden Blumen verziert.

Literatur und Lektüre waren die Basis, auf der sich ein gesellschaftlicher Transformationsprozess vorzubereiten begann und in die Wirklichkeit fiel. In Frankreich eskalierte dieser 1789 in der Revolution; in den Habsburgerlanden versuchte man im Aufgeklärten Absolutismus durch ein Reformprogramm einem Aufstand zu entkommen. Amerika hatte sich schon 1776 von Europa getrennt und war in die politische Unabhängigkeit geschritten. Die „Deklaration der Menschenrechte“ war hier die konsequenteste Umsetzung aufklärerischer – und damit demokratischer – Forderungen.

Brukenthal dachte und konzipierte seine Bibliothek jedenfalls als Zentrum des Lichts, des reinen Denkens und der praktischen Wissenschaft – als einen Ort, an dem sich Kunst und Wissenschaft wechselseitig inspirieren sollten. Wie klar der Auftrag der Freimaurer mit seinem Konzept übereinstimmte, wird in einer Abhandlung der „Loge zur Wahrheit im Orient zu Wien“ deutlich. Hier hieß es in einer Rede: „Lassen Sie uns zu diesem Ende unsre Kenntnisse, Bemerkungen und Entdeckungen, die wir sowohl im wissenschaftlichen, als im Kunstfache durch Lektüre und Erfahrungen gesammelt haben, ohne Eigennutz, ohne Zurückhaltung, gleich den Bienen in einen gemeinschaftlichen Platz zusammentragen, sie da zu einer gemeinnützigen Masse verarbeiten, und damit die allgemeine Masse menschlicher Erkenntnisse vergrössern.“[443]

Deutlich formulierte dies auch das Programm der Loge „St. Andreas zu den drei Seeblättern“ in Hermannstadt, denn sie hatte sich zum Ziel gesetzt, „den Bedrängten im Unglück Trost zu gewähren, den Armen Hilfe zu leisten, die Wissenschaft zu fördern, edlere Geselligkeit zu pflegen und an dem Baue des Tempels der Humanität zu arbeiten“.[444]

Brukenthals Entscheidung, die Bibliothek schon zu Lebzeiten für Interessierte zu öffnen, entsprach daher auch einem freimaurerischen kulturpolitischen Bildungsauftrag. Die verschiedenen Teile der Sammlungen mögen von Anfang an auch in diesem Sinne konzipiert worden sein. Sein testamentarisches Vermächtnis verstärkt diesen Eindruck. 1817 wurde das Palais als Museum eröffnet und damit auch die Bibliothek einem breiten Publikum zugänglich gemacht. Die Bibliothek umfasste zu diesem Zeitpunkt bereits 15 972 Bände, wuchs jedoch in der Folge noch um rund 100 000 Bücher und Zeitschriften an.[445] Dies entsprach durchaus dem Willen ihres Schöpfers, der sein Erbe als ein lebendiges verstanden haben wollte, das durch das Angebot zeitgenössischer und klassischer Literatur ein aktives Zentrum sein und nicht zu einem Mausoleum erstarren sollte. Es wurde in der Folge von den Kustoden als Ehrensache empfunden, es zu einem so genannten „Literarischen Institut“ auszubauen.[446]

Mode und Modell
Sammlungen als kulturpolitischer Auftrag

„Auch wenn die Nächte am längsten dauern
und alles mit Finsternis erfüllen,
tagt es doch einmal und das hervorbrechende Licht
erhellet die Gegenstände.“[447]
Samuel von Brukenthal

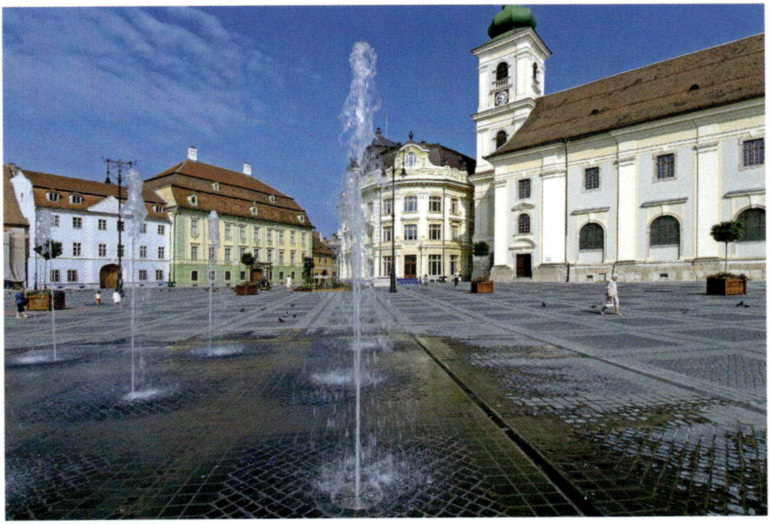

Das Brukenthal-Museum am Großen Ring, daneben das Blaue Haus

Samuel von Brukenthal besaß neben seiner beeindruckenden Bibliothek auch eine beachtliche Bildersammlung. Sie entwickelte sich aus seinem Kupferstichkabinett, wurde ständig erweitert und wies schließlich bedeutende Werke flämisch-niederländischer, italienischer, deutscher, österreichischer und französischer Meister der Renaissance auf. Namen wie Jan van Eyck, Jan Brueghel, Hans Schwab von Wertinger, Tizian, Lucas Cranach und Martin Meytens stachen dabei besonders hervor. Schon als Leiter der Siebenbürgischen Hofkanzlei in Wien hatte er diese Galerie für Besucher und Besucherinnen zugänglich gestaltet. 1773 wurde sie im *Wiener Almanach* lobend erwähnt, da sie bereits eine der vier wichtigsten Kunstsammlungen der Kaiserstadt war.[448] Nach seiner Rückkehr nach Siebenbürgen wurde die Pinakothek im zweiten Stock seiner Stadtresidenz in dreizehn Sälen untergebracht, umfasste 1790 an die achthundert Stück und war bereits der Öffentlichkeit zugänglich gemacht. Bemerkenswert ist in diesem Zusammenhang, dass 1789 die kaiserliche Galerie im Wiener Belvedere „nur" 1400 Werke umfasste.[449] Brukenthal konnte sich als sozialer Aufsteiger mit seiner Pinakothek daher durchaus sehen lassen.

Wichtiger Berater bei Bilderkäufen war der Kanonikus des Wiener Sankt-Dorotheen-Stiftes Franz Neumann, der nach der Aufhebung des Klosters als Leiter des Münzkabinetts fungierte. Er war zudem ein Bruder der „Wahren Eintracht"[450], der Wiener Eliteloge der Freimaurer. Brukenthal kannte zudem viele Künstler selbst und kaufte oft direkt bei ihnen.[451] Ein Hermannstädter Maler, der in Wien bei Martin von Meytens studiert und auch eine fundierte Ausbildung als Kupferstecher genossen hatte, war Johann Martin Stock (1742–1800).[452]

Während seiner Studienaufenthalte in der habsburgischen Metropole war es Brukenthal möglich, zahlreiche Galerien und private Sammlungen zu besichtigen. Besonders ehrgeizig war er bezüglich des Kennerauges von Albert von Sachsen-Teschen[453], bei dem er in Pressburg, der damaligen ungarischen Hauptstadt, weilte, um seine Kenntnisse auszubauen.

Herzog Albert (1738–1822) hatte die Lieblingstochter Maria Theresias, Maria Christine, geheiratet und war als Schwiegersohn der Herrscherin von dieser besonders geschätzt und gefördert worden. Er war ebenfalls Freimaurer.[454] Als Kunstliebhaber begründete er die Wiener Albertina, indem er seine Sammlung, wie Brukenthal, als Fideikomiß stiftete. Johann Martin Stock bewegte sich demnach sowohl in Wien als auch in Pressburg in kunstbegeisterten Freimaurerkreisen.

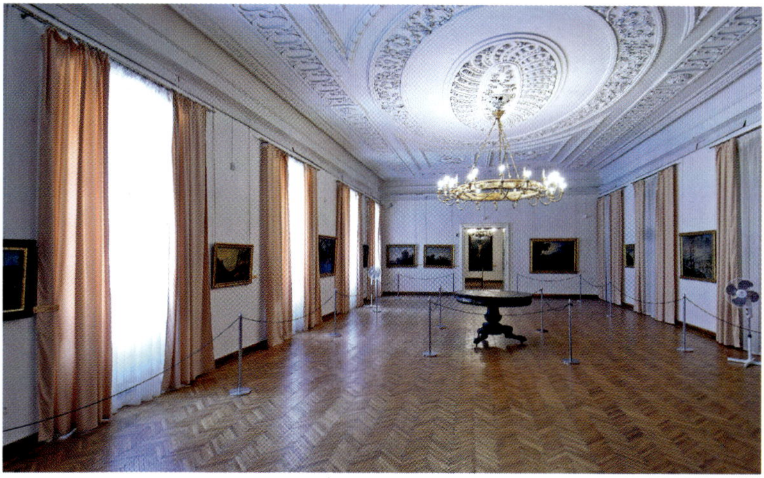
Die Bildergalerie

Brukenthal war nicht nur Stocks einflussreicher Mentor, sondern auch ein wichtiger Multiplikator, was Kundschaft anbelangte. So erhielt Stock 1789 Porträt-Aufträge von Brukenthals Neffen Michael und dem Hermannstädter Bürgermeister Michael Huttern.[455] Michael von Brukenthal gehörte seit diesem Jahr der Hermannstädter Loge an.[456] Stock malte auch seinen Mentor.

Ein Logenbruder, der Theatermacher Christoph Seipp, sang beiden in seinen Reiseberichten eine Lobeshymne: „In Hermannstadt lebt ein sehr geschickter Künstler, Martin Stock, groß in Portraitmalerey und merkwürdig in jeder Kunstart seines Berufsgeschäfts. Als Portraitmaler hat er seine Größe in dem Brustbilde des Freyherrn, seines Gönners sattsam bewiesen."[457] Für seinen Auftraggeber war Stock zudem als Restaurator, Kunsthändler und Kopierer tätig. In all diesen Bereichen übernahm er für die Brukenthalsche Pinakothek eine wichtige Funktion.

Brukenthal sammelte die „Arkadier" – und damit ein europäisches Konzept der Naturauffassung, das den modischen Strömungen seiner Zeit folgte. Auch von Maria Theresia soll er für besondere Verdienste Bilder als Geschenk erhalten haben.[458] Als Jugendlicher war

Brukenthal durch Christian Wolff, einen extravaganten Philosophen der Aufklärung aus Halle an der Saale, geprägt; als reifer Mann wurde er von Martin von Meytens, dem Rektor der Kunstakademie in Wien, beeinflusst. Von beiden inspiriert, schuf er seine umfassende Kunstsammlung, die schon Zeit seines Lebens als äußerst renommiert bezeichnet wurde.

Brukenthal besaß 462 Bilder holländischer und flämischer Meister – die im 18. Jahrhundert in erster Linie von fürstlichen Häusern gesammelt wurden –, 450 Bilder deutscher und österreichischer Meister – die dem bürgerlichen Sammlergeist entsprachen – und 179 Bilder italienischer Meister, die dem Geschmack der Adeligen zuzuzählen waren.[459]

Die Sammlung von Gemälden aus dem 16., 17. und 18. Jahrhundert war weitgehend während seiner Zeit als Leiter der Wiener Hofkanzlei von 1765 bis 1774 entstanden und orientierte sich am aristokratischen Stil und den Repräsentationsbedürfnissen, wie er sie am Hof der Habsburger kennen gelernt hatte. Er begann seine Sammlertätigkeit im Jahre 1759 und übte sie bis 1774 aus.[460] Die Galerie war schließlich auf 1100 Werke angewachsen und konnte mit jenen der großen Fürstenhäuser konkurrieren. Nach Hermannstadt zurückgekehrt, fand sie in seinem Stadtpalais einen würdigen Platz. Oft ließ er sich Bilder in sein Zimmer bringen, um sie hier zu betrachten und zu studieren.[461] Sein guter Geschmack wurde in Reiseberichten immer wieder lobend erwähnt und auch anderen gewünscht.[462]

Brukenthals Museum sollte nicht nur erfreuen, sondern das Studium von Kunst und Natur zu weiterführender Forschung anregen. Dies gelang in den einzelnen Bereichen der Sammlung. Um die Sammlung praktisch verwendbar zu gestalten, richtete der Baron einen eigenen Malsaal ein, in dem sich Künstler kreativ dem Studium und der Malkunst widmen konnten.[463]

Das hatte Auswirkungen auf die lokale Szene. „In der Residenz (…) hatte die siebenbürgische Malerei vor allem mit der kultivierten Porträtkunst einiger Zugewanderter österreichischer und einheimischer Maler Wiener Schulung nach einer langen Periode steriler

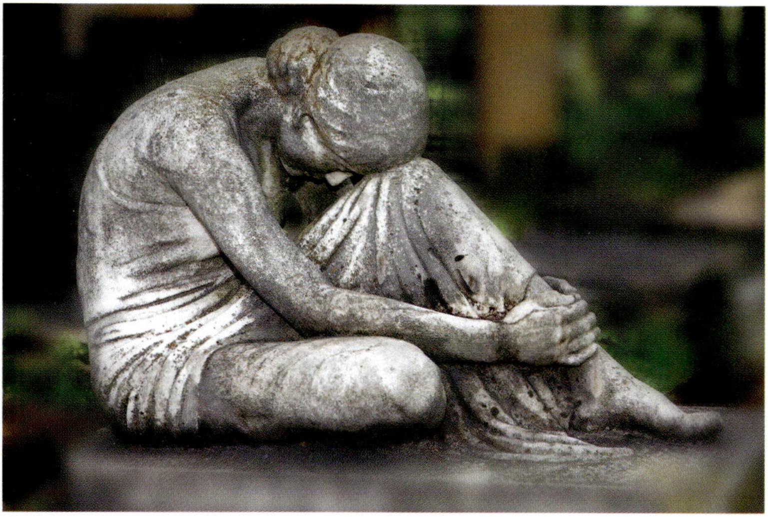

Ein Grabmal der Bildhauerin Margarete Depner, Hermannstädter Friedhof

provinzieller Rückständigkeit wieder den Anschluss an die Kunst des Westens, an die letzte Phase österreichischen Barocks gefunden."[464]

Tatsächlich verdankt die Neubelebung der siebenbürgischen Porträtkunst ihr Entstehen dem Malkabinett und der Bildergalerie Brukenthals.[465] In der zweiten Hälfte des 19. Jahrhunderts bewirkte sie, dass eine ganze Generation von Malern und Malerinnen durch praktische Studien die Porträtkunst in Siebenbürgen nicht nur neu entdecken, sondern auch vorantreiben konnten. Mit Carl Dörschlag, der ab 1871 am Hermannstädter Gymnasium als Zeichenlehrer tätig war[466], begann eine neue Ära, in der sich zahlreiche Frauen wie Anna Dörschlag, Hermine Hufnagel, Lotte Goldschmidt, Betty Schuller, Grete Csaki-Copony und Margarete Depner einen Namen machten. Damit bewies sich auch die Wirkungsgeschichte der Brukenthalschen Sammlung, da sie zu Studienzwecken diente.

Modern war auch die Gestaltung der Pinakothek im 18. Jahrhundert, an der sich die Einflüsse von Dresden und Wien bemerkbar machten. Sie wurde unter anderem von Christian Mechel, mit dem Brukenthal in Briefverkehr stand[467], und dessen Neuordnung der

Galerie im Wiener Belvedere inspiriert.[468] Mechel, ein Kunsthändler und Kupferstecher, war von Joseph II. nach Wien gerufen worden. Er erhielt 1778 den Auftrag, die kaiserliche Kunstsammlung neu zu ordnen. Als die Arbeit 1781 abgeschlossen war, erregte sie wegen des modernen Ansatzes große Aufmerksamkeit und inspirierte auch andere Sammler.[469] Die Galerie von Albert Kasimir von Sachsen-Teschen reflektierte ebenso die neuen Leitsätze der Spätaufklärung: Er hängte die Bilder seiner Sammlung nach Schulen sowie nach chronologischen Gesichtspunkten. Eine Bildersammlung diente somit nicht mehr allein der Freude der Menschen, die die Schönheit der Werke betrachteten, sondern auch dem Aufklärungsunterricht. Beide Wiener Sammlungen leiteten mit ihrer neuen Art der Hängung einen Paradigmenwechsel der Kunstbetrachtung ein und mündeten in den modernen Begriff des Museums.[470]

Ebenso wie in Wien waren die Bilder in Hermannstadt in den einzelnen Räumen nicht mehr nach dekorativen barocken Vorstellungen, sondern nach regionalen Schulen gehängt, die die Entwicklungslinien zwischen Meister und Schülern nachvollziehbar machen und dadurch für die Betrachtenden kunsthistorische Vergleichsmöglichkeiten bieten sollten.[471]

Da Brukenthal selbst auf die Gestaltung der Gemäldegalerie Einfluss nahm, wird des Sammlers didaktisch-aufklärerisches Ziel sichtbar, dem er offensichtlich näher stand als einer repräsentativen barocken Sammellust.[472] Der historische Aspekt erhielt demnach auch in der Kunst einen wesentlichen Stellenwert.

Der Hermannstädter Logenbruder Christoph Ludwig Seipp hob den gemeinnützigen Charakter der Brukenthalschen Sammlungen in seinem Reisebericht hervor: „Diese Einkünfte hat er zum Nutzen der denkenden und arbeitenden Menschenklassen verwendet. Für erstere hat er eine merkwürdige Bibliothek, ein seltenes Kunstkabinett und ein hervorragendes Münzkabinett gesammelt. Man reise durch ganz Ungarn, man wird Herrn von Einkünften zu einer halben Million, zu mehreren hundert tausend Gulden antreffen, welche Brillanten in Menge besitzen, fürstlichen Staat führen, Bücher, Münzen und Künstlerarbeiten sammeln, aber diese Brukenthalsche

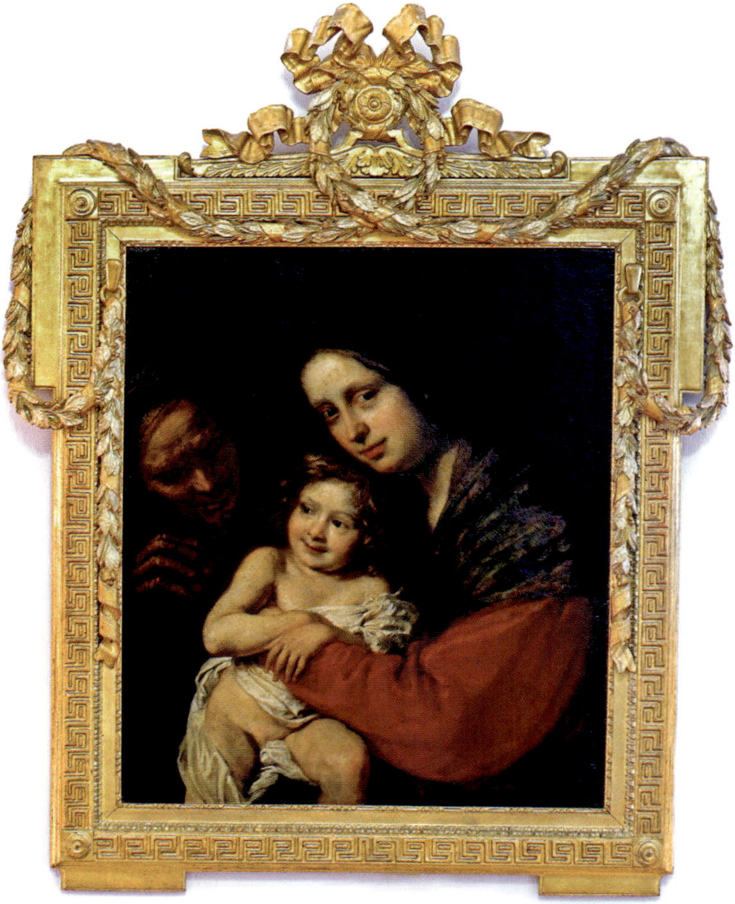

Guilio Procaccini (1570–1625) Maria mit dem Kind, Spezialrahmung von Brukenthal

Sammlungen wird man schwerlich vereinigt finden, so, wie sie den Brukenthalschen Palast in Hermannstadt zur Seltenheit des Landes machen. Daß doch nichts vermögend seyn möge, diese Seltenheit zu zerstören. Das Land würde zugleich seinen kostbarsten Schatz verlieren."[473]

Brukenthal vertrat demnach einen modernen Sammlertypus, verstärkt dadurch, dass er beschloss, seine Galerie der Öffentlichkeit zu präsentieren und sie zu popularisieren. Seine Sammlung folgte nicht nur dem Prinzip l'art pour l'art und der symbolischen Politik der Repräsentanz, sondern intendierte einen hohen bildungspolitischen Auftrag. Der aufgeklärte Baron konnte hierin mit den größten europäischen Fürstenhäusern konkurrieren. Seine Sammlung entsprach den adeligen Repräsentationspflichten eines Aufsteigers, der sich damit auf symbolischer Ebene gesellschaftsfähig machte. Gleichzeitig unterschied sie sich jedoch von ihnen bezüglich der Motivation. Das gesamte Museum folgte keinem vorderhand ökonomischen Verwertungsprinzip der Kunst, noch diente es nur adeligen Selbstinszenierungspolitiken.

Brukenthal war nicht nur elitär: Er stellte sein Museum in den Dienst eines egalitär gedachten bildungspolitischen Ziels, das der Wissenschaft, der Weisheit, der Ästhetik, der Forschung und dem Fortschritt Anregung sein wollte. Die tiefere Programmatik dazu formulierte er, gleichsam verschlüsselt und dennoch für alle sichtbar, durch die Ikonographie der imposanten Eichentüre, die erst den Zutritt zu seinen Sammlungen gewährte. An diesem Portal wird die komplexe und doppeldeutige Geschichte barocker Symbolik und freimaurerischer Bedeutungen offenbar. An ihm spiegeln sich Wiener Trends und internationale Gedankenbilder wider. In allen Bereichen verankerte man im 18. Jahrhundert Bedeutungsebenen mit Bildsprachen. Nichts war zufällig; alles hatte eine Stimme, alles ein Gesicht!

In einer Publikation, die sich in Brukenthals Bibliothek befindet, heißt es bezüglich Allegorien, dass sie jene Mittel seien, die als Hilfe zur Weisheit benützt werden können.[474] In der Symbolik des Portals liegt somit auch ein wesentlicher Schlüssel zum Ideengebäude und zum Sinnzusammenhang der Sammlungen, ja des Lebenswerkes eines europäischen Aufklärers in der Peripherie: Zentral positioniert sieht man auf der rechten Türe das mit Schlangen umkränzte Haupt der Medusa auf einem Schild und darüber einen Helm. Attribute, die Minerva zuzuordnen sind. Minerva, die Göttin der Weisheit, war Schirmherrin der Künste und Wissenschaften.

Wer den Schild der Minerva mit dem Gorgonenhaupt sah, wurde in Schrecken versetzt und erstarrte zu Stein. So beschrieb Picard in seinem *Musen-Tempel*, den Brukenthal in seinen Sammlungen besaß und der ihm auch für die Innendekoration der Räume Leitbild war, den antiken Mythos.[475] Der Schild der Minerva fungierte demnach als Schutz der Weisheit gegen feindliches Verhalten, der Helm stand für die Geheimhaltung des Wissens.[476]

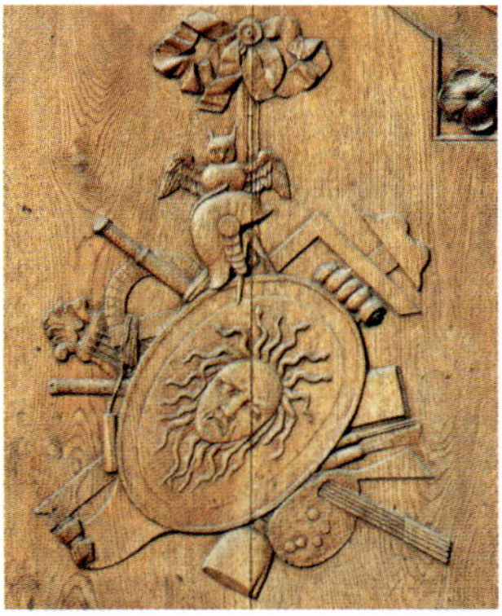

Eingangsportal des Museums mit dem Medusenhaupt

Dieser Ausschnitt ist fast detailgetreu hunderte von Kilometern westwärts auf der rechten Seite des Einganges zum Prunksaal der Österreichischen Nationalbibliothek am Josefsplatz in Wien wieder zu finden. Links vom Eingangstor kann man Lyra, Pfeil und Bogen sowie einen Lorbeerkranz ausmachen – Kennzeichen des Gottes Apollo. So wie Minerva ist auch Apollo, Gott des Lichts, der Musik, der Dichtkunst und Anführer der Musen, im Bereich der früheren Hofbibliothek in zahlreichen Varianten dargestellt.[477]

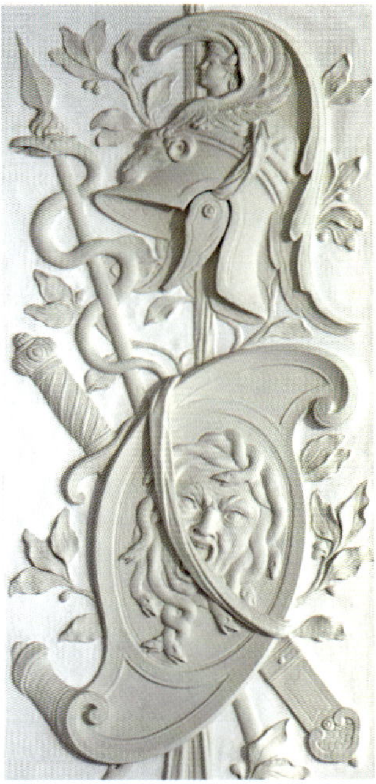

Medusa am Eingang zum Prunksaal der Nationalbibliothek in Wien

Bei den in Stuck gearbeiteten Attributen der beiden Gottheiten neben dem Portal handelt es sich um die detailgetreue Kopie einer Federzeichnung, mit der Conrad Adolph von Albrecht (1682–1751), Hofgelehrter und „Sr. Kaiserlichen Majestät Rath“,[478] eine

Widmung an Kaiser Karl VI. (1685/1711–1740) umrahmte. Diese ist Teil jenes umfangreichen Programms, mit dem Albrecht die geistige Grundlage für die Malereien in der Hofbibliothek schuf, die Daniel Gran malerisch umsetzte.[479]

Das Konzept Adolph von Albrechts ist in seinen Ausführungen klar umschrieben, denn er wollte alles befördern, „was aus den Büchern vor ersprießliche Vörräthe gezogen, was durch deren Nachschlagung, und Durchlesung erfunden, auch was alles zu Nuzen des gemeinen Menschlichen fortkommens befördersames unternohmen werden kan".[480] In Albrechts Programm wird die Hofbibliothek mehrfach als „Tempel" bezeichnet.[481] Diesen Terminus teilt sie mit dem Museum und der Bibliothek Brukenthals, die von einem Logenbruder und Freund des Barons den gleichen Titel zugeteilt bekamen.[482]

Zusammen mit ihrem prunkvollen Barocksaal verdiente die ältere und größere Schwester in Wien unter die prächtigsten Paläste Europas gerechnet zu werden.[483] Kaiser Karl VI. ließ den Bau bis 1726 fertig stellen.[484] Bereits im selben Jahr gab er sie mit folgender Widmung zur allgemeinen Nutzung frei: „Der Benützer braucht nichts bezahlen, er soll reicher von dannen gehen und öfter wiederkehren."[485] Diesem Beispiel sollte Jahrzehnte später in der östlichsten Provinz des Habsburgerreiches auch Samuel von Brukenthal folgen. Das Medusenhaupt am Tor seines Stadtpalais könnte sich somit nicht nur formal, sondern auch inhaltlich auf jenen am Eingang zur Hofbibliothek von Wien beziehen.

Der Medusenschild stand zusammen mit weiteren Attributen als *pars pro toto* für Minerva. Sie wurde im freimaurerischen Kontext mit einer eigenen Bedeutung versehen. In Leipzig wie in Sadagora bei Czernowitz/Cernăuţi/Černovcy, dem ostjüdischen „Vatikan" – in der Bukowina – wurde je eine Loge nach der Göttin benannt.[486] Minerva stand für die Trias Weisheit, Stärke und Schönheit – also für jene drei Säulen, die im metaphorischen freimaurerischen Tempel eine wesentliche Rolle spielten.

Sieht man Minerva als Verkörperung der Weisheit[487], ergeben sich für die Deutung noch zusätzliche Zusammenhänge, die zu den Konfliktlinien innerhalb der Geheimgesellschaften führen: 1766 hatte sich von der Berliner Loge „Zu den drei Weltkugeln" eine kleine Gruppe abgespalten und eine eigene Bruderschaft, die der „Afrikanischen Bauherren", gebildet. Unter ihrer Federführung entstand die einflussreiche Schrift *Crata Repoa*.[488]

Zum ersten Mal im Jahre 1766 erschienen, berief sie sich auf die alten Mysterienkulte Ägyptens. Sie gewann innerhalb der Freimaurerei und später in esoterischen Richtungen großen Einfluss.[489] Der Einweihungsweg wurde hier in mehreren Stufen geschildert. Der Suchende erhielt nach und nach die Offenbarung der wesentlichen Geheimnisse, die ihn über die Kenntnisse der Künste, der Wissenschaften, der Astronomie und der Alchimie schließlich zum letzten Grad – dem eines Propheten – führen sollten. In der vierten Stufe, der „Schlacht der Schatten", wurde ihm der Schild der Minerva, ein Schild mit abgeschlagenem Medusenhaupt, überreicht, um damit das Böse zu bekämpfen. Minerva galt in diesem Zusammenhang als Synonym für Isis, deren Emblem die Eule war. Der Helm symbolisierte den höchsten Grad der Weisheit, das Gorgonen-Haupt die Zügelung der Leidenschaften; der Schild stand als Schutz gegen Spottreden. Da sich die Schrift *Crata Repoa* auch in der Brukenthal-Bibliothek findet und nochmals zu einem Zeitpunkt erschien, als sich das Palais in Bau befand, könnte der Bauherr hier durchaus inhaltliche Anleihen genommen haben.

Der Ägyptische Mysterienkult war seit den 1770er Jahren Mode geworden. Ignaz von Born eröffnete in seiner Funktion als „Meister vom Stuhl" der Wiener Eliteloge „Zur wahren Eintracht" 1784 seine Publikationsreihe des *Journals für Freymaurer* mit einem eigenen Aufsatz zum Thema. Im gleichen Jahr wurde in den Bund der Freimaurer Wolfgang Amadeus Mozart aufgenommen, der den Einfluss der Mysterien 1791 in der Zauberflöte auf der Bühne sichtbar werden ließ. Tempelbauten – metaphorische wie reale – spielten eine wesentliche Rolle in den Ideengebäuden der Zeitgenossen.

Abgesehen von Minerva mit dem Schild der Medusa weist das Portal zum Eingang des Brukenthal-Museums zahlreiche weitere Abbildungen auf, die in der Ikonographie der Freimaurerei eine zentrale Rolle spielen: Das Winkelmaß war der Bijou des „Groß-

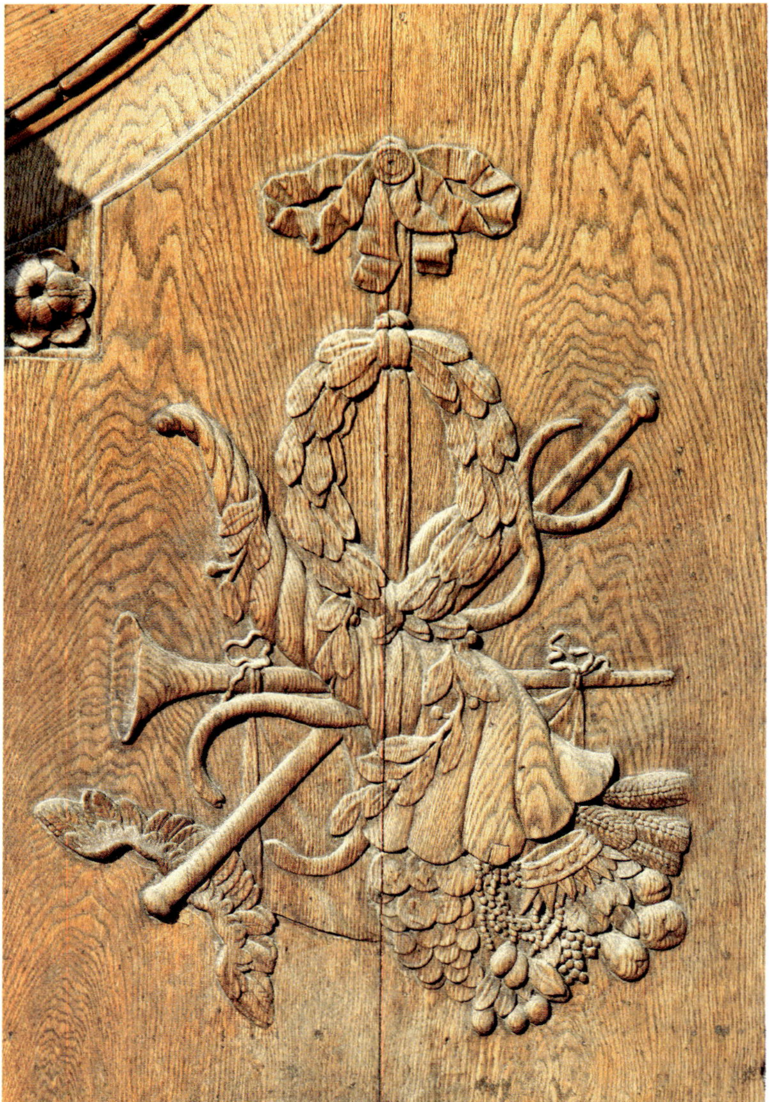

Eingangsportal des Museums mit dem Füllhorn und dem Hermesstab

Illustrationen aus einem Gedichtband der Loge zur „Wahren Eintracht“

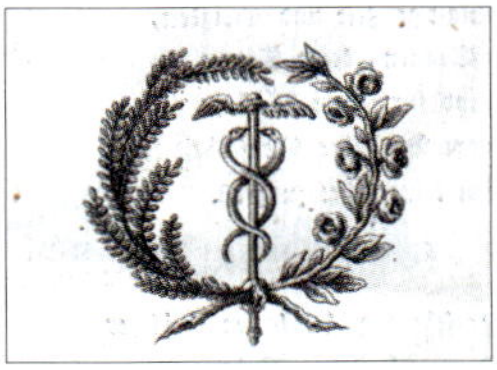

Caduceus - Hermesstab

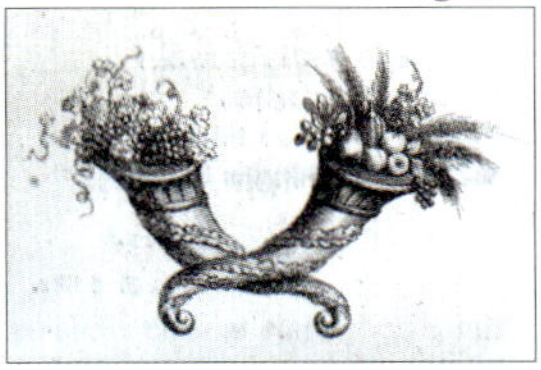

Füllhörner

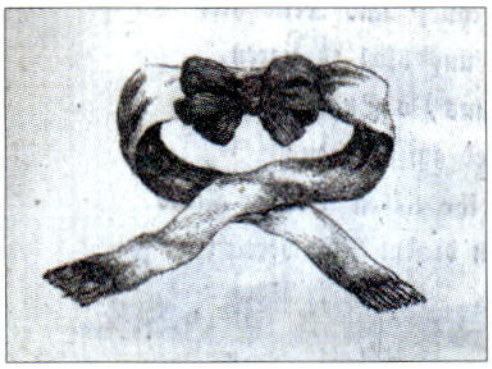

Freundschaftsschleife

meisters“ oder des „Meisters vom Stuhl“.[490] Es stand als Symbol für die Gewissenhaftigkeit, die die menschlichen Handlungen nach dem Gesetz der Rechtwinkeligkeit, das heißt nach Recht, Gerechtigkeit Menschlichkeit und Pflichtbewusstsein, ordnete. Das Senkblei lehrte die Wahrheit zu suchen und wollte ihr zum Recht verhelfen. Der Zirkel ordnete das Gefühlsleben zu den Brüdern und zur Menschheit im Allgemeinen. Mit Hammer beziehungsweise Steinmetz-Schlägel und Meißel arbeitete der Bruder am „Rauen Stein“, das heißt an der Veredelung seiner selbst.[491] Der Hammer diente aber auch dazu, an die Stille zu erinnern, und sollte, wenn er geschlagen wurde, die Aufmerksamkeit erhöhen.[492]

Oberhalb der Eule befindet sich ein Band, das man als weit verbreitetes barockes Stilmuster, aber auch als Freundschaftsband der Bruderliebe deuten kann, da es in dieser Form auch in einschlägigen Schriften immer wieder abgedruckt ist. Die künstlerischen Utensilien wie Farbpalette, Lyra und Flöte standen für die Künste, in denen sich ein Bruder üben oder die er pflegen sollte.[493]

Auch das Füllhorn, Symbol für Reichtum und Überfluss, der gleichnishaft über der Menschheit ausgeschüttet wurde, sowie der *Caduceus*, der Stab des Merkur, sind immer wiederkehrende Symbole in den freimaurerischen Schriften, die sich auch in der Bibliothek des Freiherrn finden lassen.[494]

Die Bildsprachen der Barockarchitektur und jene der „Königlichen Kunst“ scheinen inhaltsschwer miteinander zu verschmelzen und neue ideengeschichtliche Zusammenhänge zu eröffnen. Sie erzählen Geschichten und bieten Interpretationsmöglichkeiten, deren wahre Bedeutungen nur dem jeweiligen Schöpfer bekannt waren und mangels Quellennachweisen ihr Geheimnis wahren wollen. Ihre Doppeldeutigkeiten aber beinhalten kulturhistorisch relevante Konzepte, die, nie dem Zufall überlassen, in die Dreidimensionalität von Raum und Zeit führen und dem europäischen Geist getreu in die Zukunft leuchten. Die enge Verbindung von Peripherie und Zentrum zeigt sich gerade anhand der ikonographischen Überschneidungen des Prunksaals der Nationalbibliothek in Wien mit jener des Brukenthal-Museums in Hermannstadt. Der Baron, der prägende Jahre seines Lebens in der Residenzstadt verbracht hatte, exportierte barocke Manifeste und wandelte Inhalte. Freimaurerische Ikonographie spielte dabei eine nicht unbedeutende Rolle. Gesellschaftliche Mode wurde inhaltliches Modell.

In dieses Bild des Doppelsinns fügt sich zusätzlich die *Anticamera*, die sich bis in die 1760er Jahre vor dem Prunksaal der Nationalbibliothek an der Stelle des heutigen Stiegenhauses befand. Zu beiden Seiten dieses Vorgemachs prangten zwei altarähnliche Kamine, wovon einer heute im Erdgeschoss zu besichtigen ist. An den Wänden fanden sich neben antiken Büsten römische – auch aus Siebenbürgen bezogene – Inschriftsteine und, im Raum verteilt, sechs römische Meilensteine. Hier hielt Gerard van Swieten, der von 1745 bis 1772 Präfekt der Hofbibliothek und ab 1745 auch Mitglied des Freimaurer-Bundes war, medizinische Vorlesungen und lehrte die griechische Sprache. Derart erhielten diese Räumlichkeiten – wie die *camera caritatis* im Brukenthal-Palais in Hermannstadt – bereits vor Errichtung einer „Akademie der Wissenschaften" diesen Charakter und können als deren Vorform betrachtet werden.[495]

Gottfried van Swieten, Gerards Sohn und Mitglied des Bundes der „Königlichen Kunst", war von 1777 bis 1803 ebenfalls Bibliothekspräfekt und zudem ein großer Musikliebhaber. Im Gebäude der Hofbibliothek veranstaltete er allwöchentlich musikalische Matineen. Im Publikum, das „großteils aus der denkerischen ‚Avantgarde' der Zeit [bestand]",[496] konnte man regelmäßig Wolfgang Amadeus Mozart antreffen. Gottfried van Swieten, der als Mäzen des Komponisten fungierte, begann in seinem Schützling die Bewunderung für die alten Meister wie Johann Sebastian Bach und Georg Friedrich

Händel zu wecken. Begeistert schrieb Mozart im April des Jahres 1782 aus Wien an seinen Vater in Salzburg: „Ich gehe alle Sonntage um 12 Uhr zum Baron van Suiten – und da wird nichts gespiellt als Händl und Bach."[497] Zudem kann als gesichert gelten, dass in den Räumen der Burg zumindest eine Freimaurer-Loge ihren Treffpunkt hatte.[498]

Damit ergibt sich eine weitere Verbindungslinie von Wien nach Hermannstadt. Die Hofbibliothek in Wien war als Ort des Universalwissens konzipiert, von ihrem Schöpfer Kaiser Karl VI. aber der Allgemeinheit zur Verfügung gestellt worden. Durch hohe Beamte Maria Theresias wurde sie, durch Lehre und Musikpflege den freimaurerischen Idealen folgend, mit Leben erfüllt. Derart korrespondierte diese Denk- und Kunstwerkstatt in ihrem Auftrag mit dem Brukenthal-Palais in Hermannstadt. Sowohl die Ikonographie am Eingangsportal des Brukenthal-Palais als auch die Zusammenkünfte der freimaurerischen Brüder und der intellektuellen Elite der Provinzstadt deuten nicht nur auf ein weltliches Palais, sondern auch auf einen einzigartigen freimaurerischen Tempel der Weisheit und Schönheit. Hinter der barocken Fassade seines Palais versuchte Brukenthal, durch seine unterschiedlichen Sammlungen und deren Freigabe zur allgemeinen Benützung seinen Teil zum Wohl der Menschheit beizutragen.

Da sich Samuel von Brukenthal sowohl an der Gestaltung seiner landwirtschaftlichen Güter als auch an der Errichtung seines Stadtpalais und seinen Sammlungen immer aktiv beteiligte, ist davon auszugehen, dass er mit dem Eichenportal und seinen Symbolen eine masonische Programmatik hinterließ. Die Freimaurer-Brüder waren zur Diskretion verpflichtet und aufgefordert, ihre Taten in Bescheidenheit zu vollbringen. Bislang ist dementsprechend keine schriftliche Quelle Brukenthals nachgewiesen, die sein Konzept dargelegt hätte.

Dennoch sprechen die Symbole am Eingangsportal eine deutliche Sprache: Die Weisheit der Bücher als Ergebnis eines lebenslangen Lernprozesses hatte den Bau geleitet, die Stärke von Brukenthals politischer Laufbahn hatte den Bau gegen zahlreiche Schwierigkeiten durchführen lassen, und die Schönheit der Kunstsammlung vollendete und zierte ihn. Zusammen mit Brukenthals landwirtschaftlichen Gütern – allen voran Freck – erweiterte sich das Programm zu einem Gesamtkonzept, das Natur und Kultur miteinander zum Wohle der Allgemeinheit zu verbinden suchte.

Eben diesem Konzept schien er sich zu verpflichten, wenn er formulierte: „Der Mensch ist geschaffen um glücklich zu seyn. Das ist der Zweck seiner Natur. Er ist geboren, um thätig und frey zu sein. Daher muss seyn Glück die Frucht seiner Arbeit werden.“[499] Hier hört man gleichsam die Diktion der Logenbrüder, denn in einem Freimaurer-Gedicht hieß es: „Arbeit ist das stärkste Glied / An der Kette dieses Lebens: / Jede leere Stunde flieht / Wie ein Traum, und ist vergebens.“[500]

Von der politischen Bühne in die Hallen der Weisheit und Schönheit

„Sich der Theil zum Ganzen mehre,
Groß sich zeige, dauernd währe.“[501]
Joseph Roth, 1817

Samuel von Brukenthal war als Berater Maria Theresias nicht nur eine wesentliche politische Stütze der Herrscherin, sondern auch ihr enger Vertrauter. Unter Joseph II. wurde er jedoch zum ausführenden Beamten. Zwei Persönlichkeiten, die sich der Aufklärung verschrieben hatten, konnten keinen gemeinsamen Nenner ihres politischen Selbstverständnisses finden.

Mit Beginn der Regentschaft von Joseph II. begann ab 1780 für Brukenthal eine schwierige Zeit. 1782 starb unvermutet und plötzlich die Gattin des Gouverneurs. Für viele war dies ein großer Trauertag. „Überhaupt ist die ganze Stadt in Bewegung, und ich sehe wenigstens fast niemanden, selbst diejenigen nicht, die sonst wenig Gefühl haben, der nicht dem Andenken dieser vortrefflichen Frau einig Zähren weihen sollte.“[502] Für Brukenthal aber bedeutete der Tod seiner Ehefrau einen besonders harten Schlag. „Er konnte nicht an den Sarg herantreten, weil er fürchtete, seiner Gefühle nicht Herr bleiben zu können, er zog sich in ein einsames Wohngemach zurück; bei der Begräbnisfeier vermochte er den kurzen Weg bis zur Kirche nicht zurückzulegen, man mußte ihn heimgeleiten. Verwunden hat er den Verlust nie. Nie wieder ist er zu einer öffentlichen Veranstaltung gegangen, sein Haus war kein Mittelpunkt des geselligen Lebens mehr.“[503]

Sophia von Brukenthal war eine zentrale Säule für den Aufstieg ihres Mannes gewesen und hat seine Karriere auch inhaltlich wesentlich mitgetragen. Sie wurde sowohl im Hermannstädter Umfeld als auch am Wiener Hof geachtet. Von Maria Theresia selbst erhielt sie das Privileg, bei ihr in einfacher Garderobe vorzusprechen.[504]

Unter Maria Theresia hatte der Politiker durch die Herrscherin

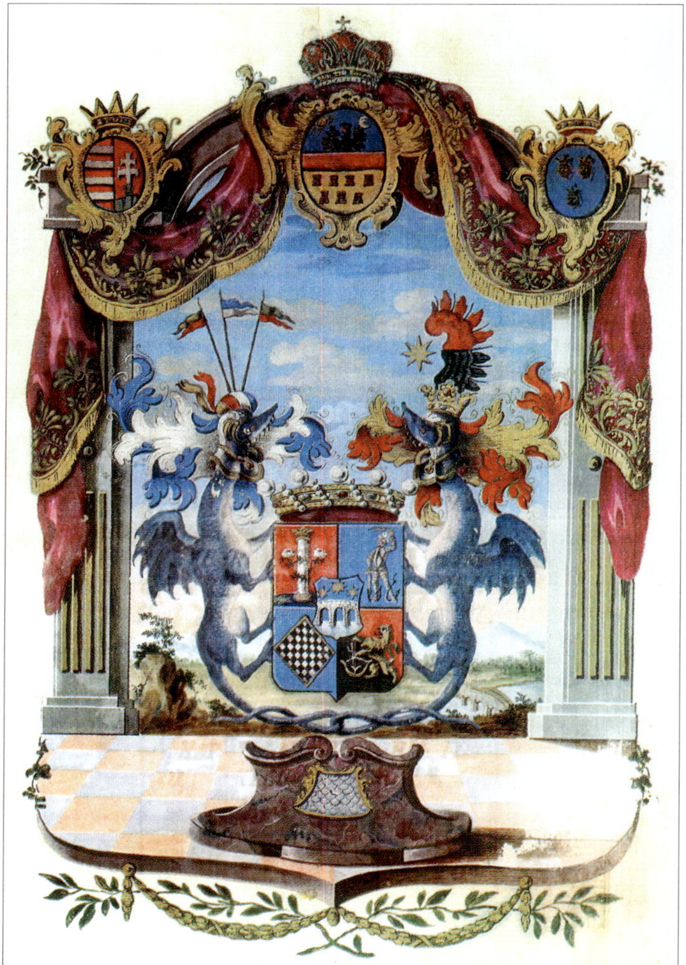

Neues Wappen Samuel von Brukenthals von 1762

eine sichere Rückendeckung. „In Siebenbürgen fürchtete sich alles vor ihm. Man wusste, er konnte erheben und stürzen."[505] Mit ihrem Nachfolger Joseph II. kam es jedoch zunehmend zu Differenzen, und Brukenthal wurde 1787 im Alter von 66 Jahren pensioniert. Gleichsam als Trost verlieh ihm der Kaiser das Großkreuz des Stephansordens. Dies war insofern eine Besonderheit, als man dazu gemäß Statuten mindestens vier adlige Ahnen vorzuweisen hatte. Zudem war Brukenthal neben dem Landgrafen von Hessen-Darmstadt der einzige Protestant, dem diese Ehre zuteil wurde.[506] Als sein Nachfolger wurde Graf Bánffy nominiert, den er schätzte und der ebenfalls ein einflussreicher Freimaurer war.

Er selbst zog sich in der Folge aus dem öffentlichen Leben zurück. Schon 1785 hatte er gesagt: „Alles das, was die Welt glaubt, was mich glücklich macht: Stand, Ehren, Vermögen, meine Gärten (...) meine äußerliche Pracht, nichts hält mich ab. Das ist die Bestimmung der Menschen, den Weg müssen wir alle gehen."[507] 1781 aber wurde in ähnlichen Worten der Zweck der Freimaurerei in einem Buch formuliert, das sich in der Brukenthal-Bibliothek befindet: „Nicht Vortheile, nicht Ehren, nicht Besitzungen von Ländereyen, nicht Genuß von Leibrenten und Präbenden, sind die Zwecke, denen die wahre Maurerei gewidmet ist."[508] Der wahre Zweck wurde darin gesehen, soviel Glück und Zufriedenheit als möglich um sich auszubreiten, die Samen für eine allgemeine Glückseligkeit zu legen und die Früchte davon für die Zukunft zu bewahren.[509]

Diesem Leitmotiv sollte der Baron nun ausschließlich folgen. Er widmete sich den Studien, seinen Sammlungen und Büchern sowie der Landwirtschaft und traf sich zu Diskussionsrunden mit den Logenbrüdern in seinem Palais. 1791 schrieb er etwas resigniert, aber dennoch aus tiefster Überzeugung: „Ich glaube nicht, daß sich das Wesen der Dinge einiger Wenigen wegen verändern werde, vielmehr bin ich überzeugt, dass das Gute emporsteigen und aus der Verwirrung bald und mit Macht hervorbrechen dürfte."[510]

Das Testament
Ein philosophisches Vermächtnis

„Geöffnet ist des Tempels Halle,
Wo Wissenschaft und Kunst sich eint.“[511]
Joseph Roth 1817

Im Jahre 1802 verfasste der hoch betagte Baron sein Testament. Da die Brukenthals kinderlos geblieben waren, hatte er sich zusammen mit seiner Frau seines Neffen Michael von Brukenthal (1746–1813) angenommen und diesen gleichsam als Nachfolger aufgebaut. Auch dieser hatte Karriere gemacht, war 1789 dem Bund der „Königlichen Kunst“ beigetreten und amtierte seit 1790 als „Sachsengraf“.[512]

Seine Entscheidung, eine ungarische Adelige, Kristine Gräfin Teleki, zu heiraten, entsprach jedoch überhaupt nicht den Vorstellungen des Onkels, der dafür, wie berichtet wurde, nur kritische Kommentare übrig hatte. „Er nahm den Geist des Ungarischen Adels durch Umgang, Heirath, Güteranschaffung an und vertheidigte die Rechte der Sächsischen Nation in den critischen Umständen dieser Zeit nicht mit dem Eifer und Entschlossenheit, wie es der alte Herr von einem Comes Nationis verlangte.“[513] Das Erbe ging daher nicht, wie erwartet, an ihn, sondern an Brukenthals Großneffen, Johann Michael Joseph.

Um eine Zersplitterung seines Eigentums – das heißt seiner diversen wertvollen Kunstsammlungen – zu verhindern, fasste Brukenthal sein Erbe zu einem Gesamten zusammen und verfügte es als Fideikomiß. Das bedeutete, dass ein Haupterbe in männlicher Linie zwar das Nutzungsrecht und die Pflicht zur treuhänderischen Verwaltung, nicht aber die uneingeschränkte Verfügungsgewalt erhielt. Dies war eine kluge und zukunftsorientierte Tat. Sie verhinderte eine Zerstreuung und Zerstörung der Kollektionen, wie sie bei vielen anderen Sammlungen eintrat. Albert von Sachsen-Teschen sollte Jahre später diesem Beispiel folgen. Dessen private Kunstsammlung begründete damit ebenfalls ein Museum – die weltberühmte Albertina in Wien.

Die Erbfolge bei Brukenthal war streng patrilinear geregelt. Frauen räumte er keinerlei Erbmöglichkeit ein, bedacht wurden nur die jeweiligen Söhne. Wie sehr es Brukenthal dabei auch darum ging, seinen Namen in die Zukunft hinein zu erhalten, wird daraus ersichtlich, dass im Falle der Fortführung über eine weibliche Linie der Sohn den Namen „Brukenthal“ anzunehmen hatte.[514]

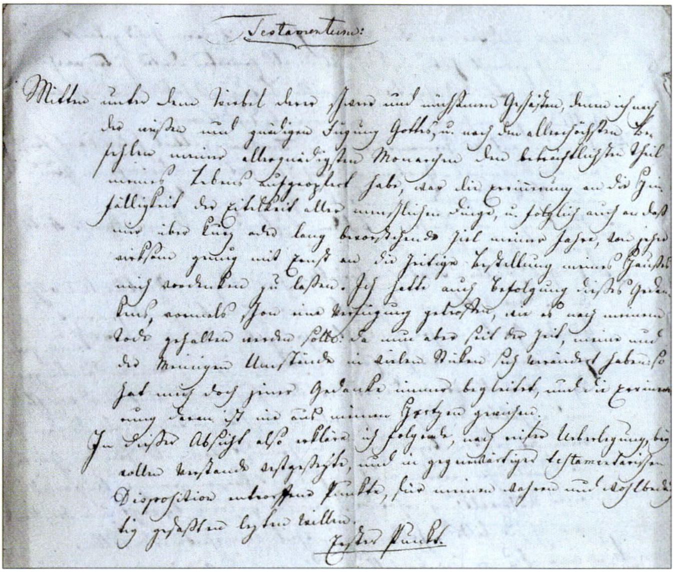
Testamentum:

Das Testament 1802

Obwohl Brukenthals sozialer Aufstieg in erster Linie dem Vermögen seiner Gemahlin geschuldet war und er seine Karriere einer weiblichen Regentin, Maria Theresia, zu verdanken hatte, zeigt sich an diesem Testament seine traditionelle und patriarchale Denkweise. Drei Jahre vor seinem Tod schrieb er nach Wien an Abbé Neumann: „(…) ich sehne mich oft nach guten und geliebten Freunden, deren Gespräch mir so wohltuend war, ich sehe mich von einem neuen Geschlecht umringt, die das nicht sind, was wir waren und nicht leisten können, das ich bedarf. Das ist, glaube ich die Lage aller Alten, und ob es gleich schwer ist, sich darein zu finden, so muß es doch seyn.“[515]

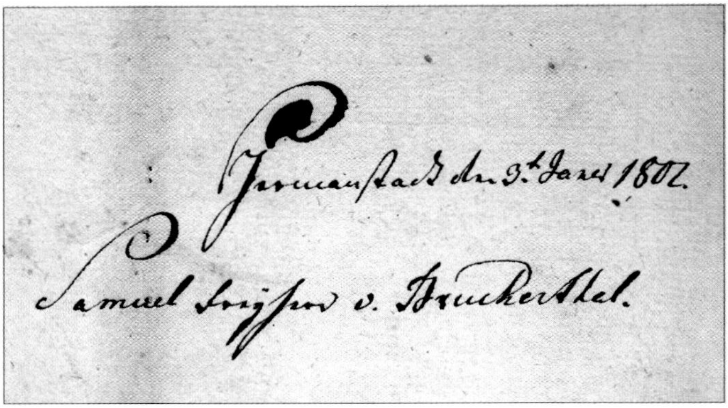

Die Unterschrift des Erblassers

In seinem Testament zeigte sich Brukenthal von zwei ambivalenten Seiten: Einerseits handelte er streng sächsisch-national, indem er nun nicht mehr seinen Neffen Michael – der seinem Verständnis nach der sächsischen Idee abtrünnig geworden war –, sondern Johann Michael Joseph, einen minderjährigen Sohn seines Neffen Peter Carl von Brukenthal, zum Universalerben einsetzte. Andererseits aber bedachte er die Allgemeinheit. Beide Richtungen gründeten sich auf freimaurerische und aufklärerische Strömungen und basierten auf einem tiefen Glauben.

Dem religiösen Ansatz entsprach ein zusätzlicher Passus des Testaments: Im Falle des endgültigen Erlöschens der männlichen Linie sollte das deutsche Hermannstädter Gymnasium Rechtsnachfolger sein, das der evangelischen Kirche unterstand. Dies bedeutete *de facto* eine Enterbung der Familie zu Gunsten der Allgemeinheit, allerdings mit sächsisch-nationaler und evangelisch-konfessioneller Ausrichtung. Da die rumänische und die ungarische Bevölkerung anderen Bekenntnissen angehörten und nur die sächsische Ethnie evangelisch war, betonte Brukenthal den patriotischen Charakter.

Trotz diesen Widersprüchen bedeutete sein Vermächtnis nicht nur eine Verewigung der Person Brukenthals in der Zukunft, sondern es war auch kulturpolitisch eine weit reichende Tat.

Dies formulierte er 1802 in seinem Testament folgendermaßen:

Er verfügte in „gemeinnütziger und patriotischer Absicht",[516] dass seine Privatgalerie in ein dem Publikum zugängliches Museum umgewandelt werden sollte, was die Galerie bereits 1817 zum ersten öffentlichen Museum in ganz Südosteuropa machte. Weise vorausblickend versah er sein Erbe zudem mit einem Stiftungskapital von 36 000 Gulden – eine beträchtliche Summe, wenn man bedenkt, dass das Jahresgehalt eines Gouverneurs 18 000 bis 24 000 Gulden betrug, seine Rente jedoch nur 4000 Gulden ausmachte.[517]

Mit diesem Geld sollte ein Kustos bezahlt und die Bibliothek immer auf den aktuellsten Stand gebracht werden. In der Eröffnungsrede des Museums 1817 bezeichnete es Johann Filtsch bereits als „sächsisches Nationalmuseum".[518] Regionalpatriotismus und Universalismus standen einander gegenüber, monumentalisierten sich in einem Museum und verewigten seinen Schöpfer.

Samuel von Brukenthal starb nur ein Jahr nach Abfassung seines Testaments am 12. April 1803.[519] In einem Nachruf des Siebenbürger Bothen heißt es: „So wird seine ungeschminkte Frömmigkeit, sein reiner Wahrheitssinn, seine Humanität, und sein für alle Tugenden des geselligen Lebens empfängliches Herz sein Andenken nicht allein bei seiner Nation und seinen Zeitgenossen, sondern gewiß bis auf die späteste Nachwelt im Seegen erhalten."[520]

Als letzter politischer Würdenträger wurde er in der evangelischen Kirche von Hermannstadt bestattet. Um sein Andenken in Erinnerung zu bewahren, gab sein Erbe Johann Michael und dessen Vater Peter Carl bei dem Steinmetz Johann Martin Fischer (1741–1820) in Wien ein Grabdenkmal in Auftrag.[521] Dieser fertigte mehrere Entwürfe, von denen schließlich eine imposante, 5,9 Meter hohe Pyramide aus rotem und bläulichem Marmor gewählt wurde. Das Epitaph sollte durch die Aufschrift nicht nur an Samuel von Brukenthal, sondern auch an dessen verstorbenen Bruder Michael erinnern. Die Konzeption der Pyramide war – wahrscheinlich durch den Auftraggeber Peter Carl bedingt, der 1776 der Hermannstädter Loge beigetreten war[522] – klassizistisch-freimaurerisch ausgelegt. Das Monument erreichte jedoch seinen Bestimmungsort nie, sondern versank bei der Stadt Arad im Fluss Mieresch. Nur Reste konnten gerettet werden, die sich seither im Brukenthal-Museum befinden. Die Nordsäule in der evangelischen Pfarrkirche, seiner letzten Ruhestätte, trägt erst seit 1975 eine Erinnerungstafel.

Als 1872 der letzte männliche Nachkomme Samuel von Brukenthals starb, fiel seine Sammlung an die Evangelische Kirche, in deren Eigentum sie bis 1948 blieb. Die „Nationalisierung" durch die kommunistische Regierung machte das Brukenthal-Museum bis 1989 zu einer staatlichen Institution.

Die kommunistische Ära griff erstmals gegen den Willen des Stifters in die Belange des Museums ein. Man ließ nicht nur 19 Bilder, sondern ganze Teile der übrigen Sammlungen nach Bukarest bringen. Nach der politischen Wende von 1989 gab es Bemühungen, das Erbe im Sinne seines Stifters wieder in das Eigentum der Evangelischen Kirche zu bringen. Bezüglich des Sommersitzes in Freck sind die Restitutionsansprüche seit 1999 erfüllt; das Museum wurde 2005 zurückerstattet, die Bilder kehrten 2006 zurück. Die Evangelische Kirche als neue Verwalterin hat damit nicht nur ein umfangreiches und wertvolles Erbe übernommen, sondern auch die Pflicht, den kulturpolitisch-zukunftsorientierten Auftrag eines visionären Erblassers weiterzuführen.

Brukenthals Sammlungen sind nicht nur die Folge einer barocken Sammellust, sondern können als Resultat einer angewandten masonischen Haltung interpretiert werden. Weisheit, Stärke und Schönheit – die drei zentralen Begriffe freimaurerischen Handelns – mögen dabei eine Leitlinie gewesen sein.

Das Eingangstor seines Stadtpalais ist mit maurerischen Symbolen – allen voran Minerva, die diese Trias symbolisiert[523] – geradezu aufgeladen. Insofern bildet es zusammen mit seinem Sommersitz, dem landwirtschaftlichen Mustergut in Freck, ein Gesamtensemble, das als weltlich-realer „Tempel der Humanität" interpretiert werden kann und hinter barocker Fassade ein symbolisches Erbe formuliert.

Im 21. Jahrhundert präsentiert sich das Konzept Brukenthals als modernes Modell: Die Voraussetzungen des Museums basierten auf einer Sammlung mit internationalem Niveau. Mit dem Sommersitz in Freck, dem einzigen noch existierenden Barockgarten Rumäniens,

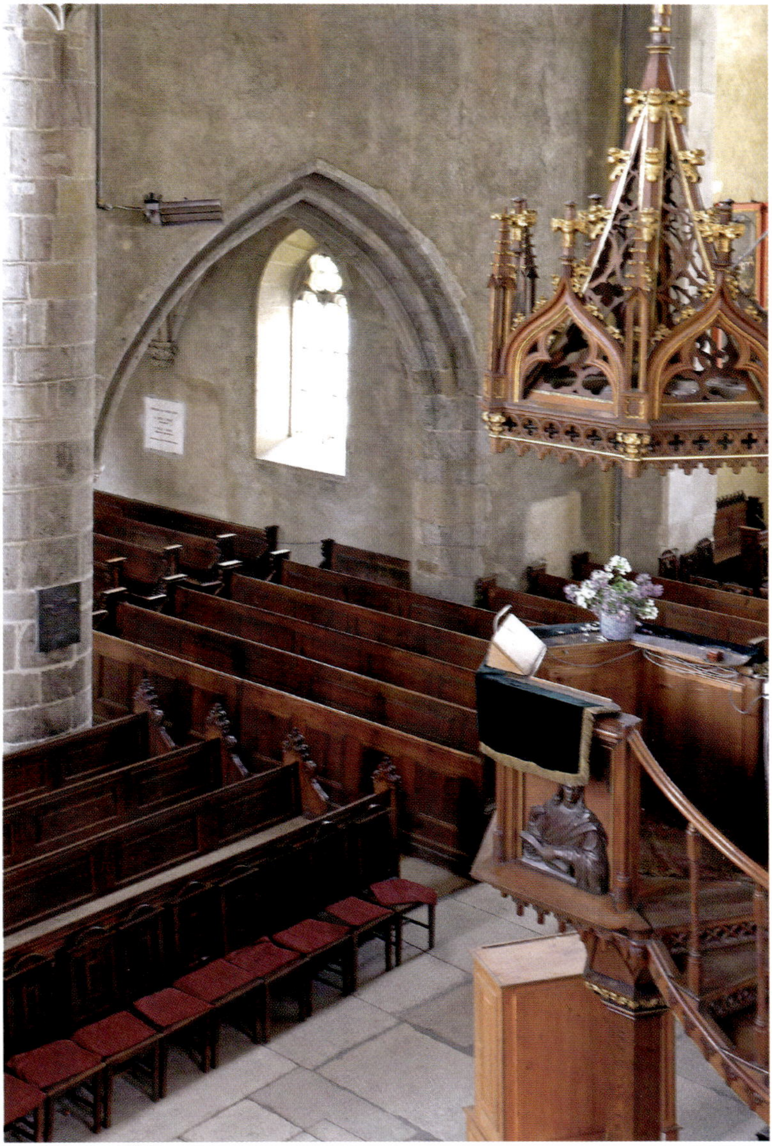

Nordsäule der Evangelischen Kirche Hermannstadts mit Gedenktafel

den es zusammen mit dem biologischen Mustergut zu revitalisieren gilt, kann es eine Schnittstelle zwischen Natur und Kunst wie zwischen Wissenschaft und Wirtschaft schaffen. Damit können die Anlagen Zentren jener Lebendigkeit herstellen, die produktive nationale und internationale Impulse zu setzen im Stande sind. Brukenthals Lebenswerk sollte in Europa einen aktiven kultur- und wissenschaftspolitischen Auftrag erfüllen. Peripherie und Zentrum, Landkultur und Stadtleben könnten dabei jenes kreative Potential fördern, das für Innovationen bereit ist und zur allgemeinen Glückseligkeit beitragen wollte und will.

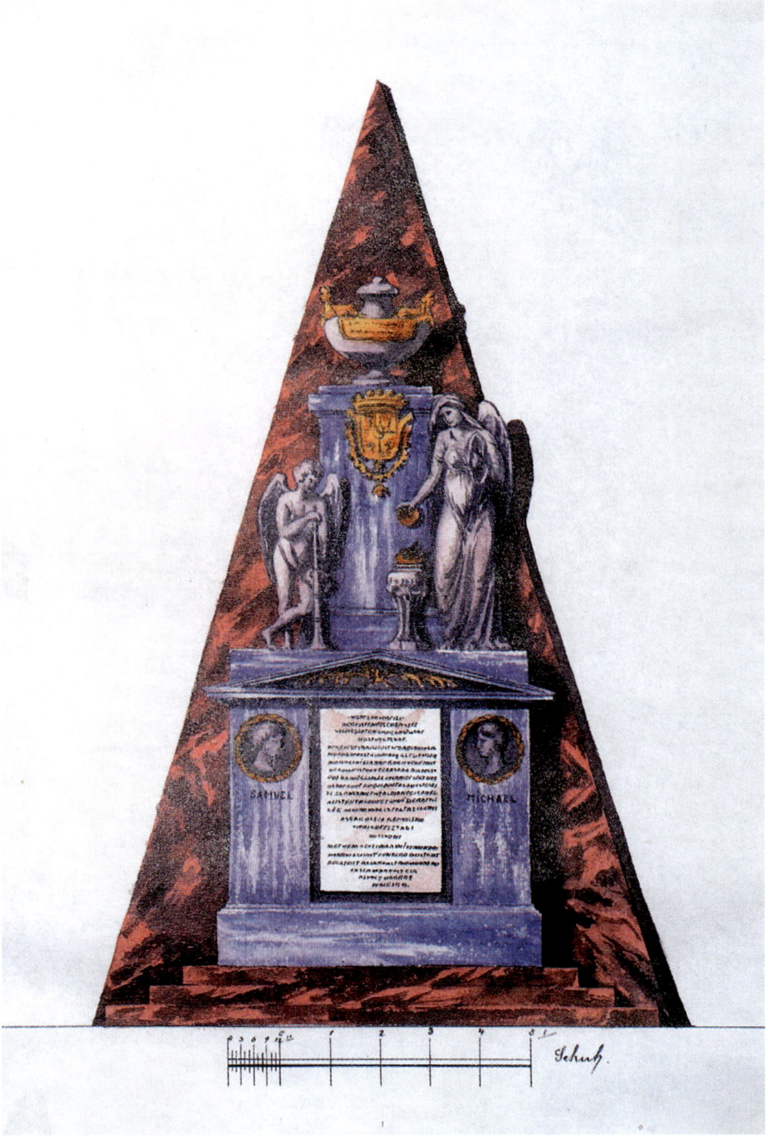

Martin Fischer: Entwurf des Epitaphs für Brukenthals Grab

Nachhall
Wirkungsgeschichte

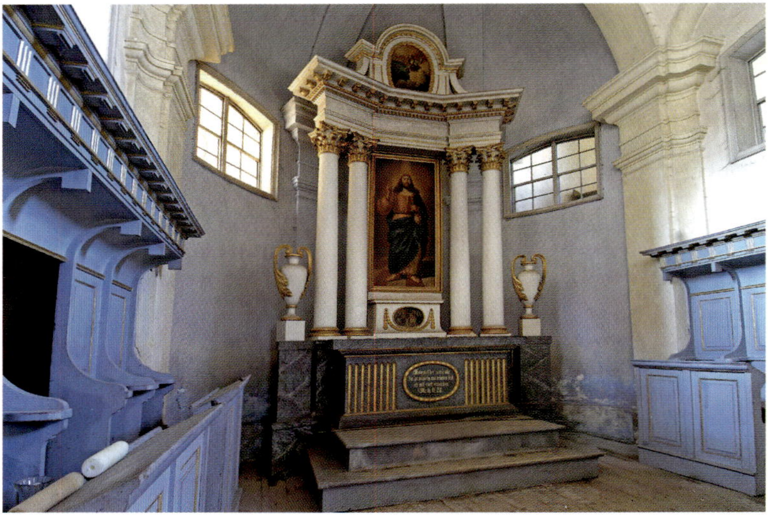

Franz Neuhauser: Altarbild in Leschkirch

Der Geburtsort Samuel von Brukenthals, Leschkirch, hatte eine der ältesten Kirchenburgen Transsilvaniens.[524] Ursprünglich in romanischem Stil erbaut, sollte sie die Bevölkerung über Jahrhunderte hinweg vor feindlichen Übergriffen schützen. Der kleine Samuel war visuell und real im Angesicht des imposanten Bauwerkes mit seinen verschiedenen Ecktürmen aufgewachsen. Für die Familie Brukenthal war die Kirche zentrales Element in ihrem Leben; sie wurde immer wieder mit Spenden bedacht. So übergab die Witwe von Samuels Bruder Michael den Verantwortlichen 1778 eine Geldspende zur Verbesserung der Orgel.[525] Diese war ihrerseits – wie aus einem in der Kirche angebrachten Epitaph ersichtlich ist – bereits von Samuels Vater Michael Brekner gestiftet worden.

Als 1798 der Glockenturm der Kirche einstürzte, beschloss man, neben der alten eine neue Kirche zu errichten und jene nach Fertigstellung des neuen Gebäudes abzutragen. Die Arbeiten dauerten von 1803 bis 1806 und konnten nur durch höchsten Arbeits- und Finanzeinsatz der Bevölkerung bewerkstelligt werden.[526] Auch Samuel von Brukenthal beteiligte sich 1802, ein Jahr vor seinem Tode, mit einer großzügigen Geldspende von 1000 Gulden, einem Viertel seiner Jahrespension. Da der Kostenvoranschlag 3776 Gulden ausmachte, war diese Summe nicht unbeträchtlich. Das Altarbild fertigte Franz Neuhauser, der auch für Brukenthal tätig gewesen war, im Jahre 1816. Die Kanzel, die von Regina von Brukenthal und ihrem Schwiegersohn gestiftet wurde[527], war 1825 fertig gestellt. Hier befindet sich auch, in imposanten goldenen und blauen Farben umgesetzt,

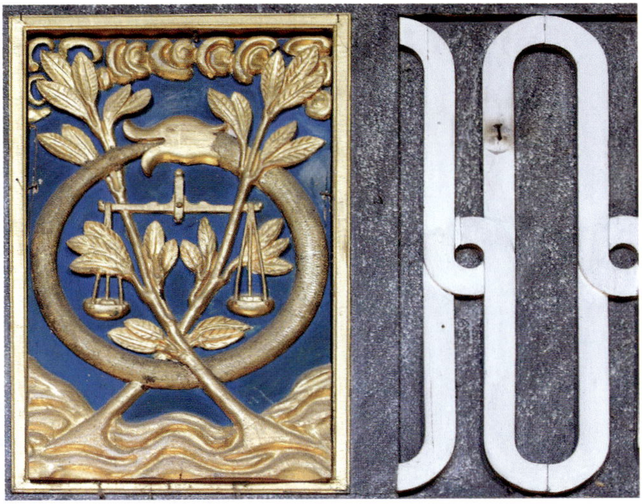

Leschkircher Uroboros im Dekorband à la Brukenthalpalais

das ursprüngliche Wappen der Brukenthals. Die Familie hinterließ sichtbare Spuren.

Die Innenausstattung der neuen evangelischen Kirche in Leschkirch zeigt zudem die stilistische Wirkungsgeschichte von Brukenthals architektonischer Hinterlassenschaft. Motive wie jene Musikinstrumente, die sich auch in seinem Palais in Hermannstadt befinden, erscheinen hier in gleicher Aufmachung unter der Orgel.

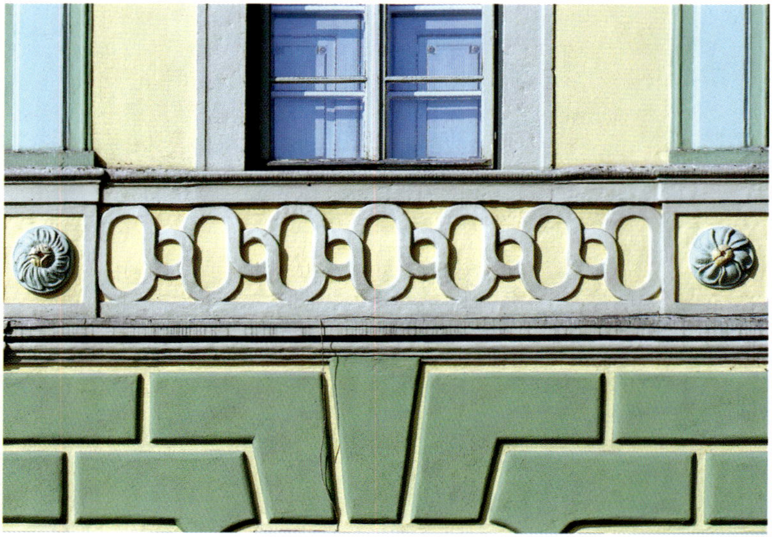

Fassadendekor am Brukenthalpalais

Das horizontal verlaufende Querband ist sowohl an der Außenwand des Brukenthal-Museums als auch als Stuckatur in den Festsälen wahrzunehmen.

Ob Brukenthal an sein Sponsoring gestalterische Wünsche geknüpft hat, ist mangels Quellen nicht eindeutig festzustellen. Dennoch sind die Ähnlichkeiten von Stilelementen zwischen dem Hermannstädter Palais und dem Leschkircher Gotteshaus unübersehbar. Damit reiht sich die Kirche als wesentliches wirkungsgeschichtliches Zeugnis in einen virtuellen Brukenthal-Pfad ein. Ebenso wie das Museum in Hermannstadt und wie „Klein Schönbrunn" mit seinem einzigen Barockgarten Rumäniens in Freck sind die rumänisch-orthodoxe Kirche von Poplaca mit dem Barockportal und Leschkirch außergewöhnliche Kulturdenkmäler.

Leschkirch hat seine sächsischen Einwohner und Einwohnerinnen bis auf eine Person, deren Sarg im Kirchenraum aufbewahrt wird, verloren. Die Häuser werden von rumänischer Bevölkerung und von Roma bewohnt. Das Gotteshaus ist geschlossen, die Erinnerung an seine kunsthistorischen Besonderheiten droht zu versinken. Das der Kirche gegenüberliegende ehemals imposante Geburtshaus des Freiherrn ist in desolatem Zustand und verfällt. Das historische Vermächtnis und die Botschaft dieses virtuellen Pfades aber ist jenes immaterielle Kulturerbe, das durch die Gebäude und ihre Schätze unmissverständlich vor Augen steht.

Aus seinen Einzelteilen zu einem Gesamtkonzept zusammengefügt entsteht ein Bild, das sich aus dem visionären Denken der Aufklärer des 18. Jahrhunderts und seiner siebenbürgischen Proponenten speist: ein Modell der Möglichkeit einer Verbindung des Schönen mit dem Nützlichen als Beitrag zu einer „allgemeinen Glückseligkeit". Ränder werden zu neuen Kreuzungspunkten und Peripherien zu Impulsträgern für die Zentren – wenn das verantwortungsvolle Erinnern über das bereits Vorgedachte zu Nachahmung lädt.

Epilog
Teamarbeit zwischen Peripherie und Zentrum

„Siegend nur das Eine ringt,
Was durch innre Kraft sich nähret,
Was zur Tat der Wille bringt.“[528]
Joseph Roth 1817

Fünfundachtzig Jahre nach Brukenthals Tod kehrte der treue Gouverneur an die Seite seiner Herrscherin zurück. Mitten in Wien, im Herzen der Stadt, flankiert vom Natur- und vom Kunsthistorischen Museum, war 1888 das imposanteste Monument der Habsburger Metropole, das Maria-Theresien-Denkmal, fertig gestellt worden.[529]

Es verewigte nicht nur die Herrscherin, sondern auch ihre wichtigsten Vertreter aus Militär, Politik, Kunst und Wissenschaft. Der geistige Vater der Programmatik war der Historiker Alfred von Arneth, Autor einer mehrbändigen Biographie Maria Theresias. Arneth hatte als Direktor des Haus-, Hof- und Staatsarchivs nicht nur Zugang zu den Akten, er war auch bürgerlicher Abgeordneter im Revolutionsjahr von 1848 gewesen. Sein Verständnis von Herrschaft verband das royalistische Prinzip mit dem bürgerlichen. Maria Theresias Regentschaft wurde als Teamarbeit interpretiert und als solche monumentalisiert. Die Mitarbeiter waren nicht nur schmückendes Beiwerk, sondern zentrale Säulen ihres Reformprogramms.

Die symbolische Sprache des Denkmals ist eine zweifache: Sie erzählt vom vererbten dynastischen Prinzip, aber auch von den hervorragenden, selbst erworbenen Leistungen bürgerlicher Repräsentanten. Das Monument wird sichtbares Denkmal eines Teamgeistes, der soziale Schranken überwand und neue Bündnisse herstellte, in denen auch Politik und Kunst miteinander verwoben wurden.[530]

Zusätzlich offenbart sich noch eine andere Deutung: Von den zahlreichen Figuren des Denkmals waren bedeutende Persönlichkeiten Mitglieder des Freimaurerbundes – etwa der Begründer der

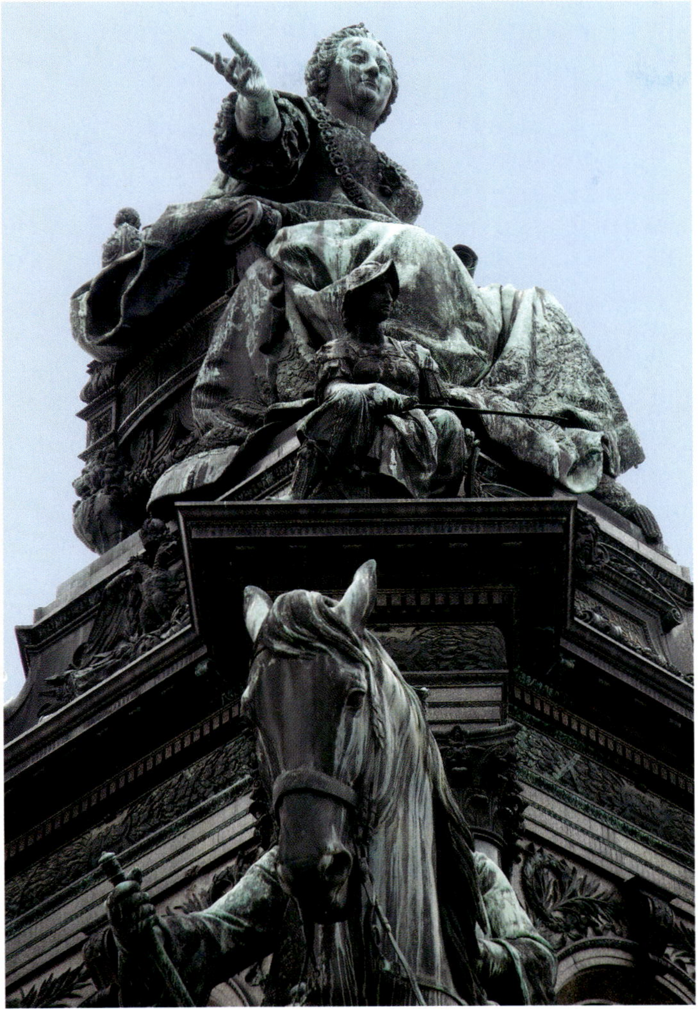

Maria Theresiendenkmal in Wien 1888
Künstler: Kaspar von Zumbusch – Konzept: Alfred von Arneth

wissenschaftlichen Numismatik Joseph Hilarius Eckhel, der Leibarzt und enge Vertraute der Herrscherin Gerard van Swieten, der Schriftsteller und kaiserliche Rat Joseph von Sonnenfels, der 1776 die Todesstrafe abschaffen ließ, sowie die Komponisten Wolfgang Amadeus Mozart und Joseph Haydn[531]. Zählt man auch noch Samuel von Brukenthal hinzu, so wird die Bedeutung der Aufklärung und der Freimaurerei als ihrer speziellen Ideenagentur unter Maria Theresia offensichtlich.[532]

Im Zentrum Wiens positioniert, ist Samuel von Brukenthal nicht nur Teil einer Gruppe und eines aufklärerischen Arbeitsteams – er stellt auch die Brücke zwischen Peripherie und Zentrum her. Zusammen mit seinen regionalen und europäischen Mitdenkern symbolisiert er jene Ideen der Aufklärung, die die Balance zwischen Vernunft und Leidenschaft, zwischen Kollektiv und Individuum mit Überzeugung gesucht, aber auf dem Wege dorthin immer wieder verloren haben. Der Verstand, der den Aberglauben besiegte, sollte über die verzauberte Natur gebieten.[533]

Ein positives Erbe des rationalen Prinzips hatte jedoch die Emotionen als Werte des Ausgleichs weitgehend zurückgedrängt, auf dem Altar eines bürgerlichen Disziplinierungs- und Leistungsprinzips geopfert und in die Regionen des Unterbewussten verlagert. Das angestrebte Prinzip der Harmonie der Gegensätze zerbrach bereits in dem Moment, als es formuliert wurde.

Dennoch flimmert von hier aus ein Funke der Erkenntnis des globalen Dorfes des 18. Jahrhunderts in die globalisierte Welt des 21. Jahrhunderts herüber. Die Balance von Gegensätzen ist ein Desiderat beider – ebenso wie die Freiheit von Vorurteilen. Der Traum von Gleichheit muss als Geschlechterdemokratie neu formuliert werden. Das Bewusstsein über die Balance von Denken und Träumen, von Rationalität und Emotionalität aber ist eine Kategorie der Aktion. Die Museums- und Gartenkulturen Brukenthals können als experimentelles Modell der Tat verstanden werden.

In Brukenthals Lebenswerk spiegeln sich sowohl die Modernisierungstendenzen des 18. Jahrhunderts als auch die Ambivalenzen der Aufklärung wider. Zwischen protestantischer Askese

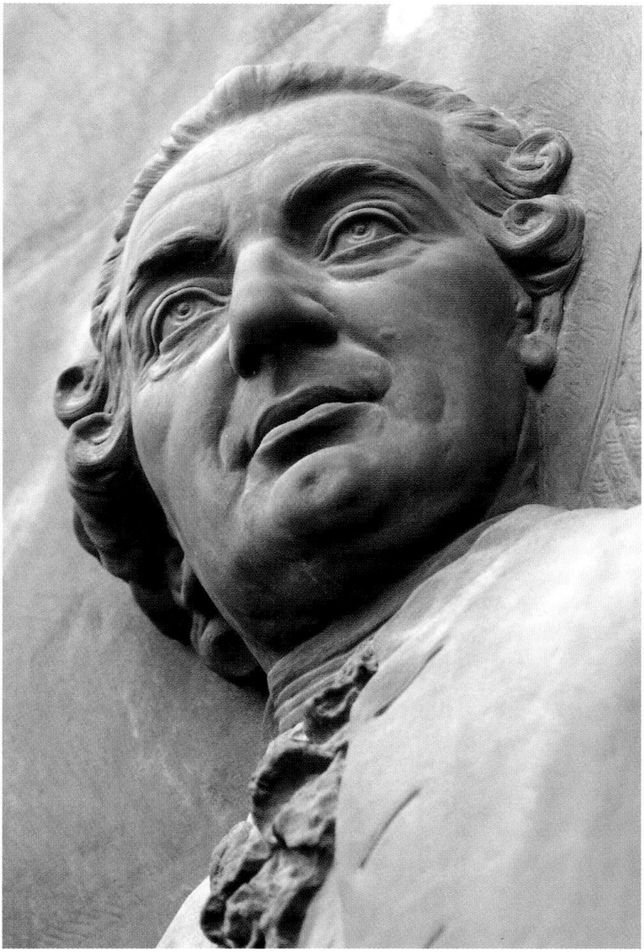

Samuel von Brukenthal am Maria Theresiendenkmal von Wien

und barockem Luxus, strenger bürgerlicher Arbeitsdisziplin und adeligem Genuss, intellektueller Theorie und bäuerlicher Praxis, rationaler freimaurerischer Vernunft und esoterischer Mystik gilt es die Ambiguitäten Brukenthals auszuloten und bestehen zu lassen. Obwohl Kosmopolit, war er ein sächsisch-patriotisch denkender und handelnder Politiker. Einerseits aufgeklärt vorwärts gerichtet, war er ebenso traditionalistisch nach rückwärts gekehrt. Dennoch realisierte er im Wechselverhältnis von Peripherie und Zentrum, von Aufbruch und Beharrung ein spezifisches Konzept von Leben, das zwischen diesen unterschiedlichen Bereichen Kreuzungspunkte suchte.

Als erster sächsischer Gouverneur von Siebenbürgen trug Samuel von Brukenthal zur Beibehaltung der rechtlichen Privilegien der deutschsprachigen Volksgruppe bei, was die anderen Nationalitäten benachteiligte. Gleichzeitig setzte er sowohl in wirtschaftlicher, ökonomischer als auch in kultureller Hinsicht für Transsilvanien und seine multiethnische Bevölkerung weit reichende Modernisierungsimpulse.

Als sozialer Aufsteiger wurde Brukenthal in Wien, in der Metropole eines Millionenreiches, fern der Peripherie ein Fremder. Fremd wurde er – als ein mit den höfischen Sitten einer barocken Repräsentationskultur Zurückgekehrter – auch in seiner Heimat Siebenbürgen. Als Gratwanderer balancierte er zwischen den verschiedenen Welten von Region und Zentrum – von Herkunft und sozialem Aufstieg. Sein Leben folgte einem Modell, das zwischen systematisch-wissenschaftlichem Denken, politischem Engagement und praktisch-wirtschaftlichem Handeln oszillierte und der Ästhetik der Kunst in allen Bereichen verpflichtet war. Symbolisch mag er damit am Wendepunkt zwischen Neuzeit und Moderne stehen und die Brücke zwischen Kultur und Natur begehbar erhalten. In seiner Realisierung des Lebens stehen sich Geist und Körper, Intellekt und Emotion nicht nur gegensätzlich oder feindlich gegenüber, sondern verbinden sich immer wieder zu einem produktiven Ganzen.

Die Einflüsse, die diesem Modell zu Grunde liegen, sind mentalitätsgeschichtlich der symbolischen Politik eines Aufsteigers geschuldet, der mittels barocker Bau- und Lebensweise adelige

Traditionen aus Wien nach Hermannstadt importierte, damit eine persönliche Karriere monumentalisierte und für andere wesentliche Impulse setzte. Es gelang ihm, durch gezielte Repräsentation seiner Funktion als Gouverneur von Siebenbürgen den passenden Rahmen zu verleihen und als Sachse des Beamtenadels dem ungarischen Erbadel Paroli zu bieten.

Seine Sammlungen, von der Wiener Hochkultur inspiriert, folgen ganz dem Trend und den Moden der Zeit. Sie dienen jedoch nicht nur der Repräsentation, sondern unterliegen einem Nützlichkeitsprinzip. Dieses bezweckte in einer alles umfassenden Volksbildung die praktische Verbesserung der Lebensbedingungen der siebenbürgischen Bevölkerung. Insofern ist Brukenthals Lebenswerk auch vom Ideengebäude der Freimaurer inspiriert. Sowohl seine Karriere als auch die ideengeschichtliche Ausrichtung seiner Sammlungen harmonisieren wesentlich mit dem Konzept der „Königlichen Kunst“ und dem regionalen und internationalen Netzwerk der Logenbrüder, die ihre Ideen nicht nur zwischen Deutschland, Wien und Siebenbürgen austauschten, sondern deren Kooperation sogar bis nach Amerika reichte.

Eine wesentliche Grundlage der Freimaurerei war es, durch Bildung, Wissenschaft, Kunst und humanitäres Engagement zu einer allgemeinen Verbesserung der Lebensbedingungen beizutragen. Man dachte kosmopolitisch und arbeitete in Teams. Brukenthal agierte nicht allein. Insofern mag er sein weltliches Palais als freimaurerischen „Tempelbau der Humanität“ verstanden haben, der als Kulturdenkmal den Auftrag von Weisheit, Stärke und Schönheit sinnbildlich in die Zukunft führen sollte. Mit seinen Sammlungen schuf er der Kunst eine Stätte, den Musen ein Heim und der Forschung ein Zuhause. In der transsilvanischen Provinz praktizierte demnach ein Kosmopolit auch jenen regionalen Geist, den er in Form eines ideellen sowie eines realen Erbes hinterließ.

Bislang in seinem Wert wohl noch unterschätzt, warten das materielle und das immaterielle Vermächtnis darauf, wieder jenes Kulturerbe anzutreten, das ihm von seinem Stifter zugedacht war. In seiner Einzigartigkeit sollte es jenen internationalen Rang erhalten, der den Ideen seines Gründers entsprach. Hermannstadt liegt mit seinen Schätzen keineswegs hinter den Wäldern. Das historische Modell des barocken Barons ist höchst modern: Es beinhaltet, ein Vermächtnis lebendig zu gestalten, die Ästhetik von Kunst in den Alltag zu bringen, Erkenntnisse mittels Forschung praktisch verfügbar zu machen sowie im Kollektiv eines kosmopolitischen Denkens zu verankern und zusammen mit anderen neue Wege zur allgemeinen Glückseligkeit zu beschreiten.

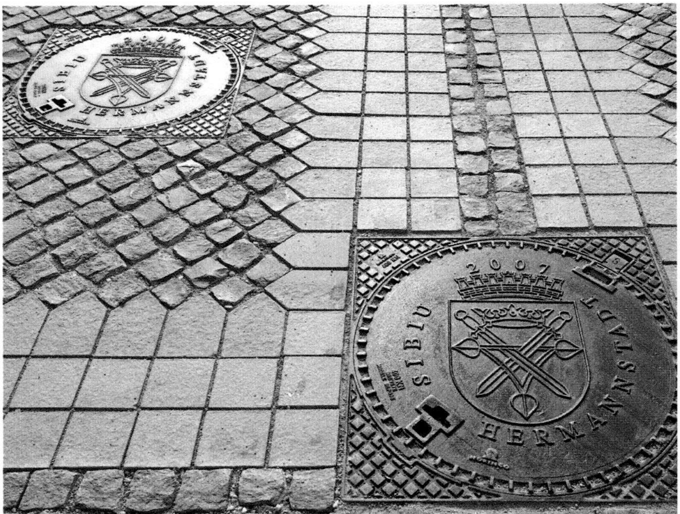

Lieder zum Johannisfeste der Loge St. Andreas zu den drey Seeblättern im Orient zu Hermannstadt

Heil dir Tag der schönsten Feyer,
Die kein Maurer je vergißt,
Dem das Band der Freundschaft theuer,
Bruderliebe heilig ist.
Deiner Rückkunft uns erfreuen,
Von profanen Fesseln frey,
Und den Liebesbund erneuern
Wollen wir durch dreymal drey.

Unser Tagwerk zu vergelten,
Von den Meisten noch verkannt,
Hat der Architekt der Welten
Einen Schutzgeist uns gesandt,
Der mit Zauberkraft der Brüder
Herzen ineinander schlingt,
Und so unbemerkt die Glieder
Ihrer Kette näher bringt.

Genius der Bruderliebe,
Edlen Menschen nur verwandt,
Wo du hinschwebst, wird der trübe
Herzenskummer weggebannt.
Du giebst in versengten Wüsten
Lebensquellen frischen Lauf,
Und von Gronlands kalten Küsten
Rufst du Balsamstauden auf.

Du prägst Mitleid unsern Herzen
Mit der Liebe Siegel ein,
Lehrst uns bei der Brüder Schmerzen
Thätig und gefühlvoll seyn;
Ziehst von unserm Aug die dichte
Binde, die die Thorheit band,
Und mit deinem Himmelslichte
Ueberhellst du den Verstand.

Thorheit und den Aberglauben
Ihren Zögling hassest du,
Und das Glück, das sie uns rauben,
Führt dein Arm uns wieder zu.
Du erwägst nicht, welche Lehre
Welchen Glauben jeder kiest,
Wenn er zu der Menschheit Ehre
Nur ein guter Bürger ist.

Titel und des Prunks Beschwerden,
Daß sie nie zur Scheidewand,
Zwischen guten Menschen werden,
Ebnest du mit kluger Hand.
Du weißt, daß der Brudername
Unsre Herzen näher rührt,
Und sehr oft ein reicher Same
Schöner Edelthaten wird.

Bleib uns günstig, daß dein Segen
Unsre Arbeit nie verläßt
Unter frohen Herzensschlägen
Feyern wir dein Jubelfest.
Ewig deinem Dienst uns weihen,
Genius der Maurerey!
Und den Liebesbund erneuen
Wollen wir durch dreymal drey!

Was ist die Maurerey?
Ein Bund der Hohen mit den Niedern,
Von Ahnenstolz und Rangsucht frey,
Ein Zirkel von vertrauten Brüdern,
Das ist die Maurerey.
Was ist die Maurerey?
Ein Pfeiler, ewig unerschüttert,
Der Freundschaft heilig und der Treu,
Vor dem Meineid flieht und zittert
Das ist die Maurerey.

Was ist die Maurerey?
Ein Heiligthum, zu dessen Thüren
Nicht Macht, nicht Gold, nicht Schmeicheley,
Die Tugend nur und Weisheit führen,
Das ist die Maurerey.

Was ist die Maurerey?
Ein Band, um Menschen zu umschliessen,
Die, sonst durch Sprach, Altar, Partey,
Getrennt, sich nun als Brüder küssen
Das ist die Maurerey.

Was ist die Maurerey?
Ein Licht, vor dem die Nebel fliehen,
Womit der Schwärmers Phantasey,
Und frommer Trug das Aug' umziehen,
Das ist die Maurerey.

Was ist die Maurerey?
Ein Schwert, das gegen Bosheit blitzet;
Ein Schild, der ohne Menschenscheu
Die Unschuld gegen Unrecht schützet,
Das ist die Maurerey.[534]

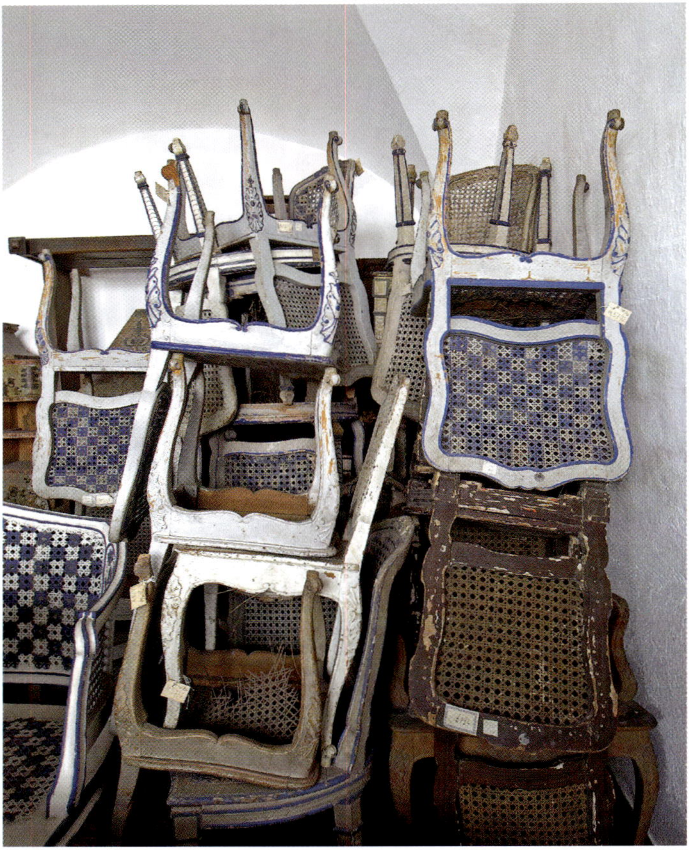

Archive

Brukenthal-Bibliothek Sibiu, B. B.
Handschriften-, Autographen- und Nachlass-Sammlung des
Zentralarchivs der Evangelischen Kirche A.B. in Rumänien, Hermannstadt
Nationalarchiv, Filiale Hermannstadt/Sibiu, Col. Brukenthal
Österreichischen Nationalbibliothek
Wiener Haus-, Hof- und Staatsarchiv

QUELLEN

Zeitschriften

Der Siebenbürger Bothe, Hermannstadt 1788–1808
Siebenbürger Bote, Hermannstadt 1837
Siebenbürgische Quartalschrift, Hermannstadt 1790–1797
Siebenbürgische Quartalschrift, Heft 1, Hermannstadt 1790
Siebenbürgische Quartalschrift, Erstes Quartal, Hermannstadt 1790
Siebenbürgische Quartalschrift, Zweites Quartal, Hermannstadt 1790
Siebenbürgische Quartalschrift, 4. Jahrgang, 3. Quartal, Hermannstadt 1795
Siebenbürger Quartalschrift, Heft 5, Hermannstadt 1860
Siebenbürger Zeitung, Hermannstadt 1782–84

Monographien

Abhandlung über die allgemeine Zusammenkunft der Freymaurer bey dem Gesundbrunnen in Wilhelmsbad ohnweit Hanau, o. O. 1784 (in der Brukenthal-Bibliothek unter der Signatur V I 11518).

Almanach de Vienne, Wien 1773 (in der Brukenthal-Bibliothek unter der Signatur V I 10906)

Archiv des Vereines für siebenbürgische Landeskunde, Bd. 21, Heft 3, Hermannstadt 1888

Archiv des Vereines für siebenbürgische Landeskunde, Bd. 23, Heft 1, Hermannstadt 1890

Archiv des Vereines für siebenbürgische Landeskunde, Bd. 25, Hermannstadt 1894

Archiv des Vereines für siebenbürgische Landeskunde, Bd. 31, Heft 1, Hermannstadt 1903

Archiv des Vereines für siebenbürgische Landeskunde, Bd. 31, Heft 2, Hermannstadt 1904

Archiv des Vereines für siebenbürgische Landeskunde, Bd. 31, Heft 3, Hermannstadt 1905

„Auf die dem Freymaurerorden von Kaiser Joseph dem Zweyten bewilligte Duldung.“ In: Journal für Freymaurer, Dritten Jahrgangs Ersten Vierteljahr, 5786 (Wien 1786), S. 145–148 (in der Brukenthal-Bibliothek unter der Signatur P II 3083)

„Auf die Liebe.“ In: Gedichte und Lieder verfaßt von den Brüdern der Loge Zur Wahren Eintracht im Orient von Wien, Wien 1783, S. 33–41, (in der Brukenthal-Bibliothek unter der Signatur V I 14033)

„Bei der Eröffnung der Lehrlingsloge.“ In: Gedichte und Lieder verfaßt von den Brüdern der Loge Zur Wahren Eintracht im Orient von Wien, Wien 1783, S. 79–80 (in der Brukenthal-Bibliothek unter der Signatur V I 14033)

Boerhaave, Hermann: Index Plantarum etc., Leiden 1710

Codex Vindobonensis 7853 Das Erhabene, wozu die Freymäurerey ihre ächten Schüler führet, wurde in einer Loge von dem Johannis-Tage 1744 der gerechten und vollkommenen Versammlung derer Freymäurer in Halle vorgestellt, Halle 1774 (Brukenthal-Bibliothek Signatur V II 6291-96)

„Crata Repoa, oder die Einweihungen in der alten geheimen Gesellschaft der Egyptischen Priester.“ In: Freymäurer Bibliothek, Berlin 1782, S. 1–26 (in der Brukenthal-Bibliothek unter der Signatur I 2188)

Das Jahr Zweytausendvierhundert und vierzig. Ein Traum aller Träume, London 1782 (in der Brukenthal-Bibliothek unter der Signatur V 11848)

Drey Freymaurer: Reden, o. O. 1786 (in der Brukenthal-Bibliothek unter der Signatur P II 3083 V I 10393)

„Empfindungen in dem neuangelegten Lustgarten Sr. Exc. des Grafen Kobenzl.“ In: Aloys Blumauer's gesammelte Schriften, Bd. 1, Stuttg. 1877

Filtsch, Johann: Rede bei der Eröffnung des Freyherrlich Brukenthal'schen Museum in dem großen Hörsaale des Hermannstädter evangelischen Gymnasiums am 25. Februar 1817, Hermannstadt 1817 (in der Brukenthal-Bibliothek unter der Signatur I 18849)

Filtsch, Johann: Rückblick auf das Leben des Johann Filtsch Hermannstädter evangelischen Stadtpfarrers und Capitels Prodechanten mitgetheilt von dessem ältesten Sohne Johann Filtsch, Hermannstadt 1837

Freymäurer Bibliothek, Bd. 1–2, Berlin 1782 (in der Brukenthal-Bibliothek unter der Signatur I 2188)

Gallarati, Johann: Unterricht zur Seiden=Kultur oder Anleitung wie der Seidenwurm=Saame oder Eyer ausgebrütet / der Seidenwurm selbst gepfleget und behandelt, und die Maulbeerbäume gepflanzet werden müssen, Hermannstadt 1785 (in der Brukenthal-Bibliothek unter der Signatur TR VIII/299)

Gebler, Tobias: „Der Stammbaum. Lustspiel." In: Miscellen, Bd. 4, Wien 1770 (in der Brukenthal-Bibliothek unter der Signatur V I 14998-15002)

„Gedicht von Joseph Roth anlässlich der Eröffnung des Brukenthal-Museums." In: Filtsch, Johann: Rede bei der Eröffnung des Freyherrlich Brukenthal'schen Museum in dem großen Hörsaale des Hermannstädter evangelischen Gymnasiums am 25. Februar 1817, Hermannstadt 1817, S. 7 (in der Brukenthal-Bibliothek unter der Signatur I 18849)

Gedichte und Lieder verfaßt von den Brüdern der Loge Zur Wahren Eintracht im Orient von Wien, Wien 1783 (in der Brukenthal-Bibliothek unter den Signaturen V I 14033 und V II 14004)

Geographisch= und topographisches Reisebuch durch alle Staaten der österreichischen Monarchie, Wien 1789 (in der Brukenthal-Bibliothek unter der Signatur V I 9492)

„Glaubensbekänntniss eines nach Wahrheit Ringenden." In: Miscellen, Bd. 3, Herrnhuth 1786 (in der Brukenthal-Bibliothek unter der Signatur V I 14915-14930)

Graven, Elisabeth: Briefe der Lady Elisabeth Graven über eine Reise durch die Krimm nach Konstantinopel, Leipzig 1789

„Hahnemann, Samuel." In: Apothekerlexikon, Leipzig 1798

Halle, Johann Samuel: Magie oder die Zauberkräfte der Natur, Wien 1787

Hammer-Purgstall, Joseph von: „Gedicht über die Wiener Gärten besungen im Jahre 1799." In: Sartori, Franz (Hg.): Mahlerisches Taschenbuch für Freunde interessanter Gegenden= Natur= und Kunst=Merkwürdigkeiten der Österreichischen Monarchie, Jg. 1, Wien 1812, S. 5–80

Hermann, Paul: Horti Academici Lugduno-Batavi etc., Leiden 1687

Ders.: Paradisus Batavus seu Descriptio Rariorum Plantarum, Leiden 1705

Hermannstadt im Jahre 1790, Hermannstadt 1790 (in der Brukenthal-Bibliothek unter der Signatur TR XVIII, 301)

Hirschfeld, C.C.L.: Theorie der Gartenkunst, Leipzig 1779 (in der Brukenthal-Bibliothek unter der Signatur V II 3008)

Ders.: Anmerkungen über die Landhäuser und die Gartenkunst, Leipzig 1773 (in der Brukenthal-Bibliothek unter der Signatur V I 10604)

J. Siebmacher's großes und allgemeines Wappenbuch, Nürnberg 1885–1898

Jacquin, Nikolaus Joseph von: Enumeratio systematica plantarum etc., Leiden 1760

Ders.: Hortus Botanicus Vindobonensis etc., Bd. 2, Wien 1772
Ders.: Selectarum stirpium americanarum historia etc., Wien 1780
Ders.: Icones plantarum rariorum, Wien 1781–1793
Ders.: Plantarum rariorum horti Caesarei Schoenbrunnensis descriptiones et icones, Bd. 4, Wien 1804
Johann Theodor von Hermann 1790. Sein Andenken feierten seine Freunde mit den Gliedern des Lesekabinets zu Hermannstadt, Hermannstadt 1790 (in der Brukenthal-Bibliothek unter der Signatur Tr. XVIII/237)
Journal für Freymaurer. Als Manuskript gedruckt für Brüder und Meister des Ordens, hg. v. den Brüdern der Loge zur Wahrheit im Orient zu Wien, 5784-5787 (Wien 1784-1787)
Journal für Freymaurer, Dritten Jahrgangs Zweites Vierteljahr, (Wien 1786) (in der Brukenthal-Bibliothek unter der Signatur P II 3083)
Kleiner, Salomon/Sedelmayr, Jeremias Jacob: Dilucida Repraesentatio… oder Eigentliche Vorstellung der vortrefflichen und kostbaren Kaiserlichen Bibliothek etc., Wien 1737
Krickel, Adalbert Joseph: Fußreise durch den größten Theil der österreichischen Staaten in den Jahren 1827, 1828 bis Ende Mai 1829, Bd. 1–3, Wien 1830/31 (in der Brukenthal-Bibliothek unter der Signatur I 38 219)
Ders.: Wanderung von Wien über Preßburg und Tyrnau in die Bergstädte Schemnitz, Kremnitz und Neusohl und von da in die Turotz und das Waagthal, Wien 1831
Lang, Martin: „Über die häufigen Tierseuchen." In: *Siebenbürgische Quartalschrift*, Heft 4, Hermannstadt 1790, S. 417–434
Lehmann, Johann: Reise von Preßburg nach Hermannstadt in Siebenbürgen, Leipzig 1785 (Brukenthal-Bibliothek Signatur V 15404)
Lieder zum Johannisfeste der Loge St. Andreas zu den drey Seeblättern im Orient zu Hermannstadt 5789 (1789), in: Staatsarchiv, Col. Brukenthal A (6-8), S. 159
Linné, Carl von: Hortus Cliffortianus etc., Amsterdam 1737
Ders.: Hortus Upsaliensis etc., Bd. 1, Stockholm 1748
Ders.: Species Plantarum. A Facsimile of the first edition 1753, Bd. 1, London 1957
Miscellen, Brukenthal-Bibliothek Signaturen V II 3678–96, V II 3693
Miscellen, Bd. 8, Hermannstadt 1786-1859, Brukenthal-Bibliothek Signatur VI 14915-14930
Ode anlässlich der Vermählung von Samuel von Brukenthal mit Sophia Katharina Klocknerin am 26. 10. 1745, St.-Archiv, Col. Brukenthal CD (1-51)

Picard, Bernard: Musen-Tempel, Amsterdam 1733 (in der Brukenthal-Bibliothek unter der Signatur V 874)
Plukenet, Leonard: Phytographia, Teil 3, London 1692
Rede welche bei dem Anfange des 1747sten Jahres in der Reisenden Freimaurerloge Minerve in Leipzig gehalten worden, Leipzig 1747 (in der Brukenthal-Bibliothek unter der Signatur V II 3023)
Reichenbach, Heinrich Gottlieb Ludwig: Flora Germanica Excursoria, Bd. 2, o. O. 1830–32.
Royen, Adrian van: Florae Leydensis etc., Leiden 1740.
Schaser, Johann G.: Denkwürdigkeiten aus dem Leben des Freiherrn Samuel von Brukenthal, Gubernators von Siebenbürgen, Hermannstadt 1848
Schlözer, August Ludwig: Kritische Sammlungen zur Geschichte der Deutschen in Siebenbürgen, Göttingen 1795, 1796, 1797 (Nachdruck Wien 1997)
Seipp, Christoph Ludwig: Reisen von Preßburg durch Mähren beyde Schlesien und Ungarn nach Siebenbürgen und von da zurück nach Preßburg, Frankfurt a. M./Leipzig 1793
„Ueber den Mäurerischen Tempelbau." In: Journal für Freymaurer, Ersten Jahrgangs Drittes Vierteljahr, Wien 5784 (1784), S. 139–147
Ueber den Zweck des Freiymaurerordens, Germanien 1781
„Ueber die maurerische Schönheit." In: Journal für Freymaurer, Dritten Jahrgangs Zweytes Vierteljahr, Wien 5786, (1786) S. 107–124 (in der Brukenthal-Bibliothek unter der Signatur PII 3083)
Ueber geheime Wissenschaften, Initiationen und neue Verbindungen, Bd. 1–2, Altenburg 1786 (Brukenthal-Bibliothek Signatur CB I 61)
„Versuch über die Geheimnisse und den eigentlichen Gehalt der Frey-Maurerey." In: Freymäurer Bibliothek, Bd. 1, Berlin 1782, S. 99–124, (in der Brukenthal-Bibliothek unter der Signatur I 2188)
Verzeichnis der Grünhaus-Pflanzen des Freyherrn Carl von Hügel, Heft 4, Wien 1832
Volkamer, Johann Christoph: „Nürnbergische Hesperides" etc., Nürnberg/Franckfurth/Leipzig 1708
„Von der Geistesduldsamkeit des Freymaurers." In: Journal der Freymaurer, Dritten Jahrgangs Drittes Vierteljahr, Wien 5786 (1786), S. 109–116
Winckelmann, Johann Joachim: Geschichte des Altertums, Wien 1776
Wolff, Andreas: „Ein Wort über die Faschingskrankheiten." In: *Siebenbürgische Quartalschrift*, Vierter Jahrgang, Erstes Quartal, Hermannstadt 1795, S. 59–88

Sekundärliteratur

Abafi, Ludwig: Geschichte der Freimaurerei in Österreich-Ungarn, Band 1–5, Budapest 1890–1899

Albrich, Carl: Geschichte des ev. Gymnasiums A.B. in Hermannstadt, Hermannstadt 1896

Arneth, Alfred Ritter von: Geschichte Maria Theresia's, Bd. 1-10, Wien 1863–1879

Arz von Straußenburg, Albert: „Das Brukenthalische Wappen." In: Mitteilungen aus dem Baron Brukenthalischen Museum, Hermannstadt 1931, S. 7–12

Autexier, Philippe: „Samuel von Brukenthal. Ein halbes Jahrhundert maurerische Präsenz", o. O. 1998, in: Online-Editionen der Freimaurerischen Forschungsgesellschaft „Quatuor Coronati" www.freimaurerforschung.de+/images/stories/pdf/autexier1998_brukenthal.pdf+ 2006

Avram, Alexandru/Ferenc, Dávid: „A Nagyszebeni Brukenthal Palota Belső Díszítése." In: Ars Hungarica 1996/2, S. 177-207

Balázs, Eva: „Freimaurer, Reformpolitiker, Girondisten." In: Balázs, Eva/Hammermayer, Ludwig/Wagner, Hans/Wojtowicz, Jerzy (Hgg.): Beförderer der Aufklärung in Mittel- und Osteuropa. Freimaurer, Gesellschaften, Clubs, Berlin 1979, S. 127-140

Dies./Hammermayer, Ludwig/Wagner, Hans/Wojtowicz, Jerzy (Hgg.): Beförderer der Aufklärung in Mittel- und Osteuropa. Freimaurer, Gesellschaften, Clubs, Berlin 1979

Barocke Sammellust. Die Sammlung des Baron Samuel von Brukenthal, München 2003

Barth, Hans: „Johann Martin Honigberger (1795–1869)." In: Von Honterus zu Oberth. Bedeutende siebenbürgisch-deutsche Naturwissenschaftler, Techniker und Mediziner, Bukarest 1980, S. 187-222

Bechtoldt, Frank-Andreas/Weiss, Thomas (Hgg.): Weltbild Wörlitz, Entwurf einer Kulturlandschaft. Ausstellungskatalog, Stuttgart 1996

Béresniak, Daniel: Symbole der Freimaurer, Wien 1998

Bertalan, Karin: „Die Sammlungen sächsischer Malerei im Hermannstädter Brukenthalmuseum." In: Stephani, Brigitte (Hg.): Sie prägten unsere Kunst. Studien und Aufsätze, o. O. 1985, S. 40–48

Bick, Josef: „Der unveröffentlichte zweite Teil der Dilucida Repraesentatio Bibliothecae Caesareae des S. Kleiner und J. J. Sedelmayr." In: Festschrift der Nationalbibliothek in Wien, Wien 1926, S. 75-86

Bielz, Julius: „Johann Martin Stock, Siebenbürgischer Bildnismaler des 18. Jahrhunderts." In: Stephani, Brigitte (Hg.): Sie prägten unsere Kunst. Studien und Aufsätze, o. O. 1985 S. 141-146

Binder, Dieter A.: Die diskrete Gesellschaft. Geschichte und Symbolik der Freimaurer, Innsbruck 2004

Binder, Ludwig: „Überlegungen zur Aufklärung unter den Siebenbürger Sachsen." In: Forschungen zur Volks- und Landeskunde, Bd. 19, Nr. 1, Bukarest 1976, S. 59-62

Boettiger, August: Reise nach Wörlitz 1797, Berlin 1999 (= Kataloge und Schriften der Kulturstiftung Dessau Wörlitz, Bd. 8.)

Bott, Katharina: „Die Neigung eines Liebhabers. Gemäldesammler im 18. Jahrhundert." In: Barocke Sammellust, Die Sammlung des Baron Samuel von Brukenthal, München 2003, S. 12-26

Bottesch, Martin: LandlerBüchlein, Hermannstadt/Sibiu 2004

Britton, N. L./Rose, J. N.: Contributions from the United States National Herbarium, Bd. 12., o. O. 1909

„Brukenthal als Landwirt." In: *Landwirtschaftliche Blätter für Siebenbürgen*, Hermannstadt 1922, S. 210f.

Buchowiecki, Walther: Der Barockbau der ehemaligen Hofbibliothek in Wien, ein Werk J. B. Fischers von Erlach. Beiträge zur Geschichte des Prunksaales der Österreichischen Nationalbibliothek, Wien 1957

Colegiul Național, Samuel von Brukenthal Gymnasium, Jahrbuch 2000-2002

Cotterell, Arthur: Die Welt der Mythen und Legenden, München 1990

Csáky, Moritz: Von der Aufklärung zum Liberalismus, Wien 1981

Curl, James Stevens: „Symbolism in Eighteenth-century Gardens. Some Observations." In: Snoek, Jan/Scholl, Monika/Kroon, Andrea (Hgg.): Symbolism in 18th Century Gardens. The Influence of Intellectual and Esoteric Currents such as Freemasonry, Den Haag 2006, S. 25-67

Das Baron Bruckenthal'sche Museum. Festschrift zur Erinnerung an den 200. Geburtstag seines Stifters Samuel Baron von Brukenthal, Hermannstadt 1921

Das Initiations-Ritual Mozarts, Manuskript für Br.: Freimaurer, Quatuor Coronati (Hg.), Wien 1991, Freimaurerarchiv Wien

Dathe, Uwe: „Samuel von Brukenthal in Jena." In: Forschungen zur Volks- und Landeskunde, Bd. 41, Nr. 1-2, Bukarest 1998

Der Große Brockhaus. Handbuch des Wissens in zwanzig Bänden, Bd. 3, Leipzig: 15., neu bearbeitete Aufl. 1929

Derer, Hanna: „Die Hermannstädter Architektur im Zeitalter des Barock." In: *Zeitschrift für siebenbürgische Landeskunde*, Gundelsheim 2004, Jg. 27, Heft 1, S. 32–40

Ebeling, Florian: „Die Zauberflöte als Mysterienoper und die ‚Ägyptische' Freimaurerei." In: Quatuor Coronati, Jahrbuch für Freimaurerforschung, Nr. 43/2006, Bayreuth 2006, S. 67–84.

Eckstein, F.A.: Geschichte der Freimaurerloge im Orient von Halle. Eine Festgabe zur Secularfeier der Loge zu den drei Degen, Halle 1844
Edling, Michael: Die Kirchenburg von Leschkirch, Ms, o.J. im Zentralarchiv der Evangelischen Kirche A.B. in Rumänien, Hermannstadt, Bestand Leschkirch/Nocrich 400/240, unverzeichnet
„Eine Pflanzstätte des Gemeinwesens". Die Brukenthalschule in Hermannstadt 1380–2005, Hermannstadt 2005
Eliade, Mircea: Das Geheimnis des Doktor Honigberger, Hamburg 1974
Endres, Franz Carl: Die Symbole des Freimaurers, Stuttgart 1952
Feyer, Cornelia: Historische Parkanlage Sommerresidenz „Samuel von Brukenthal", Freck/Avrig, Rumänien, Siebenbürgen, Parksanierungskonzept, Hermannstadt 2006
Filtsch, Eugen: „Geschichte des deutschen Theaters in Siebenbürgen." In: Archiv des Vereines für siebenbürgische Landeskunde, Bd. 21, Heft 3, Hermannstadt 1888, S. 515–590
Fischer, Nora: Sammeln als Gelehrsamkeit, in: Mozart. Experiment Aufklärung im Wien des ausgehenden 18. Jahrhunderts. Essayband zur Mozart-Ausstellung, Ostfildern 2006, S. 235–240
Ginhart, Karl: „Der Zugang zum Prunksaal der Wiener Nationalbibliothek." In: Mitteilungen der Gesellschaft für vergleichende Kunstforschung in Wien, Heft 1, Wien 1954, S. 1–4
Gönner, Carl: Samuel von Brukenthal. Sein Leben und Werk in Wort und Bild, Bukarest 1977
Gönner, Carl/Stănescu, Heinz: Aufklärung. Schrifttum der Siebenbürger Sachsen und Banater Schwaben, Bukarest 1974
Gottschalk, Friedrich (Hg.): Eine Wiener Freimaurerhandschrift aus dem 18. Jahrhundert von Bruder (Joseph) Baurnjöpl, Bibliotheca Masonica, Graz 1986, Bd. 1 als Faksimile, Bd. 2 in Transkription
Groß, Julius: „Aus den Briefen des Gubernialsekretärs Johann Theodor von Herrmann." In: Archiv des Vereines für siebenbürgische Landeskunde, Bd. 23, Heft 1, Hermannstadt 1890 S. 73–189, 1891 Heft 2, S. 251–527
Gündisch, Konrad: „Von den Anfängen der Hermannstädter Schulen bis 1918." In: „Eine Pflanzstätte des Gemeinwesens". Die Brukenthalschule in Hermannstadt 1380–2005, Hermannstadt 2005, S. 34–51
Hajós, Géza: Romantische Gärten der Aufklärung. Englische Landschaftsarchitektur des 18. Jahrhunderts in und um Wien, Wien 1989
Heppner, Harald: „Habsburg und die Siebenbürger Sachsen (1688–1867). Zum Thema politische Kultur." In: Lengyel, Zsolt/Wien, Ulrich (Hgg.):

Siebenbürgen in der Habsburgermonarchie, Wien 1999, S. 46-5–9 (= Siebenbürgisches Archiv, Bd. 34)
Hochmeister, Adolf von: Leben und Wirken des Martin Edlen von Hochmeister, Hermannstadt 1873
Hochmeister, Hellmut: Die Kirchenburg von Leschkirch, Vortrag zum 150. Kirchweihfest am 30. September 1956, Ms im Zentralarchiv der Evangelischen Kirche A.B. in Rumänien, Hermannstadt, Bestand Leschkirch/Nocrich 400/240, unverzeichnet.
Hoede, Karl: Samuel Hahnemann, Frankfurt a. M. 1968 (= Quatuor Coronati, Heft 5)
Horkheimer, Max/Adorno, Theodor: Dialektik der Aufklärung, Frankfurt/Main 1969
Huber, Eva: Sozialstruktur der Wiener Freimaurer 1780–1790, Bd. 1–5, Wien: Diss. 1991
Irmen, Hans-Josef (Hg.): „Die Protokolle der Wiener Freimaurerloge ‚Zur wahren Eintracht' (1781–1785)." In: Schriftenreihe der Internationalen Forschungsstelle Demokratische Bewegungen in Mitteleuropa 1770–1850, Frankfurt/Main 1994
Ittu, Gudrun-Liane: Geschichte des Brukenthalmuseums, Sibiu 2003
Jekeli, Hermann: Die Bischöfe der evangelischen Kirche A.B. in Siebenbürgen, Nachdruck Wien 1978
Kapner, Gerhardt: Zur Geschichte der Ringstrassendenkmäler, Wiesbaden 1973
Klein, Marie: „Aus dem Leben und der Zeit der Baronin Sofie von Brukenthal (1725–782)." Sonderabdruck aus dem Siebenbürgisch-Deutschen Tagblatt, 1922 (Brukenthal-Bibliothek Signatur II 1620)
Klein, Marie: „Herbsttage in Freck." In: Siebenbürgisch-Deutsches Tagblatt, o. J. (in der Brukenthal-Bibliothek unter der Signatur I 12676)
Klemm, Martin: Samuel von Brukenthal und seine Einflüsse auf die Landwirtschaft in Siebenbürgen, Kassel: Dipl. Arb. 2003
Knab, Eckhart: Daniel Gran, Wien/München 1977
Koeppen, Peter von: Die dreygestaltete Hekate und ihre Rolle in den Mysterien. Nach einem Standbilde im Baron Bruckenthal'schen Museum zu Hermannstadt in Siebenbürgen, Wien 1823
Krasser, Harald: „Jahrhundertwende. Die Anfänge der neueren Malerei bei den Siebenbürger Sachsen." In: Stephani, Brigitte (Hg.): Sie prägten unsere Kunst. Studien und Aufsätze, o. O. 1985, S. 189-200
Krivanec, Ernest: Die Loge „Aux Trois Canons" in Wien (1742–1743), Wien 1975 (= Quatuor Coronati Jahrbuch Nr. 12)

Krivanec, Ernest: Freimaurerei in Siebenbürgen, Wien 1978 (=Quatuor Coronati, Heft 7)
Kubadinow, Irina: Die Österreichische Nationalbibliothek, München [u. a.] 2004
Kühnel, Harry: Die Hofburg, Wien/Hamburg 1971
Lapping, Christine-Franziska: Samuel von Brukenthal (1721–1803). Eine Untersuchung zur Geschichte und zum Charakter seiner Sammlung im Hermannstädter Museum, Bd. 1-2, München: Dipl. Arb. 2002
Lapping, C.-F.: Die Sammlung des Freiherrn Samuel von Brukenthal. Veröffentlichungen von Studium Transylvanicum, Kronstadt 2004
Lapping, C.-F.: „Die Sammlungen des Baron Samuel von Brukenthal (1721–1803)." In: Barocke Sammellust. Die Sammlung des Baron Samuel von Brukenthal, Haus der Kunst München 2003, S. 6–33
Lehmann, Edgar: „Zur Ikonographie der barocken Bibliotheken im deutschen Sprachraum." In: Kunstwissenschaftliche Beiträge, Heft 3, Wien 1979, S. 11–16
Lengyel, Zsolt/Wien, Ulrich (Hgg.): Siebenbürgen in der Habsburgermonarchie, Wien 1999 (= Siebenbürgisches Archiv, Bd. 34)
Lennhoff, Eugen/Posner, Oskar/Binder, Dieter: Internationales Lexikon der Freimaurerei, München 2003
Lexikon Iconographicum Mythologiae Classicae (LIMC), Bd. 2, Zürich/München 1984
Lindner, Erich J.: Die königliche Kunst im Bild. Beiträge zur Ikonographie der Freimaurerei, Graz 1976
Maria Theresia und ihre Zeit. Zur 200. Wiederkehr des Todestages. Ausstellungskatalog, Salzburg/Wien 1980
Mazal, Otto: Ein Weltgebäude der Gedanken. Die Österreichische Nationalbibliothek, Graz 1987
Mosel, Ignaz: Geschichte der kaiserl. königl. Hofbibliothek zu Wien, Wien 1835
Mueller-Blattau, Joseph: Mozart. Leben, Briefe, Werke, Königstein im Taunus 1956
Müller von Asow, E.H.: Briefe und Aufzeichnungen Wolfgang Amadeus Mozarts, Teil 2, Berlin 1942
Museumsverein Schloss Rosenau (Hg.): Österreichisches Freimaurer-Museum Schloss Rosenau bei Zwettl, Wien 1994
Myss, Walter: Kunst in Siebenbürgen, Thaur bei Innsbruck 1991
Nägler, Doina: „Brukenthals Beziehungen zu den Bücherlieferanten im Ausland." In: Forschungen zur Volks- und Landeskunde, Bd. 36, Heft 2, Bukarest 1993, S. 50–54

Niedermeier, Michael: „Aufklärung im Gartenreich Dessau-Wörlitz." In: Bechtoldt, Frank-Andreas/Weiss, Thomas (Hgg.): Weltbild Wörlitz, Entwurf einer Kulturlandschaft. Ausstellungskat., Stuttgart 1996, S. 51–65

Nimmerrichter, Alfred: „Seine Sammelleidenschaft trug ihm Weltruhm ein. Albert Kasimir von Sachsen-Teschen schuf die Sammlung Albertina." In: Quatuor-Coronati-Berichte, Heft 23, Wien 2003, S. 6–14

Petz, Maria: Der Botaniker Nikolaus Joseph Freiherr von Jacquin und die Einflüsse der botanischen Wissenschaft auf die Kunstströmungen im Zeitalter des Aufgeklärten Absolutismus, Wien: Dipl. Arb. 1993

Philippi, Paul: „Samuel von Brukenthals Sachsen im Jahre 2003." In: Allgemeine Deutsche Zeitung für Rumänien am 24. September 2003

Reinalter, Helmut (Hg.): Aufklärung und Geheimgesellschaften. Zur politischen Funktion und Sozialstruktur der Freimaurerlogen im 18. Jahrhundert, München 1989

Richter, Dunja: Erhaltung und Entwicklung des Gartens am Brukenthalschen Palais in Freck/Avrig, Dresden: Dipl. Arb. 2005

Roth, Harald: Hermannstadt. Kleine Geschichte einer Stadt in Siebenbürgen, Köln 2006

Roth, Paul: „Das Diploma Leopoldinum. Vorgeschichte, Bestimmungen." In: Lengyel, Zsolt/Wien, Ulrich (Hgg.): Siebenbürgen in der Habsburgermonarchie, Wien 1999, S. 1–11 (= Siebenbürgisches Archiv, Bd. 34)

Ruggero, Cristina: „Denkmäler für internationale Freunde. Juvarras ‚Capricci' und ihre Symbolik." In: Snoek, Jan/Scholl, Monika/Kroon, Andrea (Hgg.): Symbolism in 18th Century Gardens. The Influence of Intellectual and Esoteric Currents such as Freemasonry, Den Haag 2006, S. 107-1-24

Schaser, Angelika: Josephinische Reformen und sozialer Wandel in Siebenbürgen (= Quellen und Studien zur Geschichte des östlichen Europa, Bd. 29), Stuttgart 1989

Schauberg, Joseph: Vergleichendes Handbuch der Symbolik der Freimaurerei, mit besonderer Rücksicht auf die Mythologien und Mysterien des Althertums, Bd. 1, 2 Schaffhausen 1861, Bd. 3 Schaffhausen 1863

Scholl, Monika: „Arion und Minerva – Schnäppchen für Schwetzingen? Zur Bedeutung der Schwetzinger Gartenausstattung." In: Snoek, Jan/Scholl, Monika/Kroon, Andrea (Hgg.): Symbolism in 18th Century Gardens. The Influence of Intellectual and Esoteric Currents such as Freemasonry, Den Haag 2006, S. 125–148

Schuller, Franz: Aus sieben Jahrhunderten, Hermannstadt o. J.

Schuller, Georg Adolf: Johann Filtsch (1753–1836). Ein sächsisches Pfarrerleben, Hermannstadt 1912

Schuller, G. A.: Samuel von Brukenthal, Bd. 1 München 1967, Bd. 2 1969
Schuller, Johann Karl: Maria Theresia und Freiherr Samuel von Brukenthal, Hermannstadt 1863
Seidler, Andrea: „Stolz bin ich auf den Einfall, ein Ungarisches Magazin herauszugeben ...“, Wien: Habil. 2003
Seraphin, Friedrich Wilhelm: „Aus den Briefen der Familie Heydendorf.“ In: Archiv des Vereines für Siebenbürgische Landeskunde, Bd. 25, Hermannstadt 1894
Sigerus, Emil: Vom alten Hermannstadt, Bd. 1-3, Hermannstadt 1921
Sigerus, E.: Chronik der Stadt Hermannstadt, Hermannstadt 1930
Şindilariu, Thomas: „Karriere und Freimaurerei bei Samuel von Brukenthal.“ In: Der Punkt, Heft 60, Hermannstadt 2003
Şindilariu, T.: Die Freimaurerloge „St. Andreas zu den drei Seeblättern in Hermannstadt“, München: Diplom-Arbeit 2001
Şindilariu, T.: „Die Freimaurerloge ‚St. Andreas zu den drei Seeblättern in Hermannstadt‘ (1767–1790).“ In: *Zeitschrift für Siebenbürgische Landeskunde*, Bd. 25, Heft 2, Gundelsheim 2002, S. 218–227
Snoek, Jan/Scholl, Monika/Kroon, Andrea (Hgg.): Symbolism in 18th Century Gardens. The Influence of Intellectual and Esoteric Currents such as Freemasonry, Den Haag 2006
Stafleu, Frans A./Cowan, Richard S.: Taxonomic literature. A selective guide to botanical publications and collections with dates, commentaries and types, Bd. 3, Utrecht: 2. Aufl. 1981
Strobl, Alice: Der Wandel in den Programmen der österreichischen Deckenfresken seit Gran und in ihrer Gestaltung, Wien: Diss. 1950
Stummvoll, Josef (Hg.): Geschichte der Österreichischen Nationalbibliothek, 1. Teil: Die Hofbibliothek (1368–1922), Wien 1968
Terner, Ursula: Freimaurerische Bildwelten. Die Ikonographie der freimaurerischen Symbolik anhand von englischen, schottischen und französischen Freimaurerdiplomen, Petersberg 2001
Teutsch, Friedrich: Samuel von Brukenthal. Ein Gedenkblatt zur 100. Wiederkehr seines Todestages, Hermannstadt 1902
Teutsch, F.: Geschichte der evangelischen Kirche in Siebenbürgen, Bd. 2, Hermannstadt 1907; Bd. 3, Hermannstadt 1921–1922
Theil, Rudolf: „Michael Conrad von Heidendorf. Eine Selbstbiographie.“ In: Archiv des Vereines für siebenbürgische Landeskunde, Bd. 16 Hermannstadt 1881, S. 652–683, Bd. 18 Hermannstadt 1883, S. 245–345
Udrescu, Doina: Deutsche Kunst aus Siebenbürgen in den Sammlungen des Brukenthalmuseums Hermannstadt 1800–1950, Hermannstadt 2003
Vlaicu, Monica: „Neues über Todestag und Grabdenkmal Samuel von

Brukenthals." In: *Zeitschrift für siebenbürgische Landeskunde*, Jg. 26, Heft 1, Gundelsheim 2003, S. 1–6

Von Honterus zu Oberth. Bedeutende siebenbürgisch-deutsche Naturwissenschaftler, Techniker und Mediziner, Bukarest 1980

Wagner, Hans (Hg.): Wien von Maria Theresia bis zur Franzosenzeit. Aus den Tagebüchern des Grafen Karl von Zinzendorf, Wien 1972

Wagner, H. (Hg:): „Die politische und kulturelle Bedeutung der Freimaurer im 18. Jahrhundert." In: Balázs, Eva/Hammermayer, Ludwig/Wagner, Hans/Wojtowicz, Jerzy (Hgg.): Beförderer der Aufklärung in Mittel- und Osteuropa. Freimaurer, Gesellschaften, Clubs, Berlin 1979, S. 69–86

Weisskircher, Richard: „Samuel von Brukenthal als Musikfreund." In: Siebenbürgische Vierteljahrschrift, Jg. 58, 1935, S. 1–13

Witt, Otto: Reiseskizzen aus den Südkarpathen, Berlin 1889

Zieglauer, Ferdinand von: „Geschichte der Freimaurerloge ‚St. Andreas zu den drei Seeblättern in Hermannstadt' (1767–1790)." In: Archiv des Vereines für siebenbürgische Landeskunde, Bd. 12, Heft 3, Hermannstadt 1875, S. 446-5-92, Bd. 13, Heft 1, S.1–91

Zörrer, Ferdinand: „Die Symbolik in den Räumen des Schlosses Rosenau." In: Österreichisches Freimaurermuseum Schloss Rosenau bei Zwettl, Wien 1994, S. 59–65

Zunneck, Karl-Heinz: Die geheimen Zeichen und Rituale der Freimaurer, Rottenburg 2002

Die Photos wurden im Jahr 2006 von Peter Schweiger – manufaktur für bild und vision – www.peter-schweiger.com – angefertigt, S. 51, 54 Privatarchiv P. Schweiger. Die Königin der Nacht ist mit freundlicher Genehmigung von Arcibiskupství Olmoucké aus Johann Christoph Volkamer: Nürnbergische Hesperides entnommen. S. 31, 65, 99, 158, 167 sind von der Ausstellung: Samuel von Brukenthal (1721-1803) – Homo Europaeus – Historisches Museum Hermannstadt/Sibiu 2003 (Veranstalter: Aurelia Cozma, Monica Vlaicu) mit freundlicher Genehmigung der Direktion abgelichtet. S. 9, 160, 161 aus dem Pfarrhof Hermannstadt mit freundlicher Genehmigung des Stadtpfarrers. S. 66, 72, 73 aus dem Brukenthal-Gymnasium mit freundlicher Genehmigung der Direktion. S. 20, 114, 116, 119, 134, 135, 153, sind aus: Gedichte und Lieder verfaßt von den Brüdern der Loge Zur Wahren Eintracht im Orient von Wien, Wien 1783, S. 79-80 Brukenthal-Bibliothek V I 14033. S. 24 aus: Das Erhabene, wozu die Freymäurerey ihre ächten Schüler führet, wurde in einer Loge von dem Johannis-Tage 1744 der gerechten und vollkommenen Versammlung derer Freymäurer in Halle vorgestellt, Halle 1774 Brukenthal-Bibliothek V II 6291-96. S, 139 Picard, Bernard: Musen-Tempel, Amsterdam 1733 Brukenthal-Bibliothek Signatur v V 847. S. 22, 40, 69, 70, 78, 85, 95, 114, 116, 133, 135, 136, 138, 143, 147, 182 Brukenthal-Museum mit freundlicher Genehmigung der Direktion.

Anmerkungen

1) Meschendörfer, Adolf: Siebenbürgische Elegie.
2) Unter den Szeklern wird eine Volksgruppe verstanden, die im Osten Siebenbürgens siedelt und als ungarischstämmige ethnographische Gruppe eine eigene Rechtsgemeinschaft bildete. In den Aufgeboten der ungarischen Könige und siebenbürgischen Fürsten waren Kontingente der Szekler seit dem späten Mittelalter vertreten. Bis ins frühe 18. Jahrhundert fungierten sie in den ihnen zugewiesenen Teilen des historischen Ungarn als Grenzwächter.
3) Vgl. Schaser, Angelika: Josephinische Reformen und sozialer Wandel in Siebenbürgen (= Quellen und Studien zur Geschichte des östlichen Europa, Bd. 29), Stuttgart 1989, S. 10f.
4) Ebenda, S. 16
5) Die vorliegende Arbeit versteht sich als ein neuer Beitrag, Brukenthal und sein Lebenswerk nach den mentalitätsgeschichtlichen Kontexten zu befragen. Der Aspekt der europäischen Aufklärung und ihrer Agentur der Freimaurerei ist dabei eine wichtige erkenntnisleitende Fragestellung. Da damit neue zentrale Zusammenhänge angerissen, aber nicht erschöpfend behandelt werden konnten, ist es ein Desiderat zukünftiger Forschung, die Archive von Budapest und Wien und die zahlreichen verstreuten biographischen Quellen unter dieser Fragestellung weiter zu bearbeiten.
6) Schuller, Georg Adolf: Samuel von Brukenthal, Bd. 2, München 1967, S. 227. Dieses Motto wird in der Literatur oft auch folgendermaßen falsch übersetzt: „Meinem Glauben und meinem Volk will ich dienen." Dabei werden die lateinischen Verben *servare* und *servire* miteinander verwechselt.
7) Ein Königsrichter war Verwaltungs- und Gerichtsbeamter eines Stuhls auf dem siebenbürgischen Königsboden, vgl. dazu unter anderem www.rzuser.uni-heidelberg.de/~cd2/drw/e/ko/nigr/icht/konigrichter.htm
8) Der Name Brekner leitet sich vom sächsischen de Brek (die Brücke) ab, bedeutet also „Brückner" oder „Brückenwächter". Vgl. Philippi, Paul: „Samuel von Brukenthals Sachsen im Jahre 2003". In: *Allgemeine Deutsche Zeitung für Rumänien* vom 24. September 2003, S. 3. Der Name wurde immer wieder unterschiedlich geschrieben, orthographische Differenzen entsprechen daher den jeweiligen Publikationen. Zum Stammbaum vgl. „Das Baron Bruckenthal'sche Museum. Festschrift zur Erinnerung an den 200. Geburtstag seines Stifters Samuel Baron von Brukenthal", Hermannstadt 1921, Anhang I.
9) Vgl. Schaser, Johann Georg: Denkwürdigkeiten aus dem Leben des

Freiherrn Samuel von Brukenthal, Gubernators von Siebenbürgen, Hermannstadt 1848, S. 2.

10) Zum Stammbaum vgl.: Das Baron Brukenthal'sche Museum, Anhang I.

11) Lapping, Christine-Franziska: Samuel von Brukenthal. Eine Untersuchung zur Geschichte und zum Charakter seiner Sammlung im Hermannstädter Museum, Dipl. Arbeit, München 2002, 2 Bde., Bd. I. S. 22.

12) Seraphin, Friedrich Wilhelm: „Aus den Briefen der Familie Heydendorff." In: Archiv des Vereines für Siebenbürgische Landeskunde, Bd. 25, Hermannstadt 1894, S. VII.

13) Theil, Rudolf: „Michael Conrad von Heidendorf. Eine Selbstbiographie". In: Archiv des Vereines für siebenbürgische Landeskunde, Bd. 18, Hermannstadt 1884, S. 245-345, S. 278; Seraphin, Friedrich Wilhelm: „Aus den Briefen der Familie Heydendorf." In: Archiv des Vereines für Siebenbürgische Landeskunde, Bd. 25, Hermannstadt 1894, S. VII.

14) Unter Briefadel verstand man den „Adel, der durch förmliche Verleihung (Adelsbrief, Adelsdiplom) erworben wurde. Die erste derartige Verleihung durch einen deutschen Kaiser ist 1360 erfolgt. Meistens werden die Begriffe Briefadel und Uradel als Gegensatzpaar gebracht." Vgl. Georg Freiherr von Frölichsthal: „Nobilitierungen im Heiligen Römischen Reich. Ein Überblick." In: Sigismund Freiherr von Elverfeldt-Ulm (Hg.): Adelsrecht, Limburg an der Lahn 2001, 67ff. Zit. nach www.adelsrecht.de/Lexikon/B/Briefadel/briefadel.html; Vgl. Schuller, Georg Adolf: Brukenthal, Bd. II, S. 229.

15) Schuller, Georg Adolf: Brukenthal, Bd. 1, S. 14.

16) Das Gotteshaus wurde in den Jahren 1803–1806 neu errichtet. Vgl. Hochmeister, Helmut: Die Kirchenburg von Leschkirch, Vortrag zum 150. Kirchweihfest am 30. September 1956, Ms im Zentralarchiv der Evangelischen Kirche A.B. in Rumänien, Hermannstadt, Bestand Leschkirch/Nocrich 400/240, unverzeichnet.

17) Schuller, Georg Adolf: Brukenthal, Bd. 1, S. 12f, 18. Zum Stammbaum vgl.: Das Baron Brukenthal'sche Museum, Anhang I.

18) Schuller, Georg Adolf: Brukenthal, Bd. 1, S. 15.

19) Schaser, Johann Georg: Denkwürdigkeiten, S. 3.

20) Theil, Rudolf: „Michael Conrad von Heidendorf. Eine Selbstbiographie", 1883, Bd. 18, S. 278.

21) Schaser, Johann Georg: Denkwürdigkeiten, S. 3.

22) Şindilariu, Thomas: „Karriere und Freimaurerei bei Samuel von Brukenthal." In: Der Punkt, Heft 60, Hermannstadt 2003, S. 6; Schuller, Georg Adolf: Brukenthal, Bd. 1, S. 27.

23) Journal für Freymaurer, Dritten Jahrgangs Zweytes Vierteljahr, Wien 1786, S. 152 (in der Brukenthal-Bibliothek unter der Signatur P II 3083).

24) Krivanec, Ernest: Die Loge „Aux Trois Canons" in Wien (1742-1743),

Wien 1975 (= Quatuor Coronati Jahrbuch Nr. 12), S. 109; Vgl. auch: Maria Theresia und ihre Zeit. Zur 200. Wiederkehr des Todestages. Ausstellungskatalog, Salzburg/Wien 1980, S. 433.

25) Lennhoff, Eugen/Posner, Oskar/Binder, Dieter: Internationales Lexikon der Freimaurerei, München 2003, S. 217.

26) Wagner, Hans: „Die politische und kulturelle Bedeutung der Freimaurer im 18. Jahrhundert." In: Balázs, Eva/Hammermayer, Ludwig/Wagner, Hans/Wojtowicz, Jerzy (Hgg.): Beförderer der Aufklärung in Mittel- und Osteuropa. Freimaurer, Gesellschaften, Clubs, Berlin 1979, S. 69–86, besonders S. 70.

27) Krivanec, Ernest: „Aux Trois Canons", S. 111f.

28) Als Fürstbischof wurde ein kirchlicher Würdenträger bezeichnet, der zugleich weltlicher Herr über ein bestimmtes Gebiet, das so genannte Hochstift, war. Sein Stand war dem eines Reichsfürsten gleichbedeutend. Titel und Herrschaft verlieh der Kaiser des Heiligen Römischen Reiches Deutscher Nation. Vgl. www.phil.uni-passau.de/histhw/stadtgeschichte/deutsch/erstbischof.html

29) Krivanec, Ernest: „Aux Trois Canons", 1975, S. 105, 111f.

30) Abafi, Ludwig: Geschichte der Freimaurerei in Österreich-Ungarn, Bd. 1–4, Budapest 1890–1899, Bd. 1, S. 147f., 156; Huber, Eva: Sozialstruktur der Wiener Freimaurer 1780–1790, Bd. 1–5, Wien: Diss. 1991.

31) Nimmerrichter, Alfred: „Seine Sammelleidenschaft trug ihm Weltruhm ein. Albert Kasimir von Sachsen-Teschen schuf die Sammlung Albertina." In: Quatuor-Coronati-Berichte, Heft 23, Wien 2003, S. 6–14.

32) Abafi, Ludwig: Freimaurerei, Bd. 2, S. 54.

33) Vgl. www.internetloge.de/arst/fmgeist.htm

34) Abafi, Ludwig: Freimaurerei, Bd. 3, S. 291.

35) „Bei der Eröffnung der Lehrlingsloge", in: Gedichte und Lieder verfaßt von den Brüdern der Loge Zur Wahren Eintracht im Orient von Wien, Wien 1783, S. 79–80, S. 80 (in der Brukenthal-Bibliothek unter der Signatur V I 14033).

36) Abhandlung über die allgemeine Zusammenkunft der Freymaurer bey dem Gesundbrunnen in Wilhelmsbad ohnweit Hanau, o. O. 1784, S. 25 (in der Brukenthal-Bibliothek unter der Signatur V I 11518).

37) Das Erhabene, wozu die Freymäurerey ihre ächten Schüler führet, wurde in einer Loge von dem Johannis-Tage 1744 der gerechten und vollkommenen Versammlung derer Freymäurer in Halle vorgestellt, Halle 1774, S. 16 (in der Brukenthal-Bibliothek zu finden unter der Signatur V II 6291-96).

38) Freymäurer Bibliothek, Bd. 1, Berlin 1782, S. 112 (in der Brukenthal-Bibliothek unter der Signatur I 2188).

39) Ebenda, S. 53.

40) „Ueber die maurerische Schönheit.“ In: Journal für Freymaurer, Dritten Jahrgangs Zweytes Vierteljahr, Wien 5786, (1786) S. 107-124, S. 120 (in der Brukenthal-Bibliothek unter der Signatur PII 3083).
41) Freymäurer Bibliothek, Bd. 1, S. 104.
42) Ebenda, S. 113.
43) Das Erhabene, S. 21.
44) „Versuch über die Geheimnisse und den eigentlichen Gehalt der Frey-Maurerey.“ In: Freymäurer Bibliothek, Bd. I, Berlin 1782, S. 99–124. S. 104f (in der Brukenthalbibliothek unter der Signatur I 2188).
45) „Auf die Liebe.“ In: Gedichte und Lieder verfaßt von den Brüdern der Loge Zur Wahren Eintracht im Orient von Wien, Wien 1783, S. 33–41, S. 37 (in der Brukenthal-Bibliothek unter der Signatur V I 14033); Vgl. Freymäurer Bibliothek, Bd. 1, S. 88; „Versuch über die Geheimnisse und den eigentlichen Gehalt der Frey-Maurerey.“ In: Freymäurer Bibliothek, Bd. 1, Berlin 1782, S. 99–124, S. 104 (Brukenthal-Bibliothek Signatur I 2188).
46) Glaubensbekänntnis eines nach Wahrheit ringenden, in Miscellen, Bd. 3, Herrnhuth 1786, S. 23, (Brukenthal-Bibliothek Signatur V I 14033).
47) Krivanec, Ernest: „Aux Trois Canons“, S. 114.
48) Ebenda.
49) Schuller, Georg Adolf: Brukenthal, Bd. 1, S. 27.
50) Schaser, Johann Georg: Denkwürdigkeiten, S. 3f.
51) Binder, Ludwig: „Überlegungen zur Aufklärung unter den Siebenbürger Sachsen.“ In: Forschungen zur Volks- und Landeskunde, Bd. 19, Nr. 1, Bukarest 1976, S. 59–62, S. 61.
52) Theil, Rudolf: „Heidendorf“, Bd. 18, S. 281.
53) Şindilariu, Thomas: „Karriere“, S. 7.
54) Ein Kontakt zur Loge „Minerva“ könnte jedenfalls existiert haben, da in seiner Bibliothek eine Rede der Leipziger Loge aus dem Jahr 1747 vorhanden ist. Vgl. Rede welche bei dem Anfange des 1747sten Jahres in der Reisenden Freimaurerloge Minerve in Leipzig gehalten worden, Leipzig 1747 (in der Brukenthal-Bibliothek unter der Signatur V II 3023).
55) Autexier, Philippe: „Samuel von Brukenthal, Ein halbes Jahrhundert maurerischer Präsenz“, o. O., 1998, in: Online-Editionen der Freimaurerischen Forschungsgesellschaft „Quatuor Coronati“ www.freimaurerforschung.de 2006. Die frühen Akten der halleschen Loge sind nicht mehr vorhanden, es existiert jedoch eine Abschrift von Ernst Friedrich Germar: Geschichte der Freimaurer-Logen in Halle von 1743 bis 1833, handschriftliche Ausgabe im Freimaurer-Museum zu Bayreuth, Nr. 6219, abgedruckt bei Autexier. Zum Eröffnungsdatum vgl. Autexier S. 37, zur Meisterwahl S. 39.

56) Schuller, Georg Adolf: Brukenthal, Bd. 2, S. 319.
57) Das Erhabene, S. 12f.
58) Autexier, Philippe: „Brukenthal“, S. 66f.
59) Schuller, Georg: Brukenthal, Bd. 1. S. 33.
60) Drey Freymaurer Reden, o. O. 1786, S. 75f. (in der Brukenthal-Bibliothek unter der Signatur V I 10393).
61) Autexier, Philippe: „Brukenthal“, S. 48.
62) Schuller, Georg Adolf: Brukenthal, Bd. 1, S. 33.
63) Diese Rede ist Teil einer Broschüre, die sich in der Brukenthalbibliothek befindet, vgl.: Das Erhabene, wozu die Freymäurerey ihre ächten Schüler führet, wurde in einer Loge von dem Johannis-Tage 1744 der gerechten und vollkommenen Versammlung derer Freymäurer in Halle vorgestellt. Halle 1744, (in der Brukenthalbibliothek unter der Signatur V II 6291-96). Dass Brukenthal auch nach seiner Zeit in Halle mit der Loge Kontakt hielt, illustriert die Tatsache, dass in dieser Broschüre der Brukenthalbibliothek noch Reden aus dem Jahre 1746 abgedruckt sind.
64) Ebenda, S. 20.
65) Ebenda, S. 24.
66) Schuller, Georg Adolf: Brukenthal, S. 33.
67) Carl Samuel von Brukenthal.
68) In Hermannstadt ist die Medaille in der Numismatischen Sammlung der Brukenthal-Bibliothek (Signatur T 1285/10703, 1744 Halle) vorhanden; im Münzkabinett des Kunsthistorischen Museums in Wien unter der Inventarnummer 15313bb.
69) Wagner, Hans (Hg.): Wien von Maria Theresia bis zur Franzosenzeit. Aus den Tagebüchern des Grafen Karl von Zinzendorf, Wien 1972, S. 140.
70) Zinzendorf an Brukenthal am 13. Mai 1782, in: Archiv Bd. 31, Heft 2, S. 546.
71) Şindilariu, Thomas: „Karriere“ S. 14.
72) Ebenda.
73) Ode anlässlich der Vermählung von Samuel von Brukenthal mit Sophia Katharina Klocknerin am 26. Oktober 1745, Nationalarchiv Hermannstadt/Sibiu, Col. Brukenthal CD (1-51).
74) Theil, Rudolf: „Heidendorf“, Archiv Bd. 18, S. 279.
75) Ebenda, Archiv Bd. 16, S. 665.
76) Sigerus, Emil: Vom alten Hermannstadt, Bd. 3, Hermannstadt 1921, S. 51.
77) Theil, Rudolf: „Heidendorf“, Archiv Bd. 18, S. 279.
78) Ebenda.
79) Es gibt verschiedene Schreibweisen, sowohl des Vornamens als auch des Familiennamens. Die hier gewählte Form entspricht der Heiratsurkunde.

80) Klein, Marie: „Aus dem Leben und der Zeit der Baronin Sofie von Brukenthal (1725–1782).“ Sonderabdruck aus dem *Siebenbürgisch-Deutschen Tagblatt*, 1922, S. 2, (in der Brukenthal-Bibliothek unter der Signatur II 1620).
81) Theil, Rudolf: „Heidendorf“, Archiv Bd. 18, S. 280.
82) *Siebenbürgische Quartalschrift*, Heft 4, S. 345.
83) Schuller, Georg Adolf: Brukenthal, Bd. 1, S. 40.
84) Josef von Heydendorff an seinen Bruder Michael von Heydendorff am 11. November 1764. Zit. nach Seraphin, Wilhelm: „Aus den Briefen“, S. 102.
85) Schaser, Johann Georg: Denkwürdigkeiten, S. 4.
86) Schuller, Georg Adolf: Brukenthal, Bd. 2, S. 231.
87) Das Baron Brukenthal'sche Museum, Hermannstadt 1921, Anhang I.
88) Zit. nach Schuller Georg Adolf: Brukenthal, Bd. 2, S. 310.
89) Theil, Rudolf: „Heidendorf“, Archiv Bd. 18, S. 280; vgl. auch Archiv des Vereines für siebenbürgische Landeskunde, Bd. 23, Heft 1, Hermannstadt 1890, S. 100f., wo Theodor Herrmann in einem Brief von 1767 ebenfalls von einer Rivalität zwischen den Baussnern und den Klocknern berichtet, die in der Stadt sogar zu zwei eigenen Lagern führte.
90) Theil, Rudolf: „Heidendorf“, Archiv Bd. 18, S. 280f.
91) Ebenda, S. 281.
92) Vgl. dazu Bottesch, Martin: Landlerbüchlein, Sibiu 2004.
93) Arneth, Alfred Ritter von: Geschichte Maria Theresia's, Wien 1863–1879, Bd. 1-10, Bd. 10, S. 132f.
94) Das Baron Brukenthal'sche Museum, S. 4.
95) Maria Theresia an Brukenthal am 1. Oktober 1774. Zit. nach Schaser, Johann Georg: Denkwürdigkeiten, S. 46.
96) Theodor Herrmann an Georg Herrmann am 29. Juli 1777. Zit. in Archiv Bd. 23, S. 398f.
97) Schuller, Georg Adolf: Brukenthal, Bd. 2, S. 232.
98) Ebenda S. 234.
99) Schuller, Georg Adolf: Brukenthal, Bd. 1, S. 79.
100) Teutsch, Friedrich: Geschichte der evangelischen Kirche in Siebenbürgen, Bd. 2, Hermannstadt 1907, S. 251.
101) Teutsch, Friedrich: Geschichte, Bd. 2, Hermannstadt 1907, S. 281.
102) Vgl. ebenda, S. 277–279.
103) „Lieder zum Johannisfeste der Loge St. Andreas zu den drey Seeblättern im Orient zu Hermannstadt 5789 (1789).“ In: Nationalarchiv Hermannstadt/Sibiu, Col. Brukenthal A (6-8), S. 159.
104) Gubernium war seit 1763 die Bezeichnung für Landesbehörde der österreichischen Kronländer mit Landeshauptmann oder Landmarschall an der Spitze; 1848 (bis 1918) wurde es von der Statthalterei abgelöst. Vgl. http://aeiou.iicm.tugraz.at/aeiou.encyclop.g/g910025.htm

105) Michael von Heydendorff an Samuel von Brukenthal am 8. August 1774. Zit. nach Seraphin, Wilhelm: „Aus den Briefen", S. 124.

106) Aus der Handschriftensammlung der Brukenthal-Bibliothek. Zit. nach Schuller, Johann Karl: Maria Theresia und Freiherr Samuel von Brukenthal, Hermannstadt 1863, S. 15.

107) Allod bezeichnet im mittelalterlichen und frühneuzeitlichen Recht einen Besitz, fast immer ein Land oder ein städtisches Grundstück, dessen Eigentümer darüber frei verfügen konnte. Der Besitz war nicht gebunden an irgendwelche Leistungen beziehungsweise Verpflichtungen des Inhabers gegenüber anderen Personen. Ein Allod konnte gemäß dem landesüblichen Recht frei vererbt werden. Ursprünglich waren von den Einkünften aus Allodialgütern nicht einmal Steuern an den Landesfürsten zu entrichten. In all diesen Eigenschaften unterscheidet sich das Allod vom Lehen, das dem Lehensnehmer oder Vasallen eben nicht uneingeschränkt gehörte. Das Obereigentum am Lehen verblieb beim Lehnsherrn, der von seinen Vasallen unterschiedliche, zumeist durch das Gewohnheitsrecht bestimmte Leistungen verlangen konnte. Lehen ist nutzbares Eigentum, Allod dagegen ist volles Eigentum. Dies kommt auch im synonymen zeitgenössischen Begriff für Allod: „Erbe und Eigen", zum Ausdruck. Der Besitz der Bürger im Geltungsbereich des Stadtrechts hatte in der Regel allodialen Charakter. Ebenso besaßen die kirchlichen Stifter ihr Land als Erbe und Eigen. Vgl. http://de.wikipedia.org/wiki/Allod

108) Schuller, Georg Adolf: Brukenthal, Bd. 2, S. 7. Zu den Geburts- und Sterbedaten vgl. Archiv des Vereines für siebenbürgische Landeskunde, Bd. 31, 3. Heft, Hermannstadt 1905, S. 1005, 1025.

109) Schuller, Georg Adolf: Brukenthal, Bd. 2, S. 36.

110) Krivanec, Ernest: Freimaurerei in Siebenbürgen, Wien 1978 (= Quatuor Coronati, Heft 7) S. 51. Soterius war 1776, Michael von Brukenthal 1789 in die Loge aufgenommen worden. Vgl. dazu Şindilariu, Thomas: Die Freimaurerloge „St. Andreas zu den drei Seeblättern in Hermannstadt", München: Dipl. Arb. 2001, Anhang S. III, VII. Zu allen im Folgenden zitierten Eintrittsdaten vgl. Şindiliariu Anhang.

111) Krivanec, Ernest: Freimaurerei, S. 59.

112) Michael von Heydendorff an seine Frau Susanna am 3. Mai 1786. Zit. nach Seraphin, Wilhelm: „Aus den Briefen", S. 317. Ebenda, S. 378, schreibt Heydendorff 1787 an seinen Sohn Johann Peter, dass es keinen jungen Menschen gegeben hätte, der, wenn er sich „gefällig" gemacht hatte, nicht von Brukenthal gefördert worden wäre.

113) Şindilariu, Thomas: „Die Freimaurerloge ‚St. Andreas zu den drei Seeblättern in Hermannstadt' (1767–1790)." In: *Zeitschrift für Siebenbürgische Landeskunde*, Bd. 25, Heft 2, Gundelsheim 2002, S. 218–227.

114) Zieglauer, Ferdinand von: „Geschichte der Freimaurerloge ‚St. Andreas zu

den drei Seeblättern in Hermannstadt‘ (1767–1790).“ In: Archiv des Vereines für siebenbürgische Landeskunde, Bd. 12, Heft 3, Hermannstadt 1875, S. 446-592, Bd. 13, Heft 1, S. 1–91, S. 456.
115) Ebenda, S. 455f.
116) Krivanec, Ernest: Freimaurerei, S. 53.
117) Zieglauer, Ferdinand von: „Freimaurerloge“, S. 446.
118) Vgl. Das Initiations-Ritual Mozarts, Manuskript für Br.: Freimaurer, Ausgabe der Quatuor Coronati, Wien 1991, Freimaurerarchiv Wien, S. 20.
119) Balázs, Eva: „Freimaurer, Reformpolitiker, Girondisten.“ In: Balázs, Eva/Hammermayer, Ludwig/Wagner, Hans/Wojtowicz, Jerzy (Hgg.): Beförderer der Aufklärung in Mittel- und Osteuropa. Freimaurer, Gesellschaften, Clubs, Berlin 1979, S. 127–140, S. 129.
120) *Siebenbürger Quartalschrift*, Heft 5, Hermannstadt 1860, S. 145.
121) Ebenda, S. 149. In Prag hieß die Loge „Zu den 9 Sternen im Morgenland“, in Pest „Zu den 7 Sternen“, in Wien „Zur Beständigkeit im Orient“ und in Hildesheim „Zur Pforte der Ewigkeit“, wie aus einem nicht weiter spezifizierten antiquarischen Zufallsfund von Akten hervorgeht, der vom Autor des Artikels gekauft worden war und auf den er sich berief.
122) Krivanec, Ernest: Freimaurerei, S. 54.
123) Zieglauer, Ferdinand von: „Freimaurerloge“, S. 457f.
124) Krivanec, Ernest: Freimaurerei, S. 105. Vgl. Zieglauer, Ferdinand von: „Freimaurerloge“, S. 457f.
125) Şindilariu, Thomas: Freimaurerloge, S. 116f.
126) Ebenda, S. 117.
127) Hochmeister, Adolf von: Leben und Wirken des Martin Edlen von Hochmeister, Hermannstadt 1873, S. 47.
128) Lennhoff, Eugen/Posner, Oskar/Binder, Dieter: Internationales Lexikon der Freimaurerei, München 2003, S. 813.
129) Zieglauer, Ferdinand von: „Freimaurerloge“, S. 478ff.
130) Krivanec, Ernest: Freimaurerei, S. 56.
131) Zieglauer, Ferdinand von: „Freimaurerloge“, S. 479.
132) Zieglauer, Ferdinand von: „Freimaurerloge“, S. 526f.
133) *Siebenbürger Zeitung* am 13. September 1784, S. 592.
134) Die Sachsen besaßen auf ihrem „fundus regius“, dem Königsboden, alleiniges Bürgerrecht. Dies war 1224 im Andreanum, einem Privileg der ungarischen Könige, festgelegt worden. Maria Theresia wollte dieses Sonderrecht aufheben, erst Josephs II. aber exekutierte dies 1781 mit dem „Konzivilitätsreskript“. Daraus entstand die moderne und demokratische Verfassung, ja, das Bürgerliche Gesetzbuch, das allen Menschen gleiche Rechte versprach. Die privilegierten „mittelal-

terlichen“ Sachsen wurden damit aus einem ständisch bevorrechtigten „Volk“ der „unio trium nationum“ eine ‚normale‘ Minderheit, und ihre historische Existenzgrundlage wurde erodiert. Die „Volksidee“, die Gebietsherrschaft, die einmal in den „statuta iurium municipalium Saxonum Transsilvaniae“ von 1583 samt ihren Institutionen festgelegt worden war, wurde somit beseitigt.

135) Br. Brukenthals unterthänigster Vortrag über die Gutmeinung des Gr. Kornis, worin diesem widerlegt und gezeigt wird, daß die Verfassung Siebenbürgens gegen eine dergleichen Concivilität streite: Wien den 17. November 1776. Zit. nach Schaser, Johann Georg: Denkwürdigkeiten, Anhang, S. 60f.

136) Abhandlung, S. 272.

137) Zieglauer, Ferdinand von: „Freimaurerloge“, S. 488f.

138) Ebenda, S. 491.

139) Ebenda, S. 500.

140) Johann Theodor Herrmann am 1. November 1788 in: Archiv Bd. 23, S. 522.

141) Şindilariu, Thomas: Freimaurerloge, 2002, S. 223.

142) Irmen, Hans-Josef (Hg.): Die Protokolle der Wiener Freimaurerloge „Zur wahren Eintracht“ (1781–1785). In: Schriftenreihe der Internationalen Forschungsstelle Demokratische Bewegungen in Mitteleuropa 1770–1850, Frankfurt a. M. 1994, S. 17.

143) Bánffy besuchte die Loge am 12.2.1785, Buccow am 18.11.1785 und am 30.9.1785. Vgl. ebenda, S. 255, 303, 311.

144) Şindilariu, Thomas: Freimaurerloge, 2001, Anhang, S. III.

145) Irmen, Hans-Josef: Protokolle, S. 310.

146) Irmen, Hans-Josef: Protokolle, S. 309f. Brukenthals Name wurde irrtümlicherweise mit „Schwabrukenthal“ transkribiert. Da nur Brüder Zutritt hatten, weist seine Anwesenheit auf eine noch bestehende Logenmitgliedschaft hin.

147) Vgl.: Miscellen, Hermannstadt, Brukenthal-Bibliothek, Signaturen V II 3678-96, V II 3693, vgl. dazu auch Kodek, Günter: Freimaurerchronik, Manuskript 2006, Wien, Autexier, Philippe: „Brukenthal“, S. 89.

148) Irmen, Hans-Josef: Protokolle, S. 18.

149) Şindilariu, Thomas: Freimaurerloge, 2001, S. 86.

150) „Auf die dem Freymaurerorden von Kaiser Joseph dem Zweyten bewilligte Duldung.“ In: Journal für Freymaurer, Dritten Jahrgangs Ersten Vierteljahr, 5786 (Wien 1786), 145-148, S. 148 (in der Brukenthal-Bibliothek unter der Signatur P II 3083).

151) Ebenda, S. 207ff.

152) Zieglauer, Ferdinand von: „Freimaurerloge“, S. 519.

153) Şindilariu, Thomas: Freimaurerloge, 2001, S. 88ff.

154) Şindilariu, Thomas: Freimaurerloge, 2002, S. 223.
155) Krivanec, Ernest: Freimaurerei, S. 14.
156) Şindilariu, Thomas: Freimaurerloge, 2002, S. 101.
157) *Siebenbürgische Quartalschrift*, Vierter Jahrgang, Drittes Quartal, Hermannstadt 1795, S. 287.
158) Ebenda S. 293.
159) Şindilariu, Thomas: Freimaurerloge, 2001, S. 103.
160) Ebenda, S. 88.
161) Schuller, Georg Adolf: Brukenthal, Bd. 2, S. 285.
162) Graven, Elisabeth: Briefe der Lady Elisabeth Graven über eine Reise durch die Krimm nach Konstantinopel, Leipzig 1789, S. 275.
163) Krivanec, Ernest: Freimaurerei, S. 40.
164) Dathe, Uwe: Samuel von Brukenthal in Jena, in: Forschungen zur Volks- und Landeskunde, Bd. 41, Nr.1-2, Bukarest 1998, S.101-111, S. 105.
165) Ebenda, S. 106.
166) Universitätsarchiv Jena, UAJ, Bestand U, Abt, IX, Nr. 3, Brief 228. Zit. nach Dathe, Uwe: „Brukenthal", S. 110.
167) Schuller, Georg Adolf: Brukenthal, Bd. 2, S. 285.
168) Vgl. Nationalarchiv Hermannstadt/Sibiu, Col. Brukenthal, CD 1-51, Nr. 178.
169) Seidler, Andrea, „Stolz bin ich auf den Einfall, ein Ungarisches Magazin herauszugeben …", Wien: Habil. 2003, S. 52f., S. 56.
170) Koeppen, Peter von: Die dreygestaltete Hekate und ihre Rolle in den Mysterien. Nach einem Standbilde im Baron Bruckenthal'schen Museum zu Hermannstadt in Siebenbürgen, Wien 1823.
171) Ebenda, S. 21
172) Gedicht von Joseph Roth anlässlich der Eröffnung des Brukenthal-Museums, in : Filtsch, Johann: Rede bei der Eröffnung des Freyherrlich Brukenthal'schen Museums in dem großen Hörsaale des Hermannstädter evangelischen Gymnasiums, am 25. Februar 1817, Hermannstadt 1817, S. 7 (in der Brukenthal-Bibliothek unter der Signatur I 18849).
173) Zieglauer, Ferdinand von: „Freimaurerloge", S. 522.
174) Şindilariu, Thomas: Die Freimaurerloge, S. 91.
175) Ebenda, S. 92.
176) Krivanec, Ernest: Freimaurerei, S. 14.
177) *Siebenbürgische Quartalschrift*, Heft 1, Hermannstadt 1790, S. 125f.
178) Hermannstadt im Jahre 1790, Hermannstadt 1790, S. 97 (in der Brukenthal-Bibliothek unter der Signatur TR XVIII).
179) *Siebenbürgische Quartalschrift*, Heft 1, Hermannstadt 1790, Vorwort, o. S.
180) Ebenda, S. 229ff.

181) Krivanec, Ernest: Freimaurerei, S. 52.
182) Krivanec, Ernest: „Aux Trois Canons“, S. 52; Şindilariu, Thomas: Freimaurerloge, 2001, S. 65 und Anhang I–VIII.
183) *Siebenbürger Quartalschrift*, Heft 5, S. 146.
184) Irmen, Hans-Josef: Protokolle, S. 309. Ein Quellennachweis einer Mitgliedschaft konnte bislang nicht gefunden werden.
185) Schuller, Georg Adolf: Brukenthal, Bd. 2, S. 302.
186) Gündisch, Konrad: „Von den Anfängen der Hermannstädter Schulen bis 1918.“ In: „Eine Pflanzstätte des Gemeinwesens“. Die Brukenthalschule in Hermannstadt 1380-2005, hora Verlag, Hermannstadt 2005, S. 34-5-1, S. 43f.
187) *Siebenbürgische Quartalschrift*, Vierter Jg. Erstes Heft, Hermannstadt 1795, S. 98.
188) Albrich, Carl: Geschichte des ev. Gymnasiums A.B. in Hermannstadt, Hermannstadt 1896, S. 87.
189) Ebenda, S. 84–87.
190) Gündisch, Konrad: „Eine Pflanzstätte des Gemeinwesens“, S. 296.
191) Colegiul Naţional, Samuel von Brukenthal Gymnasium, Jahrbuch 2000–2002, S. 16.
192) Albrich, Carl: Geschichte, S. 113.
193) Ebenda, S. 84.
194) Jekeli, Hermann: Die Bischöfe der evangelischen Kirche A.B. in Siebenbürgen, Wien: Nachdruck 1978, S. 220.
195) Ebenda, S. 230.
196) Ebenda, S. 242.
197) Schuller, Georg Adolf: Johann Filtsch (1753-1836). Ein sächsisches Pfarrerleben, Hermannstadt 1912, S. 54.
198) Niedermeier, Michael: „Aufklärung im Gartenreich Dessau-Wörlitz.“ In: Bechtoldt, Frank-Andreas/Weiss, Thomas (Hgg.): Weltbild Wörlitz, Entwurf einer Kulturlandschaft. Ausstellungskatalog, Stuttgart 1996, S. 51–65, 55.
199) Schuller, Georg Adolf: Johann Filtsch (1753-1836). Ein sächsisches Pfarrerleben, Hermannstadt 1912, S. 25.
200) „Von dem Einfluß der Maurerey auf die Bildung der Jugend.“ In: Journal für Freymaurer, Zweyten Jahrgangs Zweytes Vierteljahr, 5785, (1785) S. 163–174, S. 163.
201) Schlözer, August Ludwig: Kritische Sammlungen zur Geschichte der Deutschen in Siebenbürgen, Göttingen 1795, 1796, 1797 (Nachdruck Wien 1997), S. X.
202) Ebenda.
203) Schuller, Georg Adolf: Filtsch, S. 81ff.
204) Schuller, Georg Adolf: Filtsch, S. 84.

205) Albrich, Carl: Geschichte, S. 118.
206) Schuller, Georg Adolf: Filtsch, S. 50.
207) „Von der Geistesduldsamkeit des Freymaurers." In: Journal für Freymaurer, Dritten Jahrgangs Drittes Vierteljahr, 5786 (Wien 1786), S. 109–116, S. 114.
208) Schuller, Georg Adolf: Filtsch, S. 51.
209) Filtsch, Johann: Rede, S. 3.
210) Lennhoff: Lexikon, S. 325.
211) Schuller, Georg Adolf: Brukenthal, Bd. 2, S. 272.
212) Gebler, Tobias: „Der Stammbaum, Lustspiel", Wien 1770, S. 52f. In: Miscellen, Tom 4 (in der Brukenthalbibliothek unter der Signatur VI 14998–15002).
213) Ebenda, S. 79.
214) Ebenda, S. 40.
215) Schuller, Georg Adolf: Brukenthal, Bd. 2, S. 296.
216) Vgl. zum Briefwechsel Archiv des Vereines für Siebenbürgische Landeskunde, Bd. 31, 2. Heft, S. 88, 185, 246, 368, 444, 569, 774.
217) Brief Gebler an Brukenthal 5. Dez. 1774, ebenda, 1. Heft, S. 90.
218) Lennhoff: Lexikon, S. 791.
219) Vgl. dazu Archiv des Vereines für Siebenbürgische Landeskunde, Bd. 31, 2. Heft, Brief von Blümegen an Brukenthal 1778, S. 288.
220) Schuller, Georg Adolf: Brukenthal, Bd. 2, S. 272.
221) Vgl. dazu Archiv des Vereines für Siebenbürgische Landeskunde, Bd. 31, 3. Heft, S. 1005.
222) Schuller, Georg Adolf: Brukenthal, Bd. 2, S. 273.
223) Vgl. dazu Archiv des Vereines für Siebenbürgische Landeskunde, Bd. 31, 3. Heft, S. 1020.
224) Vgl. dazu Archiv des Vereines für Siebenbürgische Landeskunde, Bd. 31, 1. Heft, Brief Neny an Brukenthal, 3. November 1770, S. 68.
225) Ebenda, vgl. Brief Neny an Brukenthal 27. Dezember 1774, S. 94f.
226) Freymäurer Bibliothek, S. 202.
227) Hermannstadt im Jahre 1790, S. 59.
228) Schaser, Angelika: Reformen, S. 105f.
229) Ebenda, S. 106.
230) Schaser, Johann Georg: Denkwürdigkeiten, S. 21.
231) Arneth, Georg Ritter von: Maria Theresia, Bd. 10, S. 138.
232) Schaser, Johann Georg: Denkwürdigkeiten, S. 120.
233) Teutsch, Friedrich: Geschichte, Bd. 2, S. 215.
234) Hermannstadt im Jahre 1790, S. 64.
235) Teutsch, Friedrich: Geschichte, Bd. 2, S. 217.
236) Ebenda.
237) *Siebenbürger Zeitung* am 13. September 1784, S. 585.

238) Sigerus, Emil: Chronik der Stadt Hermannstadt (1100–1929), Hermannstadt 1930, S. 34.
239) Geographisch= und topographisches Reisebuch durch alle Staaten der österreichischen Monarchie, Wien 1789, S. 2, 96 (in der Brukenthal-Bibliothek unter der Signatur V I 9492).
240) Lehmann, Johann: Reise von Preßburg nach Hermannstadt in Siebenbürgen, Leipzig 1785, S. 42 (in der Brukenthal-Bibliothek unter der Signatur V 15404).
241) Sigerus, Emil: Chronik, S. 34.
242) Ebenda, S. 16.
243) *Siebenbürger Zeitung*, 22. Julius 1784, S. 472.
244) Sigerus, Emil: Vom alten Hermannstadt, Bd. 1, S. 19.
245) Michael von Heydendorff an seine Frau Susanna am 12. Mai 1786. Zit. nach Seraphin, Friedrich Wilhelm: „Aus den Briefen", S. 320.
246) Hochmeister, Adolf von: Leben und Wirken, S. 52
247) Sigerus, Emil: Chronik, S. 33.
248) Michael von Heydendorff an seinen Sohn Michael am 10. Februar 1787. Zit. nach Seraphin, Wilhelm: „Aus den Briefen", S. 362.
249) Sigerus, Emil: Vom alten Hermannstadt, Bd. 1, S. 155.
250) Michael von Heydendorff an seinen Sohn Johann Peter am 23. Dezember 1787. Zit. nach Seraphin, Wilhelm: Aus den Briefen, S. 381.
251) Sigerus, Emil: Vom alten Hermannstadt, Bd. 1, S. 156.
252) Ebenda, S. 155.
253) Seipp, Christoph Ludwig: Reisen von Preßburg durch Mähren beyde Schlesien und Ungarn nach Siebenbürgen und von da zurück nach Preßburg, Frankfurt a. M./Leipzig 1793, S. 342f.
254) Ebenda, S. 248.
255) Hochmeister, Adolf von, Leben und Wirken, S. 26.
256) Sigerus, Emil: Chronik, S. 34.
257) Filtsch, Eugen: „Geschichte des deutschen Theaters in Siebenbürgen." In: Archiv des Vereines für siebenbürgische Landeskunde, Bd. 21, Heft 3, Hermannstadt 1888, S. 515–590, S. 536.
258) Ebenda, S. 544.
259) Ebenda, S. 533.
260) Sigerus, Emil: Chronik, S. 33f.
261) Hochmeister, Adolf von: Leben und Wirken, S. 563ff.
262) Sigerus: Vom alten Hermannstadt, Bd. 1, S. 175.
263) Hochmeister, Adolf von: Leben und Wirken, S. 33.
264) Filtsch, Eugen: Theater, Bd. 21, S. 565.
265) Ebenda, S. 566.
266) Sigerus, Emil: Vom alten Hermannstadt, Bd. 1, S. 175.
267) Filtsch, Eugen: Theater, S. 564f.

268) Frau von Hannenheim an Susanna von Heydendorff am 5. Februar 1791. Zit. nach Seraphin, Wilhelm: „Aus den Briefen", S. 503.
269) Sigerus, Emil: Vom alten Hermannstadt, Bd. 1, S. 158.
270) Ebenda, S. 159.
271) Ebenda, S. 160.
272) Wolff, Andreas: „Ein Wort über die Faschingskrankheiten." In: *Siebenbürgische Quartalschrift*, Vierter Jahrgang, Erstes Quartal, Hermannstadt 1795, S. 59–88, S. 73ff.
273) Ebenda, S. 84.
274) Hochmeister der Ältere trat 1784, der Jüngere 1789 bei. Vgl. Şindilariu, Thomas: Freimaurerloge, 2001, Anhang IV.
275) Hochmeister, Adolf von: Leben und Wirken, S. 45.
276) *Siebenbürger Zeitung* am 30. Dezember 1784, S. 833.
277) Ebenda, am 16. September 1784, S. 600.
278) *Siebenbürgische Quartalschrift*, Erstes Quartal, 1790, S. 25.
279) *Siebenbürgische Quartalschrift*, Zweites Quartal, 1790, S. 129.
280) Şindilariu, Thomas: Freimaurerloge, 2001, S. 91.
281) Hochmeister, Adolf von: Leben und Wirken, S. 48ff.
282) Ebenda, S. 71.
283) Ebenda, S. 2.
284) Schaser, Angelika: Reformen, S. 93f.
285) Hochmeister, Adolf von: Leben und Wirken, S. 53.
286) Gallarati, Johann: Unterricht zur Seiden=Kultur oder Anleitung wie der Seidenwurm=Saame oder Eyer ausgebrütet / der Seidenwurm selbst gepfleget und behandelt, und die Maulbeerbäume gepflanzet werden müssen, Hermannstadt 1785, Vorwort (in der Brukenthal-Bibliothek unter der Signatur TR VIII/299).
287) Krivanec, Ernest: Freimaurerei, S. 68 und Şindilariu, Thomas: Freimaurerloge, 2001, Anhang S. IV.
288) Lapping, Christine: „Die Sammlungen des Baron Samuel von Brukenthal (1721–1803)." In: Barocke Sammellust. Die Sammlung des Baron Samuel von Brukenthal, Haus der Kunst München 2003, S. 26–33, 30.
289) Nägler, Doina: „Brukenthals Beziehungen zu den Bücherlieferanten im Ausland." In: Forschungen zur Volks- und Landeskunde, Bd. 36, Hermannstadt 1993, S. 50–54, S. 51.
290) Hoede, Karl: „Hahnemann." In: Quatuor Coronati, Frankfurt/Main 1968, S. 5-31, S. 10f.
291) Vgl. dazu: Barth, Hans: „Johann Martin Honigberger (1795–1869)." In: Von Honterus zu Oberth, Bedeutende siebenbürgisch-deutsche Naturwissenschaftler, Techniker und Mediziner, Bukarest 1980, S. 187–222.
292) Hoede, Karl: „Hahnemann", S. 21.
293) Barth, Hans: „Honigberger", S. 192.

294) Zieglauer, Ferdinand von: Geschichte der Freimaurerloge, S. 1–92, S. 89. Vgl. auch Şindilariu, Thomas: Freimaurerloge, Anhang S. VI. Petri trat 1789 als dienender Bruder bei.
295) Hochmeister, Adolf von: Leben und Wirken, S. 48.
296) „Ueber die maurerische Schönheit.“ In: Journal für Freymaurer, Dritten Jahrgangs Zweytes Vierteljahr, 5786 (1786) S. 107–124, S. 118.
297) Schaser, Johann Georg: Denkwürdigkeiten, S. 120.
298) Sigerus, Emil: Vom alten Hermannstadt, Bd. 1, S. 204.
299) Ebenda, S. 204.
300) Johann Peter Heydendorff an seine Mutter. Zit. nach Seraphin, Friedrich Wilhelm: „Aus den Briefen“, S. 289.
301) Schuller, Georg Adolf: Brukenthal, Bd. 2. S. 230.
302) Sigerus, Emil: Vom alten Hermannstadt, Bd. 1, S. 205.
303) Ebenda. Heute verfällt dieses, gleichwohl bewohnte, Haus leider. Es befindet sich unweit der Altstadtgrenze und hat die Adresse: Str. Constantin Noica Nr. 48.
304) Zur Konzeption von Schloss und Park vgl. Richter, Dunja: Erhaltung und Entwicklung des Gartens am Brukenthalschen Palais in Freck/Avrig, Dresden: Dipl. Arb. 2005; ebenso vgl. Feyer, Cornelia: Historische Parkanlage Sommerresidenz „Samuel von Brukenthal“, Freck/Avrig, Rumänien Siebenbürgen, Parksanierungskonzept, Hermannstadt 2006.
305) Schuller, Georg Adolf: Brukenthal, Bd. 2, S. 232.
306) Feyer, Cornelia: Parkanlage, S. 11.
307) Ebenda, S. 9. Die größte Ausdehnung hatte das Anwesen von 1850 bis 1936, als es 17,5 ha umfasste. Heute hat es eine Fläche von 15,5 ha.
308) Schuller, Georg Adolf: Brukenthal, Bd. 2, S. 235.
309) Göllner, Carl: Samuel von Brukenthal. Sein Leben und Werk in Wort und Bild, Bukarest 1977, S. 45
310) Schuller, Georg Adolf: Brukenthal, Bd. 2, S. 243ff.
311) Schaser, Angelika: Reformen, S. 95.
312) Schuller, Georg Adolf: Brukenthal, Bd. 2, S. 238f.
313) Ebenda, S. 239.
314) Joseph Freiherr von Bartenstein an Brukenthal am 29. März 1778, am 10. April 1778 und am 28. April 1778, in: Archiv Bd. 31, 1. Heft, S. 202, 210f., Brief vom 10. April 1778 S. 214, Brief vom 28. April 1778, S. 219.
315) Johann Georg Geneyne an Brukenthal am 3. April 1782, in: Archiv Bd. 31, 2. Heft, S. 538.
316) Lang, Martin: „Über die häufigen Tierseuchen.“ In: *Siebenbürgische Quartalschrift*, Heft 4, Hermannstadt 1790, S. 417–434. Lang war ebenfalls Mitglied der Hermannstädter Loge. Vgl. Krivanec: Freimaurerei, S. 62 und Şindilariu, Thomas: Freimaurerloge, Anhang.

317) Klemm, Martin: Samuel von Brukenthal und seine Einflüsse auf die Landwirtschaft in Siebenbürgen, Kassel: Dipl. Arb. 2003 und Göllner, Carl: Brukenthal, S. 49.
318) „Brukenthal als Landwirt." In: Landwirtschaftliche Blätter für Siebenbürgen, Hermannstadt 1922, S. 210f.
319) *Siebenbürger Zeitung* am 11. Oktober 1784, S. 654.
320) „Brukenthal als Landwirt." In: Landwirtschaftliche Blätter, S. 210f.
321) Ebenda.
322) Schaser, Johann Georg: Denkwürdigkeiten, S. 30.
323) Schuller, Georg Adolf: Brukenthal, Bd. 2, S. 241.
324) *Siebenbürger Zeitung* am 8. März 1784, S. 160.
325) Schuller, Georg Adolf: Brukenthal, Bd. 2, S. 243f.
326) Johann Georg Rittern an Brukenthal am 10. April 1762, in: Archiv Bd. 31, 1. Heft, S. 51.
327) Seipp, Christoph Ludwig: Reisen, S. 270f.
328) Petz, Maria: Der Botaniker Nikolaus Joseph Freiherr von Jacquin und die Einflüsse der botanischen Wissenschaft auf die Kunstströmungen im Zeitalter des Aufgeklärten Absolutismus, Wien: Dipl. Arb. 1993, S. 21.
329) Vgl. Richter, Dunja: Garten, Dresden 2005. Die Kleinarchitekturen wie die Gloriette, die Eremitage, das chinesische Lusthaus, das Schweizerhaus und die Ruinen sind nicht mehr vorhanden. Das Sommerschloss existiert in seiner Substanz, ist jedoch ebenso wie die Orangerie renovierungsbedürftig. Die gesamte Anlage wurde vom rumänischen Staat Mitte des 20. Jahrhunderts enteignet und 1999 an die Evangelische Kirche A.B. zurückerstattet. Ihre Vertretung, die Brukenthal-Stiftung, hat seit diesem Zeitpunkt die Verantwortung für Pflege. Seither wartet die gesamte Anlage auf eine dringend notwendige Sanierung und neue Nutzung.
330) Schuller, Georg Adolf: Brukenthal, Bd. 2, S. 246.
331) Ebenda, S. 31.
332) Theodor Herrmann am 26. Oktober 1779, in: Groß, Julius: „Aus den Briefen." In: Archiv Bd. 23, Heft 2, S. 431.
333) Feyer, Cornelia: Parksanierungskonzept, S. 14.
334) Ebenda, S. 20.
335) Ebenda, S. 15.
336) Hirschfeld, C.C.L.: Anmerkungen über die Landhäuser und die Gartenkunst, Leipzig 1773, S. 6, (Brukenthal-Bibliothek Signatur V I 10604); vgl. auch Winckelmann, Johann Joachim: Geschichte des Altertums, Wien 1776.
337) Hirschfeld, C.C.L.: Anmerkungen, S. 172f.
338) Hajós, Géza: Romantische Gärten der Aufklärung, Englische Landschaftsarchitektur des 18. Jh. in und um Wien, Wien 1989, S. 28.

339) Ebenda, S. 35.
340) Ebenda, S. 143f.
341) Ebenda, S. 37.
342) Ebenda, S. 155.
343) Tagebucheintragung von Graf Zinzendorf am 28. Juli 1798, in: Wagner, Hans (Hg.): Wien von Maria Theresia bis zur Franzosenzeit. Aus den Tagebüchern des Grafen Karl von Zinzendorf, Wien 1972, S. 150.
344) Müller von Asow, E.H.: Briefe und Aufzeichnungen Wolfgang Amadeus Mozarts, Teil 2, Berlin 1942, S. 109.
345) Wagner, Hans (Hg.): Aus den Tagebüchern des Grafen Karl von Zinzendorf, S. 150.
346) Hammer-Purgstall, Joseph von: „Wiens Gärten und Umgebungen im Jahre 1799." In: Mahlerisches Taschenbuch für Freunde interessanter Gegenden= Natur= und Kunst=Merkwürdigkeiten der Österreichischen Monarchie, Jg. 1, Wien 1812, S. 5–80.
347) Hajós, Géza: Romantische Gärten, S. 48.
348) Ebenda, S. 73.
349) Ebenda, S. 74.
350) Hammer-Purgstall, Joseph von: „Gärten", S. 41.
351) Curl, James Stevens: „Symbolism in Eighteenth-century Gardens. Some Observations."= In: Snoek, Jan/Scholl, Monika/Kroon, Andrea (Hgg.): Symbolism in 18th Century Gardens. The Influence of Intellectual and Esoteric Currents such as Freemasonry, Den Haag 2006, S. 25–67, S. 30.
352) Vgl. dazu ausführlich: Snoek, Jan/Scholl, Monika/Kroon, Andrea (Hgg.): Symbolism in 18th Century Gardens. The Influence of Intellectual and Esoteric Currents such as Freemasonry, Den Haag 2006, vor allem ebenda: Ruggero, Cristina: „Denkmäler für internationale Freunde. Juvarras ‚Capricci' und ihre Symbolik", S. 107-124.
353) Vgl. Hirschfeld, C.C.L.: Theorie der Gartenkunst, Leipzig 1779 (in der Brukenthal-Bibliothek unter der Signatur V II 3008); Winckelmann, Johann Joachim: Geschichte des Altertums, Wien 1776.
354) Feyer, Cornelia: Parksanierungskonzept, S. 9. Diese fundierte Arbeit ist die aktuellste zum Thema Freck. Sie enthält neben der historischen Aufbereitung der Anlage vor allem ein ausführliches Parknutzungskonzept. Als Expertin für Gartenarchitektur stellt die Autorin den einzigartigen Charakter der Anlage als zu schützendes Kulturerbe mit internationalem Wert klar.
355) Schuller, Georg Adolf: Brukenthal, Bd. 2, S. 246.
356) Vgl. dazu ausführlich Johann Theodor Herrmann, in: Groß, Julius: Archiv Bd. 23, Heft 2, Hermannstadt 1891, S. 355–527, S. 422f.
357) Brukenthal-Bibliothek Hermannstadt, Manuskript 89, 1803, S. 97a. Zit. nach Richter, Dunja: Garten, S. 24.

358) Hajós, Géza: Romantische Gärten, S. 77.
359) Ebenda, S. 153.
360) Ruggero, Cristina: „Denkmäler", S. 121.
361) Schuller, Georg Adolf: Brukenthal, Bd. 2, S. 250f.
362) Ebenda, S. 248.
363) Teutsch, Friedrich, Geschichte der evangelischen Kirche in Siebenbürgen, Hermannstadt 1921-22, Bd. 3, S. 51.
364) Brukenthal-Bibliothek, Manuskript 89, 1803, S. 80b. Zit. nach Richter, Dunja: Garten, S. 25.
365) Schuller, Georg Adolf: Brukenthal, Bd. 1, S. 248.
366) Seipp, Christoph Ludwig: Reisen, S. 271.
367) Groß, Julius: „Aus den Briefen“, Archiv Bd. 23, Hermannstadt 1891, S. 354–527, S. 423.
368) Krickel, Adalbert Joseph: Fußreise durch den größten Theil der österreichischen Staaten in den Jahren 1827, 1828 bis Ende Mai 1829, Bd. 1–3, Wien 1830/31, Bd. 2, S. 63 (in der Brukenthal-Bibliothek unter der Signatur II 38 219).
369) Feyer, Cornelia: Historische Parkanlage, S. 15.
370) Terner, Ursula: Freimaurerische Bildwelten. Die Ikonographie der freimaurerischen Symbolik anhand von englischen, schottischen und französischen Freimaurerdiplomen, Petersberg 2001, S. 111.
371) Lennhoff, Eugen/Posner, Oskar/Binder, Dieter: Internationales Lexikon, S. 709.
372) Terner, Ursula: Freimaurerische Bildwelten, S. 111.
373) Groß, Julius: „Aus den Briefen“, Archiv Bd. 23, 1891, S. 354–527, S. 423.
374) Ebenda, S. 423.
375) Volkamer, Johann Christoph: „Nürnbergische Hesperides“ etc., Nürnberg/Frankfurt/Leipzig 1708, S. 233f.
376) Groß, Julius: „Aus den Briefen“, Archiv Bd. 23, 1891, S. 354–527, S. 424.
377) Ebenda, S. 424; vgl. auch Sigerus, Emil: Vom alten Hermannstadt, Bd. 1, S. 207, der eine Quelle zitiert, in der die Blume „*Cereus splendens*“ genannt wird.
378) Groß, Julius: „Aus den Briefen“, S. 424. Obwohl Franz Neuhauser kaum Stillleben gemalt hat, befindet sich ein Bild der Königin der Nacht von ihm im Brukenthal-Museum.
379) Sigerus, Emil: Vom alten Hermannstadt, Bd. 1, S. 212.
380) Zu Hermann Boerhaave vgl. Der Große Brockhaus. Handbuch des Wissens in zwanzig Bänden, Bd. 3, Leipzig: 15., neu bearb. Aufl. 1929, S. 92.
381) Das ausführliche Zitat lautet folgendermaßen: „*Cereus Americanus serpens major articulatus, flore maximo, noctu sese aperiente & suavissimum*

odorem spirante. Hort. Med. Joh. Georg Volckameri M. D. (...) Im Monat Julio, vorbesagten Jahrs, hat sie das erste Mal bey uns geblühet, indeme sie, bey Untergang der Sonnen, eine unge=mein grosse Blume gewiesen, welche sich endlich, bey anbrechender Nacht, voll=kommen aufgethan, und mit ihren durchdringenden annehmlichen Geruch, den gantzen Garten erfüllet hatte, bey Aufgang der Sonnen aber, war sie schon wieder verwelcket (...). „*Cereus scandens, minor; polygonus, articulatus. [...] haec planta, admirabili flore enato, suam nobis commendavit formam anno 1709. 17. Augusti; quo facile omnibus se aliis antecellere plantis elegantissima floris fabrica certavit; si caetera forma multis inferior habetur. Villosum & capillatum enascitur primo tuber, quod ex sphaerica in cylindricam excrescit speciem, sensim ad anteriora crassescentem; postquam ita sex Unciarum longitudinem erat emensa, tum vero septima circiter vespertina incepit se expandere in numerosa petala, alba, argentea, quae succingebantur aureis explicatis radiis calicis; in horum medio stamina asturgebant varia, ornatu mirifico superba. Quae quidem omnia spirabant aromaticum odorem adeo fragrantem, ut cum alia, quantum memini, nec gratia, nec amplitudine, diffusissimi Thymiamatis facile queat componi. At fluxa haec pulchritudo in deformem & caducam abiit mortem; post secundam nocturnam.*" Boerhaave, Hermann: Index Plantarum etc., Leiden 1710, S. 181f.

382) Volkamer, Johann Christoph: „Nürnbergische Hesperides etc.", Nürnberg/Frankfurt/Leipzig 1708, S. 233f.

383) Es waren dies Bezeichnungen wie „Cactus scandens, angulis quinque pluribusve obtusis", vgl. Linné, Carl von: Hortus Upsaliensis etc., Bd. 1, Stockholm 1748, S. 121; Ders., Hortus Cliffortianus etc., Amsterdam 1737, S. 182; Royen, Adrian van: Florae Leydensis etc., Leiden 1740, S. 280.

384) Vgl. Linné, Carl von: Species Plantarum. A Facsimile of the first edition 1753, Bd. 1, London 1957, S. 467; Britton, Nach L./Rose, J. Nach: Contributions from the United States National Herbarium, Bd. 12., o. O. 1909, S. 429.

385) Im Jahr 1772 war die Pflanze im Botanischen Garten von Wien vermutlich nicht vorhanden, weil sie trotz ihrer auffälligen Blüheigenschaften im Jacquinschen Werk über die exotischen Pflanzen des Wiener Botanischen Gartens nicht vertreten ist. (Allerdings existiert bis ins späte Biedermeier kein vollständiges Inventar des Wiener Botanischen Gartens.) Vgl. Jacquin, Nikolaus Joseph von: Hortus Botanicus Vindobonensis etc., Bd. 2., Wien 1772. Noch im Jahre 1804 befand sie sich vermutlich auch nicht im kaiserlichen Garten von Schönbrunn, da sie im Prachtwerk über die schönsten Pflanzen dieser Institution keine Erwähnung findet. Vgl. ders.: Plantarum rariorum

horti Caesarei Schoenbrunnensis descriptiones et icones, Bd. 4, Wien 1804. In den Jacquinschen Werken, die sich mit dem geographischen Ursprungsgebiet der Pflanze beschäftigen, lässt sich jedenfalls ebenso wenig eine Erwähnung finden wie in seinem Werk über seltene Pflanzen. Vgl. ders.: Enumeratio systematica plantarum etc., Leiden 1760; ders.: Selectarum stirpium americanarum historia etc., Wien 1780, ders.: Icones plantarum rariorum, Wien 1781–1793.

386) Verzeichnis der Grünhaus-Pflanzen des Freyherrn Carl von Hügel, Heft 4, Wien 1832, S. 12.

387) Jacquin, Nikolaus Joseph von: Enumeratio systematica plantarum, quas in insulis Caribaeis vicinaque Americes Continente detexit novas, aut jam cognitas emendavit. Lugduni Batavorum, Haak 1760; ders.: Selectarum stirpium americanarum historia, in qua ad Linneanum systema determinatae descriptaeque sistuntur plantae illae, quas in insulis Martinica, Jamaica, Domingo, aliisque, et in vicinae Continentis parte observavit rariores; adjectis iconibus ad autoris archetypa pictis (aeri haud incisis), Vindobonae, circa annum 1780; ders.: Icones plantarum rariorum. Vindobonae, Wappler 1781–1793.

388) Plukenet bezeichnet sie als „Cereus minima serpens americana“, der im Garten vonHampton zu finden sei. Vgl. Plukenet, Leonard: Phytographia, Teil 3, London 1692, Tab. 158, fig. 6.

389) Die Pflanze war im Jahre 1687 im Inventar des akademischen Gartens von Leiden noch nicht aufgeführt und dem Leidener Pflanzensammler Paul Hermann im Jahre 1705 explizit unbekannt: „De flore & fructu nihil mihi constat.“ Hermann, Paul: Paradisus Batavus seu Descriptio Rariorum Plantarum, Leiden 1705, S. 120. – Vgl. ders.: Horti Academici Lugduno-Batavi etc., Leiden 1687; Volkamer, Johann Christoph: „Nürnbergische Hesperides“, S. 232 Beiblatt; Boerhaave, Hermann: Index Plantarum, S. 181f. Im Jahr 1740 ist die Pflanze im botanischen Garten zu Leiden nachgewiesen, vgl. Royen, Adrian van: Florae Leydensis, S. 280. Für 1737 ist ein Exemplar im Garten des Herrn Georgius Clifford in Hartecamp (Niederlande) und 1748 im „Warmhaus“ des Akademischen Gartens von Uppsala nachzuweisen. Vgl. Linné, Carl von, Cliffortianus, Amsterdam 1737, S. 182; ders.: Hortus Upsaliensis, Bd. 1, Stockholm 1748, S. 121

390) Vgl. Stafleu, Frans A./Cowan, Richard S.: Taxonomic literature. A selective guide to botanical publications and collections with dates, commentaries and types, Bd. 3, Utrecht: 2. Aufl. 1981.

391) Reichenbach, Heinrich Gottlieb Ludwig: Flora Germanica Excursoria, Bd. 2, o. O. 1830–32, S. 413f.

392) Brukenthal-Bibliothek Manuskript 89, 1803, S. 97b. Zit. nach Richter, Dunja: Garten, S. 28.

393) Abafi, Ludwig: Freimaurerei, Bd. 4, S. 298, 310.

394) Verzeichnis einiger der schönsten und seltensten nordamerikanischen und anderer fremden in freyer Luft vorkommender Bäume, Sträucher und strauchartiger Gewächse, Staatsarchiv Hermannstadt, Sammlung Brukenthal Gg 1-4, Nr. 241, 1787, S. 478. Zit. nach Richter, Dunja: Garten, A1-1.
395) Groß, Julius: „Aus den Briefen", Archiv Bd. 23, 1891, S. 422.
396) Seipp, Christoph Ludwig: Reisen, S. 270.
397) Groß, Julius: „Aus den Briefen", Archiv Bd. 23, 1890, S. 73–247, S. 73.
398) Ebenda, 1891, S. 422.
399) „Empfindungen in dem neuangelegten Lustgarten Sr. Exc. des Grafen Kobenzl." In: Aloys Blumauer's gesammelte Schriften, Bd. 1, Stuttgart 1877, S. 470.
400) „Versuch über die Geheimnisse", S. 121.
401) „Ueber die maurerische Schönheit", S. 120ff.
402) Lennhoff, Eugen/Posner, Oskar/Binder, Dieter: Lexikon, S. 397.
403) Krivanec, Ernest: „Aux Trois Canons", S. 99–102.
404) Zum Gartenreich Wörlitz bei Dessau: Bechtoldt, Frank-Andreas/Weiss, Thomas (Hgg.), Weltbild Wörlitz, Entwurf einer Kulturlandschaft. Ausstellungskatalog, Stuttgart 1996. Vgl. zu den Gärten bei Wien: Hajós, Géza: Romantische Gärten. Vgl. zum berühmtesten Freimaurerpark, dem von Schwetzingen: Snoek, Jan/Scholl, Monika/Kroon, Andrea: Symbolism in 18th Century Gardens. The Influence of Intellectual and Esoteric Currents such as Freemasonry, Den Haag 2006.
405) „Ueber den Mäurerischen Tempelbau." In: Journal für Freymaurer, Ersten Jahrgangs Drittes Vierteljahr, Wien 5784 (1784), S. 139–147, S. 146.
406) Rede welche bei dem Anfange des 1747sten Jahres in der Reisenden Freimaurerloge Minerve in Leipzig gehalten worden, Leipzig 1747, o. S. (in der Brukenthal-Bibliothek unter der Signatur V III 3023).
407) Interview der Verfasserin mit Liviana Dan, Kuratorin des Brukenthal-Museums, Hermannstadt 2. Oktober 2003. Liviana Dan ist derzeit Direktorin der Sammlungen.
408) Clark, E. D.: Travels in various countries of Europe, Asia and Africa, Bd. 8, London 1918, S. 286–293. Zit. nach Lapping, Christine-Franziska: Brukenthal, Bd. 2, S. 54.
409) Klein, Marie: „Aus dem Leben", S. 18.
410) Lapping, Christine: Die Sammlung des Freiherrn Samuel von Brukenthal. Veröffentlichungen von Studium Transylvanicum, Kronstadt 2004, S. 162.
411) Sigerus, Emil: Vom alten Hermannstadt, Bd. 1, S. 62.
412) Johann Friedrich Seivert an Brukenthal am 26. Oktober 1785, in: Archiv Bd. 31, S. 869f.
413) Ebenda, S. 1024.
414) Lapping, Christine: Sammlung, S. 116.

415) Ittu, Gudrun-Liane: Geschichte des Brukenthalmuseums, Sibiu 2003, S. 88. Das Testament sowie zahlreiche weitere Unterlagen zu Museum und Stiftung werden im Zentralarchiv der Evangelischen Kirche A.B. in Hermannstadt/Sibiu, Best. Stadtpfarramt Hermannstadt, 400/276, aufbewahrt. Der Bestand ist erschlossen, ein Druck des vorliegenden Findbuches ist in Vorbereitung.
416) Schuller, Georg Adolf: Brukenthal, Bd. 2, S. 260.
417) Lapping, Christine: Sammlung, S. 173f.
418) Ebenda, S. 174.
419) Avram, Alexandru/Ferenc, Dávid: „A Nagyszebeni Brukenthal Palota Belső Díszítése." In: Ars Hungarica 1996/2, S. 177–207, S. 187.
420) Ebenda.
421) Scholl, Monika: „Arion und Minerva – Schnäppchen für Schwetzingen? Zur Bedeutung der Schwetzinger Gartenausstattung." In: Snoek, Jan/Scholl, Monika/Kroon, Andrea (Hgg.): Symbolism in 18th Century Gardens. The Influence of Intellectual and Esoteric Currents such as Freemasonry, Den Haag 2006, S. 125–148, S. 133ff.
422) Lennhoff, Eugen/Posner, Oskar/Binder, Dieter: Lexikon, S. 461.
423) Derer, Hanna: „Die Hermannstädter Architektur im Zeitalter des Barock." In: *Zeitschrift für siebenbürgische Landeskunde*, Gundelsheim 2004, Jg. 27, Heft 1, S. 32–40, S. 38.
424) Göllner, Carl: Brukenthal, S. 30.
425) Sigerus, Emil: Vom alten Hermannstadt, Bd. 1, S. 190.
426) Weisskircher, Richard: „Samuel von Brukenthal als Musikfreund." In: Siebenbürgische Vierteljahrschrift, Jg. 58, 1935, S. 1–13, S. 2.
427) Sigerus, Emil: Vom alten Hermannstadt, Bd. 1, S. 189.
428) Freiherr von Braun an Brukenthal am 20. November 1777, in: Archiv Bd. 31, S. 164.
429) Weisskircher, Richard: „Brukenthal", S. 1.
430) Schuller, Georg Adolf: Brukenthal, Bd. 2, S. 317.
431) Weisskircher, Richard: Brukenthal, S. 13.
432) Sigerus, Emil: Vom alten Hermannstadt, Bd. 1, S. 191.
433) Krickel, Adalbert Joseph: Fußreise, Bd. 1, S. 273.
434) Michael von Heydendorff an seine Frau Susanna am 18. Februar 1783. Zit. nach Seraphin, Wilhelm: „Aus den Briefen", S. 190.
435) Klein, Marie: Aus dem Leben, S. 17f.
436) Filtsch, Eugen: Theater, S. 532.
437) *Siebenbürger Zeitung* am 16. September 1784, S. 599.
438) Picard, Bernard: Musen-Tempel, Amsterdam 1733 (in der Brukenthal-Bibliothek unter der Signatur V 874).
439) Das Jahr Zweytausendvierhundert und vierzig. Ein Traum aller Träume, London 1782, S. 1 (Brukenthal-Bibliothek Signatur V 11848).
440) Ittu, Gudrun-Liane: Geschichte, S. 24f.
441) Lapping, Christine: Sammlung, S. 40.

442) Ittu, Gudrun-Liane: Geschichte, S. 30.
443) Journal für Freymaurer, als Manuskript gedruckt für Brüder und Meister des Ordens. Hrsg. von den Brüdern der Loge zur Wahrheit im Orient zu Wien, Dritten Jahrgangs Erstes Vierteljahr, 5786 (1786), S. 140f.
444) Zieglauer, Ferdinand: Freimaurerloge, S. 479.
445) Das Baron Brukenthal'sche Museum, S. 5.
446) Ittu, Gudrun-Liane: Geschichte, S. 26.
447) Zit. nach Schuller, Georg Adolf: Brukenthal, Bd. 2, S. 310.
448) Almanach de Vienne, Wien 1773, S. 181 (in der Brukenthal-Bibliothek unter der Signatur V I 10906).
449) Geographisch= und topographisches Reisebuch, S. 49.
450) Krivanec, Ernest: Freimaurerei, S. 40.
451) Ittu, Gudrun-Liane: Geschichte, S. 17.
452) Bielz, Julius: „Johann Martin Stock, Siebenbürgischer Bildnismaler des 18. Jahrhunderts." In: Stephani, Brigitte (Hg.): Sie prägten unsere Kunst. Studien und Aufsätze, o. O. 1985, S. 141–146, S. 141.
453) Seipp, Christoph Ludwig: Reisen, S. 346.
454) Nimmerrichter, Alfred: „Sammelleidenschaft", S. 7–14.
455) Bielz, Julius: „Stock", S. 145.
456) Şindilariu, Thomas: Freimaurerloge, 2001, S. III.
457) Zit. in Bielz, Julius: „Stock", S. 144.
458) Lapping, Christine: Brukenthal, Bd. 1, S. 33.
459) Bott, Katharina: „‚Die Neigung eines Liebhabers'. Gemäldesammler im 18. Jahrhundert." In: Barocke Sammellust, Die Sammlung des Baron Samuel von Brukenthal, München 2003, S. 12–26, S. 20.
460) Ebenda.
461) Teutsch, Friedrich: Geschichte, Bd. 2, S. 305.
462) Lehmann, Johann: Reise, S. 184.
463) Krasser, Harald: „Jahrhundertwende. Die Anfänge der neueren Malerei bei den Siebenbürger Sachsen." In: Stephani, Brigitte (Hg.): Sie prägten unsere Kunst. Studien und Aufsätze, o. O. 1985, S. 189–200, S. 190f.
464) Ebenda.
465) Myss, Walter: Kunst in Siebenbürgen, Thaur bei Innsbruck 1991, S. 90.
466) Udrescu, Doina: Deutsche Kunst aus Siebenbürgen in den Sammlungen des Brukenthalmuseums Hermannstadt 1800–1950, Hermannstadt 2003, S. 47.
467) Christian Mechel an Brukenthal am 16. Juni 1781, in: Archiv Bd. 31, S. 470f. Christian von Mechel wurde 1737 in Basel geboren und starb 1815 in Berlin. Seine Ausbildung zum Kupferstecher erhielt er in Nürnberg. Er galt als Kunstexperte und war bekannter Kunsthändler.
468) Lapping, Christine: Sammlung, S. 121.
469) Fischer, Nora: „Sammeln als Gelehrsamkeit." In: Mozart. Experiment Aufklärung im Wien des ausgehenden 18. Jahrhunderts. Essayband zur Mozart-Ausstellung, Ostfildern 2006, S. 235–240, S. 238f.

470) Ebenda, S. 239.
471) Lapping, Christine: Sammlung, S. 124f.
472) Ebenda, S. 125.
473) Seipp, Christoph Ludwig: Reisen, S. 258.
474) „Versuch über die Geheimnisse“, S. 108.
475) Picard, Bernard: Musen-Tempel, S. 110–116.
476) Ebenda, S. 115.
477) Minerva erscheint etwa über der Außenfassade der Bibliothek auf der Attika mit Viergespann, im Zentrum der Kuppel des Prunksaales, wo die Göttin des Friedens ihr den Ölzweig darreicht, und im „Perseus-Zyklus“ in der untersten Zone der Kuppelschale, wo sie Perseus vor dem Anblick der Medusa bewahrt. Apollo trägt gemeinsam mit seinem Bruder Herkules das Medaillon Kaiser Karls VI. in der Kuppelmitte, wird in einem Zirkelbogen als Anführer der Musen am Parnass dargestellt und ist an den oberen Nebeneingängen vielfach durch eine Lyra mit Sonne symbolisiert. Vgl. Lexikon Iconographicum Mythologiae Classicae (LIMC), Bd. 2, Zürich/München 1984; Cotterell, Arthur: Die Welt der Mythen und Legenden, München 1990; Buchowiecki, Walther: Der Barockbau der ehemaligen Hofbibliothek in Wien, ein Werk J. B. Fischers von Erlach. Beiträge zur Geschichte des Prunksaales der Österreichischen Nationalbibliothek, Wien 1957, S. 39.
478) Kleiner, Salomon/Sedelmayr, Jeremias Jacob: Dilucida Repraesentatio oder Eigentliche Vorstellung / der vortrefflichen und kostbaren / Kaiserlichen Bibliothek etc., Wien 1737, S. 3; Vgl. Buchowiecki: Barockbau, S. 88.
479) Der Text dieses Programms liegt mit den Codices Vindobonenses 7853 und 8334 vollständig und in zweifacher Ausfertigung vor. Einen Abdruck dieses Textes sowie einer dritten, verkürzten Fassung, die sich im Stiftsarchiv von St. Florian befindet, bietet Buchowiecki: Barockbau, S. 90–112. Der Inhalt des Programms weicht nur geringfügig von dem anderer Barockbibliotheken des deutschen Sprachraumes ab. Vgl. Lehmann, Edgar: „Zur Ikonographie der barocken Bibliotheken im deutschen Sprachraum.“ In: Kunstwissenschaftliche Beiträge, Heft 3, Wien 1979, S. 11–16. Daniel Gran (1694–1757), späterer „Kaiserl. Cammer-Mahler“, war einer der berühmtesten Maler des österreichischen Barocks, der übrigens auch an der künstlerischen Ausgestaltung des Schlosses Rosenau, des Tempels einer Freimaurer-Loge, beteiligt war. Vgl. Knab, Eckhart: Daniel Gran, Wien/München 1977, S. 51; Zörrer, Ferdinand: „Die Symbolik in den Räumen des Schlosses Rosenau.“ In: Museumsverein Schloss Rosenau (Hg.): Österreichisches Freimaurermuseum Schloss Rosenau bei Zwettl, Wien 1994, S. 59–65, S. 59.
480) Cod. Vindob. 7853, Fol. 36r.
481) Vgl. Cod. Vindob. 7853, Fol. 38r. Auf Fol. 33r spricht Albrecht konkret

von einem „Tempel derer Musen", auf Fol. 36v von einem „Tempel der Wissenschaften".

482) Vgl. dazu Rede von Johann Filtsch anlässlich der Eröffnung des Museums 1817.

483) Avertissement Nr. 100 des Wienerischen Diariums vom 14. Dezember 1735. Zit. n. Buchowiecki: Barockbau, S. 154.

484) Die auf der Attika angebrachte Inschrift verrät diesen Umstand: „Karl von Österreich, Sohn des verewigten Kaisers Leopold, römischer Kaiser, Vater des Vaterlandes, hat nach allgemeinem Kriegsschluss zur bleibenden Förderung der Wissenschaften die ererbte Bibliothek in ihrem Bücherbestand gewaltig vermehrt und in einem geräumigen Neubau der öffentlichen Nutzung übergeben 1726." Zit. nach Kubadinow, Irina: Die Österreichische Nationalbibliothek, München 2004, S. 31.

485) Zit. nach Kubadinow, Irina: Nationalbibliothek, S. 20.

486) Abafi, Ludwig: Freimaurerei, Bd. 4, S. 46.

487) Als Pendant zu den drei kleinen Lichtern im Tempel, die für Weisheit, Stärke und Schönheit stehen, gibt es in den romanischen Ländern dafür Wandgemälde, die mit den allegorischen Figuren der Minerva, des Herkules und der Venus dargestellt sind. Im österreichischen Freimaurermuseum Schloß Rosenau werden die drei Säulen von Minerva, Vulkan und Venus symbolisiert und sind am Deckengemälde von Daniel Gran zu sehen. Vgl. Zörrer, Ferdinand: „Symbolik", S. 74; Binder, Dieter: Die diskrete Gesellschaft. Geschichte und Symbolik der Freimaurer, Innsbruck 2004, S. 293.

488) „Crata Repoa, oder die Einweihungen in der alten geheimen Gesellschaft der Egyptischen Priester." In: Freymäurer Bibliothek, Berlin 1782, S. 1–26, S. 16f. (in der Brukenthal-Bibliothek unter der Signatur I 2188).

489) Vgl. zu Crata Repoa auch ausführlich Ebeling, Florian: „Die Zauberflöte als Mysterienoper und die ‚Ägyptische' Freimaurerei." In: Quatuor Coronati, Jahrbuch für Freimaurerforschung, Nr. 43/2006, Bayreuth 2006, S. 67–84.

490) Gottschalk, Friedrich: (Hg.): Eine Wiener Freimaurerhandschrift aus dem 18. Jahrhundert von Bruder (Joseph) Baurnjöpl, Bibliotheca Masonica, Graz 1986, Bd. 1 als Faksimile, Bd. 2 in Transkription, hier Bd. 2, S. 49.

491) Vgl. zu den Begriffen auch Lennhoff, Eugen/Posner, Oskar/Binder, Dieter: Lexikon.

492) Gottschalk, Friedrich: Freimaurerhandschrift, Bd. 2, S. 149.

493) Ebenda, S. 225.

494) Gedichte und Lieder verfaßt von den Brüdern der Loge Zur Wahren Eintracht im Orient von Wien, Wien 1783 (in der Brukenthal-Bibliothek unter der Signatur V I 14033).

495) Die Inschriftsteine wurden in den 1720er Jahren im Süden und Osten der Monarchie (Siebenbürgen, Istrien etc.) entdeckt und sogleich nach Wien gebracht. „Der Hauptgrund, der dazu bewog, diese Inschriftsteine zur Ausstaffierung von Vorräumen und Stiegenaufgängen der Hofbibliothek heranzuziehen, mag wohl darin gelegen sein, daß die Erwerbung dieser Antiken durch den kaiserlichen Hof in die gleiche Zeit wie die Erbauung des Bibliotheksaales fiel." Buchowiecki: Barockbau, S. 56–61. Eine Abbildung der Anticamera findet sich in Bick, Josef: „Der unveröffentlichte zweite Teil der Dilucida Repraesentatio Bibliothecae Caesareae des S. Kleiner und J. J. Sedelmayr." In: Festschrift der Nationalbibliothek in Wien, Wien 1926, S. 75–86, hier Tafel 15; Vgl. Stummvoll, Josef (Hg.): Geschichte der Österreichischen Nationalbibliothek, 1. Teil, Die Hofbibliothek (1368–1922), Wien 1968, S. 244f.; Mazal, Otto: Ein Weltgebäude der Gedanken. Die Österreichische Nationalbibliothek, Graz 1987, S. 13; Ginhart, Karl: „Der Zugang zum Prunksaal der Wiener Nationalbibliothek." In: Mitteilungen der Gesellschaft für vergleichende Kunstforschung in Wien, Heft 1, Wien 1954, S. 1–4; Mosel, Ignaz: Geschichte der kaiserl. königl. Hofbibliothek zu Wien, Wien 1835, S. 120–122, 146.
496) www.sammlung-essl.at/deutsch/musik/archiv/adv98-orpheus.html
497) Mueller-Blattau, Joseph: Mozart. Leben, Briefe, Werke, Königstein im Taunus 1956, S. 38.
498) „Nach der Zeit erhielt diese gütige Fürstinn [Maria Theresia, Anm.] durch einen über alle Zweifel hinausgesetzten Vertreter mehr Aufklärung über die Unschädlichkeit des Ordens, und ließ nicht weiter Kenntniß von den [Logen] in W. nehmen, ungeachtet ihr nicht unbewußt seyn konnte, daß eine davon selbst in der Burg gehalten würde." Journal für Freymaurer, Als Manuskript gedruckt für Brüder und Meister des Ordens, hg. v. den Brüdern der [Loge] zur wahren Eintracht im Orient von Wien 5784, (1784) Ersten Jahrgangs Zweytes Vierteljahr, S. 191.
499) Brukenthal Fam. Archiv, Q 8 D1. Zit. nach Schuller, Adolf: Brukenthal, Bd. 2, S. 319.
500) „Bei der Eröffnung der Lehrlingsloge", S. 80.
501) Joseph Roth: „Gedicht", in: Filtsch: Rede, S. 8.
502) Theodor Herrmann am 17. Mai 1782, in: Archiv Bd. 23, S. 459.
503) Schuller, Georg Adolf: Brukenthal, Bd. 2, S. 282f.
504) Schuller, Johann Karl: Maria Theresia, S. 26.
505) Theil, Rudolf: „Heidendorf", Archiv Bd. 18, S. 282.
506) Johann Theodor Herrmann an Karl von Heydendorf am 1. April 1787, in: Archiv Bd. 23, S. 511f.
507) Theil, Rudolf: „Heidendorf", Archiv Bd. 18, S. 117.
508) Ueber den Zweck des Freymaurerordens, Germanien 1781, S. 171.

509) Ebenda, S. 195ff.
510) Samuel von Brukenthal an Michael von Heydendorff am 17. Dezember 1791, in: Archiv Bd. 25, S. 496.
511) „Gedicht“ von Joseph Roth, in: Filtsch: Rede S. 10.
512) Vlaicu, Monica: „Neues über Todestag und Grabdenkmal Samuels von Brukenthal.“ In: *Zeitschrift für siebenbürgische Landeskunde*, Gundelsheim 2003, Jg. 26, Heft 1, S. 1–6, S. 3.
513) Theil, Rudolf: „Heidendorf“, Archiv Bd. 18, S. 320.
514) Ittu, Gudrun-Liane: Geschichte, S. 85.
515) Samuel von Brukenthal an Neumann am 8. April 1800. Zit. nach Schaser: Denkwürdigkeiten, S. 135.
516) Ittu, Gudrun-Liane: Geschichte, S. 83.
517) Ittu, Gudrun-Liane: Geschichte, S. 39.
518) Filtsch, Johann: Rede, S. 3.
519) Vlaicu, Monica: „Neues“, S. 3.
520) *Der Siebenbürger Bothe*, Hermannstadt am 18. April 1803, S. 115 (in der Brukenthal-Bibliothek unter der Signatur PV 4 1788–1808).
521) Vlaicu, Monica: „Neues,“ S. 3.
522) Şindilariu, Thomas, „Karriere“, Anhang, S. III.
523) Scholl, Monika: „Arion und Minerva“ S. 141.
524) Edling, Michael: Die Kirchenburg von Leschkirch, Ms, o. J., im Zentralarchiv der Evangelischen Kirche A.B. in Rumänien, Hermannstadt, Bestand Leschkirch/Nocrich 400/240, unverzeichnet.
525) Hochmeister, Helmut: Kirchenburg, Ms, im Zentralarchiv der Evangelischen Kirche A.B. in Rumänien, Hermannstadt, Bestand Leschkirch/Nocrich 400/240, unverzeichnet. – Scheinbar gibt es bezüglich des Kirchenbaus nur wenig Quellenmaterial; mutmaßlich gingen 1944 Teile des Pfarrarchivs verloren.
526) Ebenda.
527) Ebenda.
528) „Gedicht“ von Joseph Roth, in: Filtsch: Rede, S. 7.
529) Kapner, Gerhardt: Zur Geschichte der Ringstrassendenkmäler, Wiesbaden 1973, S. 40.
530) Ebenda.
531) Lennhoff, Eugen/Posner, Oskar/Binder, Dieter: Lexikon, S. 459, 546.
532) Vgl. allgemein Abafi, Freimaurerei, Bd. 1-5; Maria Theresia und ihre Zeit, S. 205.
533) Horkheimer, Max/Adorno, Theodor: Dialektik der Aufklärung, Frankfurt/M. 1969, S. 10.
534) Staatsarchiv Hermannstadt/Sibiu, Co. Brukenthal A (6–8) 159.